A Common Higher Education

迈向新时代公共高等教育

社会资本与分类治理

陈涛 著

中国社会科学出版社

图书在版编目（CIP）数据

迈向新时代公共高等教育：社会资本与分类治理/ 陈涛著.
—北京：中国社会科学出版社，2024.3
ISBN 978 - 7 - 5227 - 2984 - 8

Ⅰ.①迈…　Ⅱ.①陈…　Ⅲ.①高等教育—研究—中国
Ⅳ.①G649.2

中国国家版本馆 CIP 数据核字（2024）第 037120 号

出 版 人	赵剑英	
责任编辑	许　琳	
责任校对	苏　颖	
责任印制	郝美娜	

出　　版	中国社会科学出版社	
社　　址	北京鼓楼西大街甲 158 号	
邮　　编	100720	
网　　址	http://www.csspw.cn	
发 行 部	010 - 84083685	
门 市 部	010 - 84029450	
经　　销	新华书店及其他书店	

印刷装订	北京君升印刷有限公司	
版　　次	2024 年 3 月第 1 版	
印　　次	2024 年 3 月第 1 次印刷	

开　　本	710×1000　1/16	
印　　张	19	
字　　数	302 千字	
定　　价	108.00 元	

序　一

在政府与市场之间：构建公共
高等教育的新思考

我长期从事市场经济的理论与政策研究工作，深知改革开放四十多年来中国社会主义市场经济体制改革所发生的历史性巨变，特别是党的十八大以来，我国加快完善社会主义市场经济体制，强调使市场在资源配置中起决定性作用，更好发挥政府作用，强调正确认识和把握资本的特性和行为规律，并提出构建高水平社会主义市场经济体制。可以说，坚定不移走社会主义市场经济之路，不仅是我国经济社会发展的基本路线，而且对教育、文化等领域亦会产生更加深刻的影响。

从教育领域来看，经济是教育的基础，教育发展的性质、规模、速度和效益都无不受制于经济发展。毋庸置疑，我国经济体制的市场化改革对其高等教育的办学体制、管理体制和投资体制改革以及劳动力市场和人力资本的塑造具有直接的作用。当然，面对教育市场化、产业化和资本化问题，同样也冲击着人们对教育公共性的价值认知，教育的公平和质量成效备受社会各界的关注。

欣闻西南财经大学陈涛教授新著即将出版，他所关注的我国公共高等教育改革与治理问题正是基于新时代社会主义市场经济体制改革背景之下，具有很强的现实性和理论指导意义。作者以高等教育领域政府与社会资本合作（PPP）模式发展为核心议题，着重对当前具有"混合"性质的高等教育办学的多样化实践进行了理性思考，提出从"分类治理"的角度重新认识公共高等教育的边界以及重建高等教育的政治与经济关系。在我看来，这一研究至少有三个方面的启发和意义：第一，探索公共高等教育办学模式有必要从技术层面寻求"治理之道"，要发挥好办学主体的自主性，恰如市场经济中的技术层面都是基础性的，能给政策决策提供有力的论据，这是常识，也是经验；第二，政府管理体制应适应市场化发展趋势，强化政府的教育公共服务职能，需要借助政府的力量来解决市场力量的盲目性和无序性，有效管制教育的资本风险问题，形成健康、合规的公民合作办学格局；第三，要关注国内外把市场经济问题从经济领域引入教育领域的动向，认清不同国家、不同学段教育的基本属性及其特殊之处，深刻理解我国社会主义市场经济不仅是一种社会资源的配置方式，而且还发挥着一种"教育制度"的作用。

当前，高等教育作为发展新质生产力的关键性力量以及教育科技人才一体化发展的基础，不仅得到国家层面的关注，而且也备受人民群众的热切期盼。该书提出了"公共高等教育"的概念，力求在政府和市场之间构建一个高等教育的"独特空间"，即积极引导资本、知识、技术、管理和人才等各类市场化要素充分参与公共高等教育供给之中，有效发挥市场在教育资源配置中的关键性作用，进而探索高质量、多元化的高等教育人才培养模式，为适配新质生产力的形成和发展提供更加有力的新型劳动者。为此，相信陈涛教授的新著将为读者带来新的思考。

是为序。

北京师范大学经济与资源管理研究院名誉院长

西南财经大学发展研究院创始院长

李晓西　教授

2024 年 3 月 20 日

序　二
让新型高等教育体制激发
人才发展活力

二十年前，我开始关注国际人才发展研究。我所创办的全球化智库（CCG）的第一件提案就是倡议建立国际人才组织联盟。不久，我就受邀参与《国家中长期发展规划纲要（2010—2020 年）》的起草制定工作。2012 年，我们开始专注于国际人才蓝皮书系列研究，发布了诸如《中国海归创业发展报告》《中国留学发展报告》《中国移民发展报告》《中国区域人才竞争力报告》等成果，参与了国家部委、地方政府有关人才研究课题，推动中国加入国际移民组织，建言成立国家移民局等。在人才政策和研究过程中，首先关注地就是人才培养开发问题，这涉及到高校招生考试制度、职业教育发展模式以及终身教育体系建设等具体内容。

党的二十大报告首次将教育科技人才整合到一起进行系统谋划，指出"教育、科技、人才是全面建设社会主义现代化国家的基础性、战略性支撑。"因此，如何通过创新高等教育体制机制改革激发人才发展活力，无疑已成为当前我国高等教育发展、科技创新和人才培养统筹协调发展的关键性问题。尤其是面对当前复杂多变的国际环境，主要发达经济体持续加大对创新型人才的吸引力，发展中经济体系人才流动不稳定，全球性"人才战争"愈加激烈。为此，我国提出走好人才自主培养之路，这要求必须依靠强大有力的高等教育体系支撑中国这样一个大国对人才数量、质量和结构的全方位需求，鼓励教育改革要突破常规和创新模式。

创新高等教育体制机制改革是构建高质量高等教育体系的重要前

提。陈涛教授出版的专著正是围绕这一主题展开的。让我印象深刻地是，他系统地梳理了全球主要国家高等教育合作办学模式，尤其对跨境高等教育和中外合作办学进行了深入的探讨。多年来，我一直担任杜克—昆山大学亚洲顾问委员会成员，深知中外合作办学面临投融资问题。为此，我曾提出要加强与"一带一路"沿线重点国家高校间的合作，应发起多方力量，充分挖掘和利用我国现有的国际教育资源，鼓励各类在华国际学校"走出去"办学，拓宽中外合作办学形式，争取当地政府或民间力量的资助，增加教育资源供给的多样性和可选择性，提升教育对外开放水平。

2015 年 9 月，我受聘于西南财经大学发展研究院院长，与陈涛博士一道负责《四川人才发展报告》的编写和研究工作。在连续六年的研究工作中，陈涛博士努力将高等教育、人才发展和区域治理等多个研究主题相结合，这大大拓展了他的研究视野、思维方式和方法范式。如今，他已经从刚毕业的博士研究生快速成长为一名优秀的大学教授，并且在高等教育政策与治理、人才政策与评价等研究领域中得到了广泛的认可，特别在智库研究方面也形成了一定的影响力。我相信陈涛博士通过多年的研究积累，其新作一定具有独特的理论价值和现实意义。

是为序。

国务院参事室原参事

九三学社中央委员/经济委员会副主任

中国人才研究院副会长

全球化智库（CCG）创始人兼理事长

西南财经大学发展研究院原院长

王辉耀　教授

2024 年 3 月 25 日

目　录

绪　　论

第一节　研究缘起

一　研究背景

（一）高质量：新时代经济特征及高等教育发展趋势

习近平总书记在党的十九大报告中指出："经过长期努力，中国特色社会主义进入了新时代，这是我国发展新的历史方位。"这一重大研判既是基于十八大以来取得的历史性成就，也是基于我国社会主要矛盾已经转化为人民日益增长的美好生活需要和不平衡不充分发展之间的矛盾。中国社会主要矛盾的变化是关系全局的历史性变化，其中在经济方面的体现就是确立以人民为中心的经济发展思想，建立新时代中国特色社会主义市场经济内在的技术进步机制。当前，我国经济已由高速增长阶段转向高质量发展阶段，正处在转变发展方式、优化经济结构、转换增长动力的攻关期。未来一段时间，我国经济发展将是追求增长速度与追求高质量发展的混合体，以供给侧结构性改革为主线，让市场在资源配置中发挥决定性作用，更好地发挥政府的作用是新时代中国特色社会主义市场经济的基本特征。新时代经济发展必须使市场和政府各就其位、各展所长，从而推动形成有为政府和有效市场的有机统一、相互协调的新格局。

随着社会经济发展转型，我国高等教育发展因势而变。党的十八大以来，我国高等教育形成了历史性成就和格局性变化。一是从发展规模看，我国高等教育毛入学率从 2012 年的 30% 提高至 2021 年的 57.8%，迈入普及化高等教育阶段，劳动力素质结构发生重大变化；二是从发展质量看，瞄向科技前沿和经济发展需求，应对国际竞争与挑战，提出新工科、新医科、新农科和新文科"四新"建设，以此撬动高校人才培养范式的全方位改革，系统提升人才培养质量；三是从体制机制看，我国高等教育在办学模式、管理体制、保障机制等方面不断创新，中国特色高校管理制度不断完善，高等教育的供给结构、资源分布空间以及师资培训和招生制度不断优化和调整；四是从领导管理看，党对高校的全面领导更加坚实，推动党建与高等教育深度融合，进一步提升了高校治理体系及治理能力现代化水平。面向未来，我国"十四五"规划中明确提出，提高高等教育质量，其中一个维度就是要推进高等教育分类管理和高等学校综合改革，构建更加多元的高等教育体系，实现高质量发展。

（二）两分法：我国实行高校分类发展的战略新要求

高校分类发展不仅是遵循高等教育多元化发展规律的必然选择，而且也是面向我国经济和产业发展结构以及就业形态需求的主动契合。2010 年国务院发布《国家中长期教育改革和发展规划纲要（2010—2020 年）》中多处明确提出有关办学体制和学校分类管理的规划要求：一是在高等教育领域，提出"促进高校办出特色。建立高校分类体系，实行分类管理"；二在民办教育领域，提出"积极探索营利性和非营利性民办学校分类管理。规范民办学校法人登记。完善民办学校法人治理结构"。《规划纲要》拉开了高校分类发展的"战略性"序幕，随着2016 年修订《民办教育促进法》以及 2021 年出台《民办教育促进法实施条例》，按照营利性和非营利性两分为主轴的民办高校分类发展的制度安排得以正式落地，我国高等教育办学体制步入了"分类管理"时代。特别是针对民办高校实行分类管理，明晰民办高校法人属性，有助于规范民办高校办学行为，培育真正的非营利性民办高校，给营利性民办高校提供了发展空间。[①]

当前，我国高校分类发展已经从"公民二分"迈向"营利与非营利两分"，这既是高等教育治理从粗放型发展向精细化深耕的转型升

---

① 董圣足：《有序有度发展营利性民办学校》，《教育发展研究》2020 年第 5 期。

级，也是对我国高校领导体制、管理体制、投资体制等办学体制改革的一次大的飞跃。因此，"两分法"对高等教育改革贡献有：一是纠清了教育公益性与办学实际的冲突和矛盾；二是理顺了政府、社会与高校在办学设置、拨款、指导、评估等多项制度设计和政策安排的关系；三是明确了各类高校（公办高校、民办非营利性高校和营利性高校）在高等教育体系中的合理定位与特色目标，从而确保并促进不同类型高校能朝着各自内涵式发展道路行进。① 在这样的背景下，新的高校分类体系及分类管理制度为多元主体参与高等教育办学奠定了制度基础和政策依据。换言之，"营利与非营利两分"的高校分类治理办法为高等教育体系建设画清了两条"主干道"，任何高等教育办学实践都必须在"主干道"的路径规则下展开，但在这一基础上还涉及大量多样化的"支路型"办学实践，这对分类管理办学实践与研究提供了新向度。

（三）多元化：我国公共高等教育服务体系建设诉求

当前，我国高等教育已经迈入普及化阶段。"十四五"末期，我国高等教育毛入学率将达到60%。从发达国家高等教育发展经验来看，与高等教育大众化普及化进程相一致的就是要匹配多元化的公共高等教育服务体系。一方面，在高等教育大众化发展过程中，围绕人才培养的层次和类型结构已基本形成了高等教育分层分类办学形态及其多元化的教育体系，如把高校分为学术研究型、应用研究型、应用技术型和应用技能型四类，② 但是这一体系尚处于"外延式"发展状态，就是还未完成相应的分类治理、分类评价等内部化的制度建构；另一方面，进入高等教育普及化阶段，亟须加快加强高等教育与经济增长、产业结构和社会需求的全面对接，就是要更大范围地满足多元群体对高质量高等教育的需求，应着力从办学体制机制等中观微观层面促进高等教育"内涵式"发展，这也是当下办好人民满意的教育的发展路向。显然，我国高等教育体系在普及化阶段要求下，必然会朝着多元化的公共服务体系建设迈进，而越是多元化，就越需要分类治理加以规范。

---

① 马陆亭：《以分类管理推进高校科学定位和特色发展》，（2010 – 02 – 04）［2023 – 03 – 10］，http：//www.moe.gov.cn/jyb_xwfb/moe_2082/zl_2017n/2017_zl06/201702/t20170205_295751.html.

② 杜玉波：《构建更加多元的高质量高等教育体系》，（2022 – 06 – 24）［2023 – 03 – 10］，https：//www.zysy.org.cn/article/48iwwfIlHQM.

面对普及化高等教育的需求特征，最为重要的就是要建立起强而有力的高等教育供给端，但这一供给端已不同于精英化阶段的政府包揽，而是需要更加多元的社会资本，从而建构起"公共的"高等教育服务体系。显然，这是一项基于供给侧改革的高等教育发展方式转型，是要通过多元化供给提高高等教育质量和效率，这就要求转变教育理念，引入竞争机制，改进管理模式，实现优化组合。当然，政府始终是高等教育供给的最重要主体，也是驱动高等教育创新发展的主体，因此政府在体系建设中需要引导社会资本参与公共高等教育服务供给，通过分类治理支持和规范社会力量办学，如鼓励个人、行业和企业等社会力量参与办学，吸引诚信优质的境外资本参与办学等，调动国内外社会力量参与办学的积极性，满足人民群众多层次、多样化的高等教育需求。因此，一个好的公共高等教育服务体系，不应是限制社会资本，而是设法用好各类资本，处理好质量、效率、公平和效益的关系，扩大优质高等教育资源，促进高等教育可持续发展。

二　研究问题

随着《民办教育促进法（修订本）》以及《民办教育促进法实施条例》在各地的积极推进和有效落实，我国高等教育发展已经迈入了具有实质意义的"营利与非营利"两分的分类治理时代，这是未来我国高等教育分类发展的新类型，亦是新时代高等教育服务供给的新范式，最为重要的是重塑了我国高等教育体系的公共性。因此，在这一新的分类管理框架下，亟须对高等教育属性及其办学实践开展重构性工作，这意味着既要回答新时代中国特色社会主义高等教育分类发展的理论性问题，又要应对当前新分类框架下公民合作办学的实践性问题，还要进一步思考新时代引导社会资本参与高等教育供给分类发展的策略性问题。为此，本书将从理论、实践和政策三个层面进行问题设置，以期逐层深入探索问题。

（一）为何推行分类发展？

民办教育分类管理，并非是抑制社会资本参与办学，而是要更好地引导和规范社会资本参与办学。本书将其简称为公民合作办学（Public-Private Partnership，PPP）。首先，有必要从外部的、宏观的层面认识社会资本参与公共高等教育供给的阶段性特征，这是公民合作办学为何推行分类发展的外在要求，即不仅要从全球和本国并行的视角审视高等教育理念的转变，更要从我国实际出发考察高等教育体制改革和供给方式的变化；其次，从内部的、微观的层面认识社会资本参与公共高等教育的分类发展机理，这是公民合作办学为何推行分类发展的内在要求，即构建公民合作办学分类发展体系的基本规范和总体要求。

该问题可具体分解为以下两组子问题：

1. 从外部的、宏观的层面分析公民合作办学为何推行分类发展，即认识社会资本参与公共高等教育供给的转型阶段特征，主要从全球和我国分析高等教育办学理念、高等教育体制改革以及高等教育供给方式，突出我国高等教育发展实际。

2. 从内部的、微观的层面分析公民合作办学为何推行分类发展，即认识社会资本参与公共高等教育供给的分类发展机理，包括分类发展目标、依据、原则和标准，明确公共高等教育分类发展体系的基本规范，突出分类发展的中国特征。

（二）如何实施分类治理？

引导社会资本参与公共高等教育供给具有多层多类的办学形态，但在分类治理背景下，必须对其公民合作办学加以引导和规范。为了更加具象化，本书将聚焦当前我国公民合作办学实施分类治理的三个"难点"形态，即转设中的独立学院、混合所有制高职院校以及中外合作大学。尽管这三类高校在分类治理中颇具争议，但其在办学实践和治理机制中又存有很强的创新性。为此，必须认识上述三类高校是如何实施分类治理的？换言之，要从分类发展的视角建立分析路径，对上述三类公民合作高校办学的"现实状况—治理机制—发展困境"进行系统性分析，为分类发展的机制建设明确方向。

该问题可具体分解为以下三组子问题：

1. 聚焦转设中的独立学院、混合所有制高职院校以及中外合作大学三类公民合作办学形态，从分类发展的视角分析三类高校的办学类型和模式、发展现状及趋势，旨在把握这三类高校公民资本合作办学分类发展的基本特征。

2. 分别探讨转设中的独立学院、混合所有制高职院校以及中外合作大学三类高校的分类治理机制，包括外部和内部机制、顶层和基层机制，旨在从不同方向的治理机制中发现三类高校办学的特殊性以及治理中的"盲区"和"误区"。

3. 基于以上三类公民合作办学现实状况及特征，一是归纳公民合作办学分类治理的宏观性问题，从社会资本的角度切入分析风险问题；二是挖掘不同类型高校分类发展的具体性问题，从社会资本参与办学的规制性问题进行考量。

（三）如何保障分类治理？

进入新时代，"引导"和"规范"是公民合作办学的政策主题和治理价值，而"分类发展"无疑是其有效落实的制度工具和路径选择，这意味着要基于分类发展的思路对公民合作办学进行创新性的制度再设计，为促进和优化公民合作办学的分类发展提供引导策略。通过对公民合作办学分类治理的宏观性问题和具体性问题的解析，一是要考虑在宏观层面建立何种规范性机制促进公民合作办学分类发展，有效引导社会资本参与公共高等教育供给；二是要针对转设中的独立学院、混合所有制高职院校以及中外合作大学等具象化的办学实践，又需要建立何种发展思路和具体机制，使其走出各自分类发展的办学困境。

三 研究意义

（一）理论意义

首先，有助于重新认识公共高等教育理念。本书拓展了政府与社会资本合作（PPP）在我国高等教育领域的运用。在民办教育分类管理背景下，以法律的形式明确了非营利性和营利性高等教育的合法性办学身份，大大增强了非营利性办学规模及其受益面，这将有助于更新人们对公共高等教育的认识和理解，这是新时代引导社会资本参与公共高等教育供给的认知前提和基础。在这一认识下，有助于人们走出认知的历史"惯性"，有效辨析投资办学、捐资办学和融资办学等公民合作办学的差异性以及各自的特殊性。因此，本书通过对全球和我国高等教育办学理念和体制基本特征的梳理，为构建公共高等教育提供理论思考。

其次，有助于建构新时代的分类发展机理。新时代社会资本参与公共高等教育供给的分类发展不仅是一个政策和实践问题，还是一个理论问题和时代命题。因此，首先要把握好我国高等教育的"新时代"特征，就是要办好人民满意的教育。在此价值基础上，亟须对新时代公民合作办学（PPP）分类发展机理进行多个层面的探索和研究，即涉及分类发展的目标、依据、原则和标准，建构一套分类发展的机理体系，这将有助于为新时代公民合作办学的分类发展政策和治理实践提供方向指引和理论基础。为此，本书主要从学科理论、政策法规以及多国实践经验的角度对公民合作办学分类发展机理的建构进行抽象和归纳。

最后，有助于提供分类治理的理论视角。从整体研究来看，本书始终立足于分类发展的视角，就公民合作办学分类发展实践以及具有混合型特征的三类高校（即转设中的独立学院、混合所有制高职院校以及中外合作大学）办学的现实困境，提出了一种基于"再分类"的应对之策，即包括民办高等教育资本"红绿灯"机制，营利性高校学历和非学历二分路径，高职混合所有制办学分类治理再设计以及基于教育主权分类的跨境合作大学。这既是一种学理思考，也是一项理论设计。从现实来看，当下的公民合作办学分类发展困境并非完全是政策缺失，而是缺乏政策运用背后的基本原理，因此要提供理论先行的分类治理新思路。

（二）现实意义

第一，描绘公民合作办学分类发展现实。从 2010 年《国家中长期教育规划纲要》颁布到 2016 年《民办教育促进法》修订，民办教育分类管理从"设想"转为"现实"，但是民办高校选择分类办学却迟迟难以落地，直到今天又过去了 7 年时间，仍有一些学校还未明确营利与非营利的办学选择。为什么民办教育政策推行如此缓慢？[①] 基于这样的疑问，本书将对当前公民合作办学的办学实践（即转设中的独立学院、混合所有制高职院校以及中外合作大学）进行现状梳理及案例分析，探索三类高校公民合作办学实践的分类发展样态及主要特征。因此，细读公民合作办学分类发展现实是推进其分类发展的基础工作。

第二，构建公民合作办学分类治理体系。进入新时代，不只是要重新认识公共高等教育，更重要的是构建符合新时代需要的公民合作办学

---

① 阎凤桥：《民办教育政策推进为何缓慢？——基于组织行为决策视角的考察》，《华东师范大学学报》（教育科学版）2017 年第 6 期。

（PPP）分类治理体系，这既内涵了分类发展机理，又包含了现实中的治理机制，还尝试性地融入了"再分类"的治理机制及政策设计，构成了公民合作办学的分类治理体系，即外部和内部治理、顶层和基层治理两个向度的治理体系。显然，本书旨在为公民合作办学的分类发展提供一个制度化的治理架构。从本质上来看，公共高等教育分类治理体系的构建是一个国家高等教育制度执行能力的集中体现，在推进中国式高等教育现代化发展进程中具有重要的现实意义。

第三，提升公民合作办学分类治理能力。构建新时代公民合作办学分类治理体系，其根本是要通过协调的组织体系、科学的制度安排以及完善的运行机制，使分类治理制度化、规范化和程序化，有效提升和充分发挥公民合作办学分类治理能力，加强公共高等教育的供给能力。从本质上看，提升公民合作办学分类治理能力是要理清政府、市场、社会和高校之间的关系，加强学校外部治理规制，完善学校内部治理结构。但从一定意义而言，公民合作办学分类治理能力指向地方政府和合作高校，引导和规范社会资本，促进形成注重协调、协同、协作和协商的善治新形态，创新自上而下和自下而上的互动治理新格局。

第二节　文献综述

一　资本理论与社会资本

社会资本概念是一个多学科性的复杂概念，具有丰富的内涵。为了理解这一概念，有必要先认识一下"资本"。资本的概念可以追溯到卡尔·马克思（Karl Marx），他分析了资本在商品生产和消费过程中，如何从资本家和劳动者的社会关系中生成。在马克思的视野中，资本是由用于生产新的原料、新的劳动工具和新的生活资料的各种原料、劳动工具和生活资料组成的。作为进行新生产的手段的积累起来的劳动就是资本。同时，马克思认为，资本也是一种社会生产关系。就是资产阶级的生产关系，是资产阶级社会的生产关系。[①] 就此，马克思指出："资本不是物，而是一定的、社会的、属于一定历史社会形态的生产关系，它

---

① 《马克思恩格斯选集》（第 1 卷），人民出版社 2012 年版，第 339、341 页。

体现在一个物上，并赋予这个物以特有的社会性质。"① 显然，马克思是将资本（生产资料、劳动工具和原料）置于一定社会条件（社会生产关系）下进行系统性认识和界定。

　　马克思有关资本的基本思想延续至今。但在这近两百年之间，马克思《资本论》不仅被赋予了一些新的认识和内涵，也发展了诸如人力资本、文化资本和社会资本等新的资本理论。就资本而言，法国经济学家托马斯·皮凯蒂（Thomas Piketty）在《21 世纪资本论》中指出，资本是指能划分所有权、可在市场中交换的非人力资产的总和，不仅包括所有形式的不动产（含居民住宅），还包括公司和政府机构所使用的金融资本和专业资本（厂房、基础设施、机器、专利等）。② 在皮凯蒂看来，"资本"和"财富"含义完全一样，两个词可以互相替换。用"资本"来描述人们积累的财富，所有形式的资本具有双重角色：既有存储价值，也能作为一种生产要素，具有生产性。显然，皮凯蒂将"资本"界定为"物质"资本和"非物质"资本（如知识产权）两类，非物质资本可以被金融化，资本的范围有所扩大。

　　在新资本理论研究中，首先突破马克思古典资本观的是 20 世纪 60 年代由舒尔茨（T. W. Schultz）、贝克尔（G. S. Becker）等经济学家提出的人力资本理论，人力资本不同于物质资本，它是劳动者通过接受的教育、培训获得知识、技能，具备获取更多利益回报的能力和价值。③ 人力资本理论关注与劳动者相联系的过程，劳动者也被视为投资者，马克思的劳资对立关系被淡化了。20 世纪 70 年代，法国社会学家布迪厄（P. Bourdieu）的文化资本理论兴起，他不同意人力资本的解释，而是保持马克思的阶级分析立场，指向统治阶级通过教育向社会灌输的价值规范和象征意义，是为维护自身统治地位向社会成员发起的投资活动。④ 20 世纪 80 年代，布迪厄又一次提出"社会资本"的概念，认为

---

　　① 《马克思恩格斯选集》（第 25 卷），人民出版社 2001 年版，第 920 页。

　　② 托马斯·皮凯蒂：《21 世纪资本论》，巴曙松等译，中信出版社 2014 年版，第 46、47—49 页。

　　③ ［美］西奥多·W. 舒尔茨：《论人力资本投资》，吴珠华等译，北京经济学院出版社 1990 年版，第 45 页。

　　④ 周国平：《社会资本与民办高校资源整合研究》，广东高等教育出版社 2012 年版，第 4 页。

社会资本是指实际或潜在资源的集合，并将社会资本视为社会网或群体成员拥有的资本形式。①

在布迪厄对社会资本的界定之后，美国学者科尔曼（J. S. Coleman）将社会资本视为把社会结构资源作为个人拥有的资本财产，并认为社会资本不是某些单独的实体，而是具有各种形式的不同实体；② 美国学者帕特南（R. D. Putnam）从政治参与角度指出，与物质资本和人力资本相比，社会资本是社会组织的特征，通过推动协调和行动来提高社会效率；③ 华裔社会学家林南从社会网络的视角，指出社会资本行动者在行动中获取和使用的嵌入在社会网中的资源。④ 总之，社会资本是通过社会关系获得的资本，期望在市场中得到回报的社会关系投资。⑤ 一般而言，社会资本可分为个体和集体两个层面：个体社会资本是指个人可获取和使用的嵌入在社会网络中的资源，属于个人物品；集体社会资本是指一个组织、团体、群体、社区甚至整个社会所拥有的集体资源，属于公共物品。⑥

综上，社会资本是一个关涉多个学科的概念，且不同学科对此概念的认知亦存在一定差异。但整体来看，"社会资本"具有两层含义：一是社会资本具有经济属性，主要表现为物化的经济资本，如个人财产（包括金钱、土地）等，这是作为"资本"自身的本源性内涵，因此社会资本亦会显示出对资本利润的追逐。当然，社会资本的经济属性特征，也可以延伸到人力资本以及凝结在人才身上的管理和技术等；二是社会资本具有社会属性，主要表现为社会网络中的资源，这一资源既可以是个人的，也可以是集体的。不同于经济属性特征的是，社会资本一旦进入公共领域，还必须承担一定的社会责任，特别是在教育、医疗等

---

① ［法］皮埃尔·布迪厄：《文化资本与社会炼金术》，包亚明译，上海人民出版社1997年版，第60页。

② ［美］詹姆斯·S. 科尔曼：《社会理论的基础》，邓方译，社会科学文献出版社2008年版，第138页。

③ ［美］罗伯特·帕特南：《独自打保龄：美国社区的衰落与复兴》，刘波等译，北京大学出版社2011年版，第55页。

④ 林南：《社会资本》，上海人民出版社2005年版，第19页。

⑤ 林南：《社会资本》，上海人民出版社2005年版，第25页。

⑥ 刘敏：《社会资本与多元化贫困治理：来自逢街的研究》，社会科学文献出版社2013年版，第37页。

公共服务领域,其社会责任意涵更加重要。总之,社会资本具有经济和社会的双重属性特征,因此要协调经济效益和社会效益相统一,而且应该把社会效益放在首位。

二　公共高等教育的供给

为全面理解公共高等教育,有必要先从一般意义上认识公共教育。19 世纪末至 20 世纪上半叶,作为国家政策的公共教育基本内涵于各国宪法和教育法案之中,从 1850 年普鲁士颁布的《学校法草案》到 1870 年英国的《福斯特法案》再到 1881 年法国的《费里法案》,无不成为其国民受教育权得以保障的根本性支持,特别是 20 世纪初美国著名的"公共学校运动"以及引发的"教育券""特许学校"等一系列教育改革,将公共教育相关理论、实践以及政策建设推向了新的高潮。但归根到底,公共教育基本包含三层要义:一是面向所有适龄儿童,实施公开、免费、世俗且具有强制性的教育,各国的义务教育是典型的公共教育;二是由国家法律保障、公共财政资助、公共机构举办以及政府部门监管;三是从课程体系到学校制度,从教师评价到学生管理等设置有法定的标准,具有高度的规范性。

进入 21 世纪后,学界对公共教育的认识逐渐从"规制化"走向"理念化",这既是一种认知升华,同时也意味着民众对教育公共服务需求不断提升。如:美国学者理查德·金(Richard A. King)指出,对公共教育的实质进行新的定位是一项非常重要的工程。在过去的一百年里,公共教育被视为与公共控制、公共资助、公有制以及公共服务是同义词,政府就意味着公共,而现在这种观点受到了极大的挑战;[①] 国内学者文东茅则认为:"公共教育是以促进个体充分、自由的发展为前提和基础,以增加教育机会、提高教育质量、维护教育公平等为手段,以促进社会健康、有序、和谐发展为目标追求的教育活动。"[②] 显然,如今的公共教育已不再是举办者意义上的"公办教育",而是超越公民二

---

① ［美］理查德·A. 金等:《教育财政——效率、公平与绩效》,中国人民大学出版社 2010 年版,第 448 页。

② 文东茅:《走向公共教育:教育民营化的超越》,北京大学出版社 2008 年版,第 215 页。

元办学体制，以公共利益为核心价值和最终目的，并以此建立公共教育理念、制度以及评价标准的新体系。

基于以上认识，同理可以考察公共高等教育及其供给。由于各国的历史传统和经济社会发展存在差异性，高等教育不同于义务教育学段的"公共教育"认知，因此各国公共高等教育在产品属性、公共政策、办学实践以及话语分析等都会更为复杂，其供给方式及能力水平亦有所不同。

从产品属性来看，不同学段的教育产品属性存有差异性。从全球范围来看，高等教育产品既不完全属于"公共产品"，也不完全属于"私人产品"，而是介于两者之间的"准公共产品"。作为"准公共产品"的高等教育，由于其兼具两种产品的特征，现实中的高等教育资源配置必须引入市场机制，因而高等教育需要由政府和市场共同提供。但由于公共教育投入能有效提升人力资本积累和人才集聚，进而推动区域创新发展。[①] 因此，无论是哪一类主体举办的高等教育——公办高校还是民办高校，其高等教育都具有明显的正外部性，这是高等教育天然的特性。亦有研究指出，私立高等教育的属性并非完全是一种"公共产品"（public goods），它在很大程度上具有"共同产品"（共益产品）（common goods）的特点，其含义是满足一部分人超出公共供给之外的特殊要求，例如文化或职业偏好的教育需求。[②]

从公共政策来看，世界各国高等教育的办学实践丰富而多样，这对理解公共高等教育设置较强的情境性。以中国和日本为例。我国高等教育产品属性是动态的而非静态的，其产品属性会随着举办者的变化而发生变化。新中国成立初期，高等教育由国家举办，政府是唯一的办学主体，学生不需要交纳学费。改革开放以后，我国高等教育办学体制形成了以国家举办为主、社会力量参与为辅的多种合作办学模式。日本于1950 年通过了《私立学校法》，该法律使私立学校获得了与国立、公立学校一样的平等地位，即被认为是公共教育机构，具有公共性质。日本

---

① 李思龙、全菲菲、韩阳阳：《公共教育投资、人力资本积累和区域创新能力》，《财经研究》2022 年第 9 期。

② 阎凤桥：《中国民办高等教育能够满足公共利益需求吗》，《探索与争鸣》2008 年第10 期。

私立高等教育属于公共高等教育，且私立高等教育是高等教育系统的最大部分，这为日本政府财政资助私立高校提供法律依据。综合来看，由于两国私立（民办）高等教育办学属性和法律地位不同，其公共性也有所差异。

从办学实践来看，20世纪90年代以来，世界上很多国家尝试改变以往公共事业由政府单一供给的体制，通过民营化的方式来实现公共目标，如鼓励公私立组织之间的合作伙伴关系（PPP）等。① 与公立组织相比，私有或民营组织只是一种不同的所有制组织形式，而其发展仍可以纳入公共事业目标体系加以评价。同样在高等教育领域，私立（民办）高校提供了公立高校无法满足的学习机会，或者用经济术语说满足了"过度需求"（excessive demand），因此在大多数国家都把民办高校看成是"需求吸收型"（demand adsorbing）教育机构。② 譬如：有研究者指出，德国、法国以及中国私立（民办）高等教育规模相对较小，主要面向应用型和职业型人才培养，但却是本国高等教育系统不可或缺的组成部分，发挥着公共性的作用。③

三　教育 PPP 及分类发展

（一）政府与社会资本合作

PPP 全称是 Public-Private Partnership，直译为"公私合作制"、"公私合营制"或"公私合作伙伴关系"。现代 PPP 模式肇始于 20 世纪 90 年代英国公共服务领域改革。1992 年秋，英国财政部部长拉蒙（Norman Lamont）在其预算报告中首次提出"私人融资计划"（Private Finance Initiative，PFI）的概念，拉开了以公私部门联合发展公共事业、共担风险的 PPP 模式在全球范围内兴起的序幕。在我国语境下，PPP 表述为"政府与社会资本合作"，准确地说是 GSP（Government Social-capital Partnership）。PPP 的第一个"P"（Public）是指公共部门（即为政府），第二个"P"（Private）译为"社会资本"，相当于"民营资

---

① ［美］莱斯特·萨拉蒙：《全球公民社会——非营利部门视界》，贾西津、魏玉译，社会科学文献出版社 2002 年版，第 57—61 页。

② 罗先锋：《我国非营利性民办高校发展研究》，厦门大学出版社 2020 年版，第 14—20 页。

③ 陈涛、邬大光：《高等教育公私并举与分类管理走势分析——基于中、法、德三国经验的视角》，《教育研究》2017 年第 7 期。

本"，既包括私人资本，也包括国有资本及其他性质的资本。显然，这里的"社会资本"是相对于政府资金（财政经费）而言，所以只要不是政府资金（财政经费），都可称为社会资本。① 显然，我国 PPP 模式的确立，其根本目的是解决政府建设资金短缺问题，反映政府的融资动机，与其说是"部门"合作，不如说是"资本"合作。②

关于 PPP 概念的界定呈现出学术和政策两个层面，且各国对其理解及其界定也有所不同。在学术研究层面，萨拉蒙（L. Salamon）指出，PPP 指公共部门与私人部门之间为了合作建设城市基础设施项目或是为了提供某种公共物品和服务，并形成了一种伙伴式的合作关系；③ 萨瓦斯（E. S. Savas）认为，PPP 指公共和私人部门共同参与生产和提供物品、服务的任何安排，一些复杂的、多方参与并被民营化了的基础设施项目，企业、社会贤达和地方政府官员为改善城市状况而进行的正式合作；④ 哈特曼（Hartmann）认为，PPP 指包括公私部门协同工作的所有形式，表现为公私部门间的联络、协调和合作；⑤ 特廷格（Tettinger）认为，PPP 是国家机构和私人经济主体之间的不同形式的协作，目的是完全原本能够由国家部门承担的公共任务。⑥ 显然，国外学者对PPP 基本达成了共识，就是公私部门合作的目的是提供公共物品和服务，并提出私人部门的具体形态，如企业和社会贤达。但由于公私部门合作的复杂性，并未明确如何实现公私合作。

由于中外对 PPP 的认知存在"时间差"，因此国内学者对 PPP 的认识和界定会更加规范，在概念界定中侧重法律规制的意蕴。如：贾康等认为，PPP 模式指公共部门与私人部门为提供服务而建立起来的长期合

---

① 刘尚希、赵福军：《政府与社会资本合作（PPP）知识读本》，中国财政经济出版社2017 年版，第3—4 页。

② 王增忠：《公私合作制（PPP）的理论与实践》，同济大学出版社 2015 年版，第31页。

③ ［美］萨拉蒙：《全球公民社会：非营利部门视界》，贾西津、魏玉译，社会科学文献出版社 2007 年版，第 77 页。

④ ［美］E. S. 萨瓦斯：《民营化与 PPP 模式：推动政府和社会资本合作》，周志忍译，中国人民大学出版社 2015 年版，第 120 页。

⑤ 李以所：《德国公私合作促进法研究》，中国民主法制出版社 2013 年版，第 5 页。

⑥ Vgl. P. J. Tettinger. Public Private Partnership, in: Erichsen（Hrsg.），Kommunale Verwaltung imWandel, 1999, 103.

作关系，并以正式的协议来确定；① 湛中乐等认为，PPP 模式是对任何一种公共部门和私人部门之间达成的特许经营协议的统称；② 郭文卿认为，PPP 模式是指公共部门与私人部门为提供公共产品和服务而建立的合作关系，并授予特许经营权；③ 刘薇认为，PPP 模式的首要特征是一种伙伴关系，其强调法治环境下的"契约精神"，受到相关法律法规的保护；④ 贾康等认为，PPP 模式是一种优化的资源整合效应，即要选择兼具建设能力和运营资源的社会资本方。⑤ 综合来看，不同于国外相关研究界定，我国学界将 PPP 视为是企业获得政府的特许经营权，因此更多是从狭义的角度讨论 PPP 模式，就是政府主体和私人经济主体通过公法或私法性质法律，抑或是行政行为形塑公私合作关系，使其建立风险共担和利益共享的任务执行模式。

在政策界定层面，欧盟贸易委员会将 PPP 界定为"在公共部门和私人企业之间为了基础设施的融资、建设、修缮、运营、维护或公共服务的提供而进行合作的各种形式"；⑥ 世界银行将 PPP 界定为"政府部门和私人部门为提供公共设施和服务而订立的一种长期合同，由私人部门承担风险和管理责任，政府部门根据私人部门的表现付费"；⑦ 亚洲开发银行将 PPP 界定为"公共部门和私人部门为提供公共设施和服务，如供电、供水、交通、教育和医疗而达成的协议"；⑧ 美国 PPP 理事会将其界定为"公共机构与营利性公司之间的协议，通过该协议公私部门共享彼此的技术、资产来为公众提供服务和设施"；⑨ 德国联邦政府

---

① 贾康、孙洁：《公私伙伴关系（PPP）的概念、起源、特征与功能》，《财政研究》2009 年第 10 期。

② 湛中乐、刘书燃：《PPP 协议中的法律问题辨析》，《法学》2007 年第 3 期。

③ 郭文卿：《PPP 模式概要解析》，《经济论坛》2014 年第 10 期。

④ 刘薇：《PPP 模式理论阐释及其现实例证》，《改革》2015 年第 1 期。

⑤ 贾康、陈通、唐丹彤：《运用 PPP 提供"权益—伦理型公共产品"：理论、实践与改进》，《西部论坛》2022 年第 4 期。

⑥ European-Trade-Commission. PPP ［EB/OL］. ［2023 - 02 - 10］，https：//commission. europa. eu/index_ en.

⑦ The World Bank. PPP ［EB/OL］. ［2023 - 02 - 10］，https：//www. worldbank. org/en/home.

⑧ Asian Development Bank. PPP ［EB/OL］，［2023 - 02 - 10］，https：//www. adb. org/.

⑨ National Council for Public-Private Partnerships, PPP ［EB/OL］. ［2023 - 02 - 10］，https：//www. ncppp. org.

将 PPP 界定为"公共部门与私营部门之间为高效实施公共任务的长期合同合作关系，在联合组织关系中整合必要资源（如专业经验、设备与设施、资本、团队等），合理分配项目风险以反映各合作伙伴的风险管理能力"。① 综合来看，国际组织及国外政府部门使 PPP 政策化的主要途径是形成合作协议，建立公私合作的法律关系。

在我国，自 2014 年以来中央层面多个政府部门对 PPP 做了政策界定和制度安排。如：国家发展与改革委员会指出，PPP 是政府为增强公共物品和服务供给能力，提高供给效率，通过特许经营、购买服务、股权合作等方式，与社会资本建立的利益共享、风险分担及长期合作关系；② 财政部指出，PPP 模式是由社会资本承担设计、建设、运营、维护基础设施的大部分工作，并通过使用者付费及必要的政府付费获得合理投资回报。政府部门负责基础设施及公共服务价格和质量监管，以保证公共利益最大化；③ 国务院办公厅提出公共服务领域 PPP 是指政府采取竞争性方式择优选择具有投资、运营管理能力的社会资本双方按照平等协商原则订立合同，明确责权利关系，由社会资本提供公共服务，政府依据公共服务绩效评价结果向社会资本支付相应对价，保证社会资本获得合理收益。④ 不难发现，近年来我国多个政府机构进一步规范 PPP 运作，提出了更加明确的法律规制和实施办法，特别在公共服务领域保证公共利益最大化，同时也要保障社会资本能得到合理回报。

（二）教育领域公私合作制

从全球来看，教育领域公私合作制已经非常普遍，特别是随着学校

---

① Bundesrepublik Deutschland. PPP［EB/OL］.［2023 – 02 – 10］, https：//www. bundesregierung. de/breg-de.

② 中华人民共和国中央人民政府：《发展改革委关于开展政府和社会资本合作的指导意见》,（2014 – 12 – 02）［2023 – 03 – 07］, http：//www. gov. cn/zhengce/2016 – 05/22/content_ 5075602. htm。

③ 中华人民共和国中央人民政府：《财政部关于推广运用政府和社会资本合作模式有关问题的通知［EB/OL］.（2014 – 09 – 23）［2023 – 03 – 07］, http：//www. gov. cn/zhengce/2016 – 05/25/content_ 5076557. htm。

④ 中华人民共和国中央人民政府：《国务院办公厅转发财政部发展改革委人民银行关于在公共服务领域推广政府与社会资本合作模式指导意见的通知》,（2015 – 05 – 22）［2023 – 03 – 07］, http：//www. gov. cn/zhengce/content/2015 – 05/22/content_ 9797. htm。

与市场和社会合作的逐步深入，其公私界限开始淡化，甚至营利与非营利机构的合作也日益流行。如莎玛等（Sharma）指出，当前高等教育PPP模式主要表现为公私融资、科研产业园和大学的附属公司；科尔（Coll）认为，美国高等教育PPP已经深入到在线教育、学术评估以及学生活动等多个层面；[①] 尼玛（Neema）在考察印度高等教育PPP时归纳了基础设施、外包、混合以及反向外包等4种合作模式；[②] 玛蒂尔德（Mathilde）就丹麦学校合作项目，指出教育领域各种形式的公私合作组织，当处于开放式创新伙伴关系时往往更为灵活；[③] 格里克（Gericke）认为，公私伙伴关系在教育领域的经济化方面发挥着至关重要的作用，促进了德国公共教育领域动态化公共网络教育的形成。[④] 显然，国外教育领域PPP实践不仅存在于学校基建等微观层面，而且还体现在公共网络教育等宏观层面。但不论是哪一个层面，教育领域PPP核心任务仍是提供公共服务，促进公共利益最大化。

在我国，教育领域PPP涉及内容多元和广泛，从智慧教室、教育技术支持、培训等管理业务到食堂、住宿等生活和基建都涉及公私合作制，特别是与企业和社会组织的合作。然而，当前我国教育领域PPP备受关注的还是面向人才培养的多元主体参与办学。随着民办教育分类管理正式落地，办学主体多元化已经不只是民办教育机构的兴起，而是形成多样化的公私混合式办学模式。如董圣足指出，我国教育领域存在多种"混合所有制"的办学形态。[⑤] 具体而言：阙明坤指出，独立学院具有引进民办企业或外资企业充实办学主体等4种混合办学路径；[⑥]

---

① Coll. Considering a Public Private Partnership? Realities and Opportunities in Today's Higher Education Business Practices ［EB/OL］. （2018 – 04 – 15）［2023 – 03 – 01］, https：//www. researchgate. net/publication/299466902＿ Considering＿ a＿ Public＿ Private＿ Partnership＿ Realities.

② S Neema. A Case Against Public Private Partnerships in Higher Education in India ［EB/OL］. （2017 – 01 – 02）［2023 – 03 – 01］, http：//www. ccs. in/internship＿ papers/2012/264＿ public-private-partnerships-in-higher-education-in-india＿ sudhan shu-neema. pdf.

③ Mathilde Hjerrild Carlsen, "Familiar strangers-managing engagements in public-private partnerships in education", *Nordic Journal of Studies in Educational Policy*, 2021, （0）, pp. 1 – 14.

④ Gericke, Christina, "The Global Education Industry in a Microcosm：Public-Private Networks in German Public Schooling", *Journal of Education Policy*, 2022, 37 （5）, pp. 838 – 856.

⑤ 董圣足：《教育领域探索"混合所有制"：内涵、样态及策略》，《教育发展研究》2016年第3期。

⑥ 阙明坤：《独立学院混合所有制办学模式研究》，《高等教育研究》2017年第3期。

刘梦今、张瑞瑞则分别就中外合作大学是否属于超越公私以外的第三类高校类型开展了学术商榷;[1] 陈丽婷认为,高职院校混合所有制办学实践的非公即私发展理念还需进一步突破,这是职业教育体制机制改革的重要突破口。[2] 综合来看,我国高等和职业教育领域已有丰富的公私合作制实践,但整体还处于发展初期,亟须从理论和实践层面进行规范。

(三)合作办学的分类发展

从全球范围来看,高等教育分类管理是世界主要国家的通行做法,是一项整体性的制度设计,其涉及财政、税收、土地等相关政策的有机组成。如美国拥有世界独树一帜的高等教育分类管理设计,特别是对营利性与非营利性高校的划分。美国学者鲁克(R. Ruch)指出,区分营利性与非营利性大学是在不同的结构价值层面和组织价值层面下运行的,是否纳税是最主要的区分标准。[3] 但即便是如此清晰的分类管理设计,美国不同类型和层次的学校仍然存在明显的公私混合办学现象。如美国学者巴尔克莱等(K. E. Bulkley, etc)指出,美国城市学校改革形成了基于市场改革、基于学校政策和基于标准改革的投资组合管理模式。[4] 显然,美国公私合作办学呈现出政治和市场的双重逻辑,如公立学校的私人管理、公立学校的外部标准和绩效管理等,为此必须以一种教育政治经济学的视角进行诠释。

转向欧洲国家,以公立大学为主体的德国高等教育系统,并没有来自外部的分类发展困惑。相较之,迅速增长的私立高等教育机构会受到德国科学委员会(Wissenschaftsrat)的认证,是"国家认证"的私立大学。同时,德国私立高校对传统公立高等教育也产生了重要影响。正如德国学者乌尔里希·泰希勒(Ulrich Teichler)指出的,德国公立大学

---

① 张瑞瑞、袁征:《中外合作大学是不是第三种高校类型?——兼与刘梦今商榷》,《现代大学教育》2016 年第 4 期。

② 陈丽婷:《高职院校混合所有制办学现实困境与发展路径研究》,《中国高教研究》2017 年第 1 期。

③ [美] 理查德·鲁克:《高等教育公司——营利性大学的崛起》,于培文译,北京大学出版社 2006 年版,第 9—10 页。

④ [美] 卡特里娜·E. 巴尔克莱、杰弗里·R. 赫尼格、亨利·M. 莱:《公立与私立之间——城市学校改革的政治、治理和一种新的投资组合模式》,翟静丽、龚欣译,北京大学出版社 2013 年版,第 10—17 页。

内部运作方式正在发生"私有化"改变，这表现在政府监督的改变，高校内部管理的变化，以及高等教育筹资和学费制的引入等。① 显然，德国高等教育的传统"公共服务"理念正在遭受瓦解，但是一种新生的公共服务理念和体系正在建立，这些私立高校多为应用科技大学，主要招收成人和业余学习者。② 从德国办学实践来看，公私立高等教育的界限和分类似乎清晰，但公私立大学在办学理念和实践上存在很强的公私合作办学特征。

回到中国，我国公民合作办学及其分类发展主要源自民办教育的兴起，以及希冀通过分类管理对民办教育发展加以引导和规范。但我国民办高等教育不同于西方国家，邬大光指出投资办学是我国民办高等教育的本质特征，这亦是我国民办高等教育发展的特殊性；③ 由此，潘懋元先生等根据投资办学出台的"合理回报"制度，提出我国民办高等教育分类的第三条道路；④ 别敦荣认为，我国应该允许虽然要求取得合理回报但又不同于营利性学校的民办学校存在。⑤ 但董圣足等认为，"第三条道路"的说法存在概念不清，而且还模糊了回报与营利在本质上的一致性；⑥ 王建等也认为，正是由于实质性规范的缺失，为假公益真营利民办学校的举办提供了法律借口，消解了民办高校的公益性；⑦ 显然，在投资办学供给现实的前提下，围绕"合理回报"问题成为我国高等教育分类管理必须回应的焦点。

由于我国民办高等教育属性的特殊性、办学实践的特殊性以及法律设置背景的特殊性，或者说是我国民办高等教育发展阶段的特殊性，使

---

① ［德］乌尔里希·泰希勒：《高等教育与变化的劳动力市场》，包艳华、郭力译，科学出版社 2019 年版，第 34 页。

② 胡大白：《国外政府对私立高校治理政策的经验探讨及借鉴》，《中国成人教育》2018年第 18 期。

③ 邬大光：《我国民办教育的特殊性与基本特征》，《教育研究》2007 年第 1 期。

④ 潘懋元、别敦荣、石猛：《论民办高校的公益性与营利性》，《教育研究》2013 年第 3期。

⑤ 别敦荣：《论民办教育发展的第三条道路》，《华中师范大学学报》（人文社会科学版）2012 年第 5 期。

⑥ 董圣足：《民办学校分类管理配套制度及过渡措施研究》，立信会计出版社 2022 年版，第 27 页。

⑦ 王建：《民办学校分类管理——从"四分法"到"二分法"》，《北京大学教育评论》2012 年第 4 期。

民办学校分类发展复杂化。在这些"特殊"的背景下，有学者提出，可根据举办者是否需要办学所有权和合理回报，将民办学校划分为四类；① 还有学者提出了"第三条道路"的分类管理思路，尽管这不失为是面向我国民办高等教育举办者和投资者的饱含温度之良策，但随着民办教育资本的积累，部分举办者和投资者的逐利行为凸显，无疑会严重破坏教育事业的公益性。为此，有学者指出，经过长期的争论和探索，应该回归到营利性与非营利性的"两分法"本然之上。② 换言之，民办学校分类管理就是要对营利性和非营利性民办学校进行分类管理。③ 显然，我国高等教育公民并举分类进程既是观念问题，也是发展阶段性的现实需要。

随着《民办教育促进法（修正案）》正式出台，我国民办教育发展已进入营利与非营利分类管理时代，民办学校分类管理已不是"要不要"的问题，而是"如何做"的问题。面对民办高校"两分"办学路径的选择成为政策落地的现实性问题，国内学者也进行了前期的探索性研究。如：王善迈提出，民办教育分类要依据办学结余和机构资产剩余归属；④ 王一涛提出，在"两分"的分类管理目标下可以开展营利性民办高校试点；⑤ 沈国琪建议，民办高校分类管理可从办学公益指数角度进行探索；⑥ 周朝成则提出，民办教育分类改革亟需在政策法规、资源配置等层面建立综合性的分类发展体系。⑦ 显然，民办学校营利性与非营利性分类管理的制度安排与政策设计是一个复杂过程，特别是在我国民办教育特殊性的基础上，推进"两分"的分类管理政策会遭遇意想不到的多重阻力和路径依赖。

当前，我国民办教育正在通往分类管理的道路上，但由于投资主体

---

① 徐绪卿：《关于民办高校分类管理的思考》，《教育发展研究》2011 年第 12 期。

② 董圣足：《民办学校分类管理配套制度及过渡措施研究》，立信会计出版社 2022 年版，第 27 页。

③ 周海涛：《民办学校分类管理政策研究》，经济科学出版社 2016 年版，第 91 页。

④ 王善迈：《民办教育分类管理探讨》，《教育研究》2011 年第 12 期。

⑤ 王一涛：《对开展营利性民办高校试点的思考》，《教育发展研究》2011 年第 24 期。

⑥ 沈国琪：《民办高等教育分类管理模式的新思考——基于公益指数视角的探讨》，《现代大学教育》2015 年第 5 期。

⑦ 周朝成：《促进民办教育的可持续发展——谈《民办教育促进法》修订中的分类管理问题》，《复旦教育论坛》2016 年第 3 期。

多元化以及办学惯性，使得公私合作办学难以在短期内适应分类管理，导致执行分类管理存在较大的难度。然而，姚荣认为，尽管教育公私界分受到挑战，但在法律规制上仍可加以区别。无论是从英美法系看公私法的日益"精细化"，还是从欧陆法系看公私法的"相对性"，都说明二者界分清晰。① 如德国和美国高等教育质量保障在其不同法系的规制下，其认证分别遵循公共认证和私人认证。② 从法律层面而言，黄辉指出我国高等教育 PPP 可以分为公法人化、私法人化和 BOT 模式三类；③ 因此，姚荣认为公私混合只能依靠法律的强制性规定予以维系。④ 但由于我国教育领域相关法律法规还不够健全，面临着公法和私法双重缺失的境地，所以公民合作办学实践难以逃离"公私难辨"的现状，分类管理效力有限。

　　譬如，阙明坤认为，独立学院具有公私混合办学的特征，并指出办学体制面临产权、治理等风险难题，需要进一步明晰产权关系。⑤ 当前，我国正在推进混合型独立学院转设为"纯"民办高校，这是为实现民办教育分类管理的重要举措。潘奇、陈春梅等关注到职业教育领域混合所有制办学，促进公有资本和非公有资本合作举办职业教育，形成各办学主体共治的办学形式，其根本在于促进校企合作和产教融合。⑥ 随着跨境高等教育发展，引入外资举办中外合作大学无疑是公民合作办学的"国际版本"。林金辉等认为，在中外合作办学监管上应按照其办学多元化的特征，确定分类管理思路，用不同的标准衡量这一类办学的质量和发挥特色。⑦ 总之，汇集社会力量以捐投融资等方式开展多元化办学是优势和创新，但同时也对规范办学形成了挑战，亟须开展精细化

---

① 姚荣：《公、私立大学界分命题的现实挑战与重新诠释》，《温州大学学报》（社会科学版）2018 年第 1 期。

② 姚荣：《公法抑或私法：高等教育认证的法律规制——基于德国与美国的比较法考察》，《江苏高教》2021 年第 7 期。

③ 黄辉：《高等教育 PPP 模式的法律规制研究》，《云南社会科学》2018 年第 6 期。

④ 姚荣：《公、私立大学界分命题的现实挑战与重新诠释》，《温州大学学报》（社会科学版）2018 年第 1 期。

⑤ 阙明坤：《独立学院混合所有制办学模式研究》，《高等教育研究》2017 年第 3 期。

⑥ 潘奇：《混合所有制职业院校改革的进展、路径及值得关注的问题——基于 4 所案例院校的分析》，《教育与经济》2018 年第 2 期；陈春梅：《高职院校混合所有制内部治理存在的问题及其对策建议》，《中国职业技术教育》2019 年第 25 期。

⑦ 林金辉、刘梦今：《论中外合作办学的质量建设》，《教育研究》2013 年第 10 期。

分类管理的再设计。

为此，学界就教育分类发展及治理提出了诸多改革方向和具体建议。如：胡卫等建议，落实非营利性民办学校税收优化政策，对营利性民办学校进行税收政策系统设计；① 蒋言提出基于分类管理的制度目的规制民办学校融资，尊重营利性、非营利性和公益性的内在法治逻辑；② 齐英程提出要设计出符合营利性民办学校特点和运行规律的治理结构，为营利性民办学校发展提供规则支持；③ 周海涛提出要以"是否营利"为标准，重新界定法人属性，建立产权流转制度；完善政府对民办学校分类扶持的具体政策；④ 董圣足指出，应亟须在准入和许可、产权、法人治理、政府扶持以及外部监管等方面进行制度重构。⑤ 综合来看，当前各类公民合作办学亟须要加强分类治理制度的精细化设计，提高地方政策的配套性、政策制定的程序性以及政策实施的有效性，从整体性治理的思维系统推进。

第三节　研究设计

一　理论基础

（一）习近平新时代中国特色社会主义思想

党的十九大报告首次提出"习近平新时代中国特色社会主义思想"，这是我国取得的重大理论创新成果，是以全新的视野深化了对共产党执政规律、社会主义建设规律以及人类社会发展规律，开辟了马克思主义中国化的新境界，是当代中国马克思主义、21 世纪马克思主义，在马克思主义发展史、中华民族复兴史和人类文明进步史上都具有重大

---

①　胡卫、张歆、方建锋：《营利非营利分类管理下民办学校税收问题与建议》，《复旦教育论坛》2020 年第 4 期。

②　蒋言：《论民办学校融资的法律规制——基于分类管理制度目的的考量》，《教育发展研究》2022 年第 7 期。

③　齐英程：《"分类管理"背景下营利性民办学校的治理结构设计》，《中国教育学刊》2019 年第 7 期。

④　周海涛：《民办学校分类管理政策研究》，经济科学出版社 2016 年版，第 17 页。

⑤　董圣足等：《民办学校分类管理推进策略研究》，华东师范大学出版社 2020 年版，第 45 页。

而深远的意义。习近平总书记在党的二十大报告中指出："继续推进实践基础上的理论创新，首先要把握好新时代中国特色社会主义思想的世界观和方法论，坚持好、运用好贯穿其中的立场观点方法。"基于此，本书以"习近平新时代中国特色社会主义思想"为指导，探究新时代社会资本参与公共高等教育供给的分类发展及治理研究。围绕这一主题，必须深刻认识"十个明确"，其中主要包括"明确中国特色社会主义最本质的特征是中国共产党""明确坚持和发展中国特色社会主义""明确新时代我国社会矛盾""明确中国特色社会主义事业总体布局""明确全面深化改革总目标""明确全面推进依法治国总目标""明确必须坚持和完善社会主义基本经济制度"等，显然以上内容是本书的方法论、世界观和基本立场与观点，具有重要的理论意义和实践指导意义。

在我国教育领域，习近平新时代中国特色社会主义思想指向以教育优先发展为战略，办好人民满意的教育，就是要坚持以人民为中心发展教育，赋予教育鲜明的人民立场，把握人民的教育期待，形成为人民所认同的教育理论。当前，要办好人民满意的教育，就是加快高质量教育体系，重点解决教育高质量发展中的办学体制、管理体制和投资体制等问题。为此，党的二十大报告指出，要"加快建设高质量教育体系""引导规范民办教育发展"，为此要亟须构建国家高等教育治理体系和治理能力现代化，即以"办好人民满意的教育"为思想指引，引导和规范社会资本参与公共高等教育服务供给，注重坚持人民至上的教育价值立场以及对全球高等教育分类治理体系的有效辨析，从而有助于认识中国特色社会主义公共高等教育分类治理体系，以高质量教育体系支撑中国式现代化发展。

（二）韦伯的"理想类型"与类型学范式理论

"理想类型"（Ideal-Typical，Idealtypus）是马克斯·韦伯（Max Weber）社会学知识体系的核心概念和基础，亦是其所倡导的重要社会研究方法论。韦伯所构建的理想类型概念源自新康德主义，是将概念结构作为认识论的基本前提，是一种主观思维的建构，是纯粹形态的思想图像。为此，韦伯强调，"理想类型不是'假设'，但它要为假设的形成指明方向；它不是对现实的描述，但它要为描述提供清晰的表达手段。"在社会科学研究过程中，研究者以抽象的方式概括综合，并与社会现实相比较，以根据经验规则建构对具体成分的因果意义的理解。① 美国社会学家弗里茨·林格（Fritzk Ringer）指出，韦伯的"理想类型"建构带有明显的"乌托邦"色彩，是经由对现实中某些方面在概念上加以"强调突出"而获得的。在我们感到有类似于"理想型"中所强调的那些关系存在的地方，"理想型"能帮助我们理解这些关系。② 显然，"理想类型"就是抽取事物少数具有代表性的特征用以认识事物的原型，因此"理想类型"可以被视为是源于现实、超越现实，可以借助认识现实的"乌托邦"。

在"理想类型"理论的观照下，类型学范式无疑是构建社会资本参与公共高等教育分类发展的重要工具。不同于分类学范式，类型学范式本身最突出的特点就是提出高校的概念类型，即构建特定高校概念体系的过程，而这种概念体系能进一步指导高校分类发展的经验研究。因此，类型学范式可以被认为分类学范式研究的起点，并在此基础上建立现实中高校的类型假设。具体而言：一是在分类目的方面，类型学范式主要指向调整高等教育结构，预测高等教育发展趋势以及探索高等教育分类发展本质；二是在分类方法方面，类型学范式主要是采取思辨性的、非经验研究的方法，主要凭借研究者对高等教育现象的感知力以及对高校分类发展本质的认知水平；三是在分类结果方面，类型学范式主要是基于对事实的粗线条分类，或者是对未来高等教育机构类型的预测和描绘，以求增进对高等教育本质的理解。总的来看，类型学范式是将高等教育视为一个系统或整体来还原高校分类发展问题，其侧重于阐释系统内部不同类型高校之间的内在关系。③

（三）现代学校制度及治理的相关理论依据

现代学校制度及治理的相关理论主要包括产权理论、法人治理理论

---

① ［德］马克斯·韦伯：《社会科学方法论》，李秋零、田薇译，中国人民大学出版社1999年版，第27、101页。

② ［美］弗里茨·林格：《韦伯学术思想评传》，马乐乐译，北京大学出版社2011年版，第116页。

③ 雷家彬：《高等学校分类方法导论》，中国社会科学出版社2016年版，第48—52、84—86页。

以及利益相关者理论。一是产权理论，在马克思理论话语体系中，产权理论与所有制紧密相连，因此权属关系和权利划分成为研究的重点，所有权是体现经济关系的所有制权利形式。所有制本质上是物质利益关系的体现，拥有所有权、占有权、支配权和使用权等基本权益，因此可以通过制定产权规制来明确产权关系。将现代产权理论迁移到我国教育领域，体现了发展阶段性特征。潘懋元、邬大光提出"学校产权"的概念，并将其分为国家、集体、学校法人和私人四类；① 范先佐提出"教育产权"概念，认为完整的教育产权界定应根据产权经济学的概念，要对教育活动中的主体进行权利界定；② 张铁明则从教育的服务性产业属性的角度，阐发了产权在高教资源领域的运用，指出教育在社会的选择性消费中进入市场。③

二是法人治理理论，也称公司治理（Corporate Governance）。1999年经济合作与发展组织（OECD）通过《公司治理结构原则》，认为法人治理结构必须充分考虑各个利益相关者在治理中的作用，认识到公司竞争力是所有利益相关者协同作用的结果。林毅夫等认为，公司最为重要的是通过竞争市场实现外部治理的控制，④ 显然公司治理结构是为了实现组织价值的最大化。为了解决依法治校中理论和实践问题，推进大学治理体系和治理能力现代化，国内学者进一步开展了适应于我国高校的法人治理理论，主要是从营利性的企业组织转向非营利的学校组织的研究。譬如：洪源渤提出以大学的本质属性为切入点，对大学逻辑的法人治理结构进行治理理论和历史经验的论证，提出了基于共同治理理念的、科学化的大学法人治理结构的理论体系。⑤

三是利益相关者理论，最具代表性的是 1984 年美国学者弗里曼（R. E. Freeman），其认为企业的经营管理者为综合平衡各个利益相关

① 潘懋元、邬大光：《世纪之交中国高等教育办学模式的变化与走向》，《教育研究》2001 年第 3 期。

② 范先佐：《教育的低效率与教育产权分析》，《华中师范大学学报》（人文社会科学版）2002 年第 3 期。

③ 张铁明：《教育产权论》，广东高等教育出版社 2003 年版。

④ 林毅夫、蔡昉、李周：《国有企业改革的核心是创造竞争的环境》，《改革》1995 年第 3 期。

⑤ 洪源渤：《共同治理——论大学法人治理结构》，科学出版社 2010 年版，第 86 页。

者的利益要求进行管理活动，追求的是利益相关者的整体利益，而不仅仅是某些主体的利益。① 我国学者在借鉴已有定义后演绎出符合我国实际的利益相关者概念并应用于高等教育领域。如：胡赤弟认为高等教育的利益相关者，是指对大学有一定投入的基础上，能从大学获得一定利益并产生一定影响的各主体；② 李福华将大学利益相关者分为核心利益相关者、重要利益相关者、间接利益相关者和边缘利益相关者，强调重视大学利益相关者的共同治理，强化大学内部利益相关者的权力制衡。③ 显然，公民合作办学充满公私多元利益主体，相关者利益既有诉求的结合点，亦存在冲突点。

二 研究思路

（一）研究目标

从已有研究来看，教育领域 PPP 模式是一个涉及多个层面的研究。但在我国政策和话语背景下，所谓引导社会资本参与公共高等教育服务供给，实际上就是公民合作办学（PPP），是一种指向高等教育领导体制、管理体制、投资体制等办学体制的综合性改革，其根本就是提升公共高等教育服务供给能力，重点是人才培养供给。这不同于国外高等教育 PPP 模式中的校园基础设施建设、大学衍生企业以及市场化的学术评估服务等活动或项目。基于这一认识，本书的研究对象聚焦于具有"公"与"民"合作元素的高等教育机构，如：转设中的独立学院、混合所有制高职院校以及中外合作大学等在内的高等院校，探究在我国高等教育分类管理背景下高等院校的分类发展现状与困境，以及分类发展背后遵循的基本原理和具体机制，从而进一步推进分类治理和规范办学。

基于以上研究对象和任务，本书的主要目标分为理论、实践和政策三个层面。第一，理论层面的目标。本书在习近平新时代中国特色社会

---

① R. Edward Freeman, *Strategic Management：A Stakeholder Approch*, New York：Cambridge University press, 2010：191.

② 胡赤弟：《高等教育中的利益相关者分析》，《教育研究》2005 年第 3 期；胡赤弟、田玉梅：《高等教育利益相关者理论研究的几个问题》，《中国高教研究》2010 年第 6 期。

③ 李福华：《利益相关者理论与大学管理体制创新》，《教育研究》2007 年第 7 期；李福华：《利益相关者视野中大学的责任》，《高等教育研究》2007 年第 1 期。

主义思想的指导下，在已有民办教育分类管理的基础上，根据我国经济社会和高等教育发展的"新时代"特征，拓新公民合作办学（PPP）分类发展的理论体系，构建"精细化"的分类发展机理及顶层设计。从研究结构来看，理论层面的目标对接"为何推行分类发展"这一研究问题，其具体目标：一是梳理和归纳社会资本参与公共高等教育供给的全球现象与本国特征；二是建构有助于认识社会资本参与公共高等教育供给的分类发展机理。通过对以上两个子目标的研究，实际上是内含了对新时代公共高等教育的认知和诠释，突出公民合作办学分类发展的中国特征，构建规范公民合作办学的中国治理模式，为分类发展提供新思路。

第二，实践层面的目标。在分类发展机理的基础上，必须要进一步建立分类治理机制，形成分类治理体系，这是建设高质量高等教育体系的根本保证。就社会资本参与公共高等教育供给来看，现已形成公办主体类型和民办主体类型，其中民办型又分为非营利性和营利性两类。显然，这是我国基于办学主体多元化建构的分类治理体系规制根基。但在社会资本多元参与办学的具体实践上，还形成了诸多"模糊地带"的院校，如独立学院、混合所有制高职院校以及中外合作大学。实践层面的目标对接"如何实施分类发展"这一问题，针对这些院校并非是简单地归大类，而是要创新公民合作办学分类治理机制。为此，公民合作办学分类发展必须建立在规制根基之上，一是把握上述三类高校办学类型特征、现状及趋势；二是归纳现有办学实践的具体运作机制；三是发现公民合作办学分类发展的现实问题。

第三，政策层面的目标。基于新时代引导社会资本参与公共高等教育供给的政策要求以及公民合作办学分类发展的现实需求，本书希冀通过基于"机制组合"的政策设计与建设，进一步规范和保障分类发展，激活分类治理机制，提升分类治理能力。从政策研究的环节来看，在政策制定之前需要将现实问题转换为政策问题，本书主要是通过"机制组合"的建立形成政策保障建议。为此，政策层面的目标对接"何以保障分类治理"这一研究问题，既要从宏观层面建构分类管理的保障机制，又要从微观层面就三类高校（即转设中的独立学院、混合所有制高职院校以及中外合作大学）的具体分类治理问题提出精细化的"再分类"设计。总的来说，本书的政策层面目标主要是理论研究，但这一研究目标的根本是促进"再分类"得到价值和实践认可。

（二）主要内容

本书围绕公民合作办学分类发展主题，以习近平新时代中国特色社会主义思想为指导，基于"理想类型"分析范式和现代学校制度及治理理论，从"为何推行分类发展""如何实施分类发展""何以保障分类治理"三个研究问题切入，并对应设置了理论、实践和政策三个层面的研究目标，着重从"分类发展机理"和"分类治理机制"两个方面探究我国新时代引导社会资本参与公共高等教育供给的新理念新思路新举措，通过构建精细化的"再分类"治理机制，形成公民合作办学分类发展的政策保障效应，进一步引导和规范公民合作办学，提升公共高等教育供给能力，办好人民满意的教育。基于此，本书主要有以下6个方面的研究内容：

第一，社会资本参与公共高等教育供给的转型阶段特征。基于文献梳理和政策分析等途径，探寻全球和我国高等教育办学理念的转变特征，着重关注我国高等教育体制变革特征和高等教育供给方式的变化特征。通过梳理社会资本参与公共高等教育供给的发展变化和现实状况，旨在把握高等教育转型发展的阶段性特征。这既有公共高等教育的特征，也有我国高等教育的"新时代"特征。通过对全球和我国高等教育宏观层面的分析，希冀认清公民合作办学分类发展的时空背景。

第二，社会资本参与公共高等教育供给的分类发展机理。本书主要从我国公民合作办学的整体性发展出发，根据我国公民合作办学的政策和现实要求，并结合国际高等教育发展经验，分别从公民合作办学的分类发展目标、分类发展依据、分类发展原则以及分类发展标准等四个方面展开，旨在建构公民合作办学"分类发展机理"体系，突出我国公民合作办学的特殊性及其"中国内涵"。总之，这是分类治理机制的理论基础和实施依据，也是建构分类治理体系的重要组成部分。

第三，社会资本参与公共高等教育供给的分类发展现实。本书以当前我国转设中的独立学院、混合所有制高职院校以及中外合作大学三类公民合作办学形态为例，从分类发展的视角梳理三类公民合作办学的历史发展、现实样态以及办学模式，从而对公民合作办学分类发展进行具象化研究。这不仅反映了当前我国公民合作办学的现实境遇，而且旨在从历史发展的角度挖掘现实中高等和职业教育公民合作办学的多元性和特殊性特征，为治理机制和发展困境研究做好铺垫。

第四，社会资本参与公共高等教育供给的分类治理机制。本书以转设中的独立学院、混合所有制高职院校以及中外合作大学三类公民合作办学形态为例，主要从现实中的办学实践入手，通过对三类高校的外部与内部治理机制、顶层和基层治理机制进行深入剖析，旨在构建公民合作办学内外联合、上下联动的四维治理机制联合体。同时，本书发现三类高校的内部治理机制和基层治理机制存在较大的创新性，这既是公民合作办学的优势，也是公共高等教育供给的特色。

第五，社会资本参与公共高等教育供给的分类治理困境。本书对公民合作办学分类治理困境认识分为两个层面：一是从整体来看，围绕社会资本特质及其参与办学的风险可能性，提出当前我国公民合作办学的宏观性问题；二是从局部来看，分别针对转设中的独立学院、混合所有制高职院校以及中外合作大学的分类治理问题进行讨论。显然，这是当前我国公民合作办学分类治理体系建设的难点，亦是进一步引导和规范社会资本参与公共高等教育供给分类发展的建设方向。

第六，社会资本参与公共高等教育供给的分类保障策略。对应上述研究问题的分析，本书分别从宏观和局部两个层面提出公民合作办学分类保障策略，即构建精细化的"再分类"治理机制。一是从宏观层面构建分类管理背景下的民办高等教育资本"红绿灯"机制；二是从局部层面设计三类公民合作办学的分类治理机制，如独立学院转设为营利性高校的学历与非学历二分路径；高职混合所有制"第三条支路"设计；教育主权分类视角下的跨境合作大学等，提升分类治理规范性。

（三）技术路线

按照研究阶段、研究问题、研究目标以及研究内容等4个部分的具体设定来构建研究思路及技术路线，从研究阶段角度分为以下三个方面（如图1）。

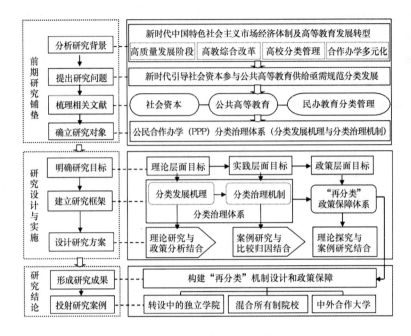

图 1 本书的技术路线图

一是在研究前期，主要涉及分析研究背景、提出研究问题、梳理相关文献以及确立研究对象等工作。首先要通过文献梳理、政策分析和比较研究，把握好新时代社会主义市场经济体制特征和高等教育转型发展趋势，以及我国实行高校分类发展的新要求和构建公共高等教育服务体系的诉求等基本特征。在这一基础上，本书提出研究问题，即新时代社会资本参与公共高等教育供给亟须规范分类发展，这意味着要构建符合新时代要求下的公民合作办学（PPP）分类治理体系（分类发展机理及治理机制），这也是本书的分析对象和最终的研究成果。

二是在研究中期，主要包括明确研究目标、建立内容架构以及设计研究方案等工作，这是本书的主体内容和关键所在。这一阶段首先建立了"为何推行分类管理""如何实施分类管理""何以保障分类管理"等三个大的研究问题，并对应设置了理论研究目标（阶段特征与分类机理）、实践研究目标（办学现状、分类机制和现实困境）和政策研究目标（基于"再分类"的机制设计与政策保障），即在原有治理体系基础上，建构符合新时代要求的更加精细化的新型治理体系。为了解决以上三大研究问题及对应目标，本书主要采取了理论探究、比较归因、案例研究和政策分析等研究方法，但整体上还是一种理论考察和分析。

三是在研究后期，基于以上研究过程形成研究结论，着重对新时代社会资本参与公共高等教育供给分类发展及治理机制建设提出总结性思考，并就新时代中国特色社会主义公共高等教育建设、高等教育分类发展及治理体系的构建，特别是对新时代我国政府、市场、社会以及高校的内在关系进行讨论和分析，着重对捐资办学、独立学院转设后营利性办学、高校混合所有制办学、境外优质资本以及跨境合作大学等公民合作办学的新现象新动态新问题进行前瞻性探讨，旨在完善新时代中国高等教育分类治理体系以及提高公民合作办学的治理能力现代化。

三　研究方法

（一）理论探究法

理论探究法（philosophical investigation）具有方法论层面的涵义，是一种研究范式和路径。① 该研究方法论贯穿全书，通过对以上相关理论基础的掌握和运用，如融入坚持办人民满意的教育的思想，以及韦伯倡导的"理想类型"对公民合作办学分类发展奠定了坐标，旨在构建一种富有思想性的公民合作办学分类发展的理论体系。本书兼具人文主义与实证主义的方法论，通过收集一手资料或者间接的二手资料等途径，探寻全球和中国高等教育发展的普遍性和特殊性规律，譬如：引导社会资本参与公共高等教育供给的转型阶段特征，即高等教育办学理念、体制改革以及供给方式的变化规律。本书以诠释学的视角总结高校分类发展及治理的基本理论及其演化发展规律，如公民合作办学分类发展机理等，最终对具有前瞻性的"再分类"发展建议提供理论考量和方法依据，从方法论的角度解释公民合作办学的发展趋向。

（二）案例研究法

本书建立了多个层面的"案例"体系，旨在通过丰富的"案例"，

---

① Joseph J. Schwab, *The Teaching of Science as Enquiry*, Cambridge：Harvard University Press, 1962, pp. 49 – 51.

使研究问题更加具体化和形象化。首先，为了更加清晰地认识公民合作办学分类发展，本书选取了转设中的独立学院、混合所有制高职院校以及中外合作大学三类公民合作办学形态，从而能具有针对性地构建分类发展机理及治理机制；其次，就三类公民合作办学高校，又选取了具有代表性的院校案例，如独立学院办学公民合作型发展模式；高职混合所有制办学实践及其模式；中外合作办学类型，旨在挖掘和总结三类高校办学模式和特征；最后，本书在创新社会资本参与中外合作大学研究中，以广东以色列理工学院为案例，分析了境外私人基金会参与中外合作大学的特殊性及具体的治理机制，为教育主权分类下的跨境合作大学建设提供了办学经验。总之，多层面多元化的案例呈现为理论探究提供分析素材和事实依据。

（三）比较归因法

本书从全球范围考察了主要国家公私合作办学分类发展的基本特征及普遍趋势，一是从历史发展的视角梳理了世界主要国家公私立大学属性变迁过程及现实景观；二是对多国（俄罗斯、日本、美国、英国、巴西、秘鲁、智利、法国、德国、荷兰和比利时）公私合作办学分类发展经验进行归类；三是通过对美国营利性高等教育经验的深入剖析反思我国营利性高校分类发展。此外，本书还对以上三类高校的相关案例进行了办学模式的比较和归类研究，如不同层次和类型的混合所有制办学、多样化的独立学院公民合作型办学模式等。显然，本书引入比较研究中的因素分析法，从"表层的事实描述"上升到"深层的要素分析"，旨在提炼和总结国内外公民（私）合作办学分类发展的宏观特征和微观经验，从而为新时代引导社会资本参与公共高等教育供给分类发展改革提供思路和启示。

（四）政策分析法

本书立足于我国最新的政策法规，特别是对党的十八大以来有关中央和地方的法律和政策文本进行了系统性的梳理和分析，主要体现在公民合作办学依据和办学原则部分，旨在准确地锚定我国新时代社会主义市场经济和高等教育转型发展的政策方位。事实上，在相关的办学案例及机制研究中也涉及了较多的政策分析，如登记办学、财税规定、终止办学、法人属性以及产权制度等。当然，本书并未是对相关法律政策进行定式化的文本分析，而是在文本基础上进行内容和话语的分析，就是考察"文本"背后的价值导向、权力关系和结构等问题。例如：如何理解"办好人民满意的教育""教育公益性"等表述，进而将政策文本与理论探究结合起来，透过文本话语解释政策的价值分配和利益较量，旨在"走出文本"并从多种角度解读政策文本，挖掘政策文本的深层含义和内在逻辑，使文本研究理论化。[①]

四　研究创新

（一）研究视角：聚焦混合型院校

本书主题是新时代社会资本参与公共高等教育的分类发展及治理机制，不同于一般意义上的宏大叙事研究，本书未将这一主题置于公法和私法之间加以简单区分。而是将研究视角转向了院校层面的"微观机制"，聚焦"混合型"的公民合作办学实践（PPP），即以转设中的独立学院、混合所有制高职院校和中外合作大学三种办学形态为例，探究三类高校分类发展机理及分类治理机制。这不仅有助于打开混合型院校分类发展的机制"黑箱"，引导其走出分类发展困境；而且还有力回应了在公私法二分框架下实践"失语"问题，促进分类管理背景下高等教育治理的精细化改革。总之，本书的创新在于聚焦更为复杂的院校分类发展问题。

（二）研究方法：结合中外方法论

本书是一项侧重理论研究的制度设计，讲求在方法论和研究范式上有所创新。一是为了突出新时代特征以及本土经验，本书以习近平新时代中国特色社会主义思想为指导，作为本书的方法论、世界观和基本立场观点，就是首先要明确"办好人民满意的教育"的价值立场，进而才能确定社会资本参与公共高等教育服务供给分类发展的价值方向；二是为了解释院校分类发展实践及未来走势，本书基于"理想类型"和类型学范式理论，旨在通过思辨式的方法预测和描绘未来高等教育机构类型结构，有助于剥离公民合作办学分类发展的"应然"和"实然"状态。总之，本书在方法论上的创新在于融合了中国的价值立场和具体

[①]　涂端午：《教育政策文本分析及其应用》，《复旦教育论坛》2009 年第 5 期。

分析框架。

（三）研究观点：设计再分类机制

本书的核心观点和理论成果是构建"再分类"的机制设计。这既是一项实操层面的制度设计，但同时也是一种价值判断和理念认知。因此，围绕社会资本参与公共高等教育供给分类发展主题，就是要建立对社会资本"引导"和"规范"的规制平衡。换言之，在分类管理背景下构建"再分类"机制，实质上是寻求一种微观层面的"理想路径"，如：民办营利性高校的学历教育与非学历教育二分路径；混合所有制院校的"第三条支路"设计；教育主权分类下的跨境合作大学等，旨在推进公民合作办学的规范性。总之，构建"再分类"的机制设计就是要重新认识公共高等教育的边界，重建高等教育的经济与政治关系。这是本书的基本观点创新。

第一章 社会资本参与公共高等教育供给的转型阶段特征

第一节 高等教育办学理念转变

从全球范围看，随着高等教育民营化和市场化的持续发展，世界主要国家高等教育办学理念正在发生重大转变，主要体现在：一是高等教育公私界限从"清晰"变为"模糊"，而越是界限模糊越需要有所界分；二是全球高等教育的形成与扩展，使得高等教育已经超越了一国之界，原有的"公益"理念正在转向"共益"理念；三是当前复杂多变的高等教育现实呼吁更加有效的治理机制、策略和方案，"善治"已成为包括高等教育在内的公共领域治理的基本理念和改革方向。

一 从"模糊"到"界分"

20世纪70年代，随着石油危机的接连爆发，使整个资本主义世界陷入了高通胀、高失业和低经济增长的"经济滞胀"困境之中，这意味着西方凯恩斯主义宣告破产，同时也换来新自由主义思潮的勃兴。20世纪70年代末80年代初，随着英国首相撒切尔和美国总统里根相继上台执政，拉开了一场以"撒里主义"为主导的新自由主义政治经济改革，他们大力宣扬"自由化"（Liberalization）、"私有化"（Privatization）和"市场化"（Marketization），提出了著名的以"3E"① 为目标的新公共管理理论，并作为包括高等教育在内的公共服务体系的指导原

---

① ［英］简·莱恩：《新公共管理理论》，赵成根译，中国青年出版社2004年版，第181页。其中，"3E"是指：经济（Economy）、效率（Effciency）、效益（Effectiveness）。

则。自此，资本主义国家高等教育的景观发生了巨大改变，最直接的是高等教育的传统公私属性产生了"模糊现象"，即公立大学越来越具有"私立"气质，而私立大学越来越具有"公立"精神，① 公立高等教育和私立高等教育之间的界限开始日渐模糊。

基于对世界主要国家公私立大学属性的考察，不难发现"公私界限模糊"已经成为一种全球现象和普遍趋势，只不过每个国家的表现形式有所不同，但这至少说明全球大学组织的公私属性正在进行一场深刻而艰难的变革。② 在美国，近四十年来公立大学面临着日益严重的财政危机，而私立大学在公共资金获取上成效显著，两类大学在资助方式上的区别正在减少，使得公立和私立大学两大系统的边界变得模糊；③ 在英国，除白金汉大学是名副其实的私立大学外，像牛剑等名校虽然在历史上是由私人或宗教组织捐赠建立，但在现实中作为自治的法人实体又接受政府拨款；④ 在德国，公立大学是高等教育的主体，私立院校只占很少部分。但近年来公立大学内部管理（如引入学费制、筹资和监管方式）的改变表现出"私有化"发展趋势；⑤ 在日本，70%以上的本科生进入私立大学学习，就此来看私立比公立大学更具公共性。同时，国立大学法人化改革以来，使得国立大学的财政和经营模式发生了根本性转变。⑥ 总之，从世界范围来看，知道一所大学姓"公"还是姓"私"似乎已无现实意义，因为这些话语正在失去其描述性和分析性的优势，⑦ 显然大学公私界限模糊现象给大学内外部治理带来前所未有的挑战。

在我国，随着 20 世纪 90 年代社会主义市场经济体制的正式确立，

① 何雪莲：《公私莫辨：转型国家高等教育市场化研究》，《比较教育研究》2012 年第 1 期。

② 陈涛：《大学公私界限日益模糊：全球现象与动态特征》，《复旦教育论坛》2015 年第 4 期。

③ 罗先锋、黄芳：《普及化阶段的高等职业教育——美国的经验和中国的展望》，《中国高教研究》2016 年第 8 期。

④ 格莱恩特·琼斯、杜育红、路娜：《高等教育中的公立与私立问题——以英国为例的研究》，《北京师范大学学报》（人文社会科学版）2006 年第 3 期。

⑤ 乌尔里希·泰希勒、戴娅娅、刘鸿：《公立高等教育与私立高等教育界线模糊：以德国为例》，《现代大学教育》2009 年第 1 期。

⑥ 田凤：《日本国立大学法人化改革及其启示》，《教育研究》2018 年第 8 期。

⑦ 莫利·李、迪恩·E. 纽鲍尔：《亚太地区高等教育公立与私立的重新定义》，［美］特伦斯·W. 拜高尔克、迪恩·E. 纽鲍尔：《亚太地区高等教育：质量与公共利益》，杨光富、任友群译，华东师范大学出版社 2012 年版，第 25 页。

市场在教育资源配置中的作用开始日益凸显。从 1997 年的《社会力量办学条例》到 2002 年的《民办教育促进法》再到 2003 年《中外合作办学条例》，鼓励社会力量参与办学，提出民办教育事业属于公益性事业，是社会主义教育事业的重要组成部分。在这一经济社会和政策背景下，我国高等教育办学模式从"国家举办"走向"公私并举"，形成了多元主体参与办学的新景象。[①] 如：1999 年高校扩招后，独立学院作为公民合作办学新模式，重构了民办教育的筹资模式、管理模式和育人模式；又如：2004 年，宁波诺丁汉大学经教育部批准筹设，自此具有独立法人资格的中外合办大学的出现，创新吸进国（境）外资（包含师资、管理等）联合办学体制和机制改革；2014 年，国务院颁布《国务院关于加快发展现代职业教育的决定》，首次提出从国家层面"探索发展混合所有制和股份制职业院校"，鼓励社会力量参与职业教育人才培养，深化产教融合和校企合作，健全多元办学格局。

从全球范围来看，私营部门参与办学的性质和程度正在模糊公立教育与私立教育之间的界限，高等教育公私界限日益模糊。综合来看，公私界限糊现象的特征有三，且在一国之内这些特征基本上是交叉重叠、相互作用。第一，高等教育供给模式的"公私合作"，显然"公私合作伙伴关系"（Public-Private Partnership，PPP）已经悄然成为一种新兴的高等教育供给模式，这并非要取代传统模式，而是要发挥公立与私立各自的优势以满足社会需求；第二，高等教育财政模式的"资源依赖"，高等院校不得不提高自我创收能力，建立或合并附属医院等行为策略成为公立高校的必然选择，强调与家庭或个人的成本分担，拓展私有经费来源，使其资源依赖逐渐从"官方"转向"民间"；第三，现代大学治理模式的"私法人化"，带来了高校财政模式变革和内部治理模式的转型，有助于优化大学法治化及组织决策机制，扩大相关利益者的参与性，让"共治"成为现代大学治理的基本趋势。[②]

不难发现，高等教育公私界限日益模糊，使得公立高等教育机构越

① 陈涛、邬大光：《高等教育公私并举与分类管理走势分析——基于中、法、德三国经验的视角》，《教育研究》2017 年第 7 期。

② 蒋家琼、张亮亮：《英国高等教育多元主体评价制度的缘起、架构与特征——兼论对新时代我国高等教育评价制度改革的启示》，《陕西师范大学学报》（哲学社会科学版）2022 年第 1 期。

来越依赖私营部门提供的资金，营利性与非营利性机构越来越多，以及高等教育机构引进了商业运作模式。正是私营部门的出现，正在改变教育的性质，基础教育和高等教育越来越倾向于营利和交易，并按照私营部门的商业利益制定教育议程。在政府、市场和高校的新型关系下，如何保护教育作为公共利益事业的核心原则成为公共高等教育发展的新时代之问。这给高等教育治理工作带来了诸多新的问题，分类管理无疑是保障高等教育公共性的主要路径。换言之，对国家而言，高等教育公私界限越是模糊，其"分界"意义就愈加重要。如美国高等教育分为公立、私立非营利性和营利性三类，形成独树一帜的多元化教育体系；荷兰将其教育体系分为公共投资院校和认证院校的趋势；① 法国私立高校分为自由学院、高等技术学院和工程技术学院三类，它们几乎都受到政府资助；② 比利时经 1989 年联邦政府改革后，弗拉芒区大学分为政府设立大学和政府资助大学等。③ 从上述各国经验来看，高等教育分类管理有助于协调政府、市场和高校三者间的关系以求保障高等教育的公共性，只不过是各国分类标准及治理模式不同而已。

二　从"公益"到"共益"

在经济全球化背景之下，世界高等教育正经历着政策框架和治理结构的重新调整与变革，但首当其冲的是高等教育理念的变化，以至于理念变迁之快突破了人们对高等教育传统观念和理论的认知。特别是2015 年联合国教科文组织发布了《反思教育：向"全球共益物品"的理念转变？》（*Rethinking Education: Towards a global common good ?*）的重量级报告，提出要重新界定教育和知识的概念，即从"公共利益"（public goods）转向"共同利益"（common goods），这意味着知识的创

---

① ［荷］卡尔·萨勒诺：《荷兰高等教育市场的发展：迅速扩张与广泛放权》，［葡］佩德罗·泰克希拉等编：《理想还是现实——高等教育中的市场》，胡咏梅、高岭等译，北京师范大学出版社 2008 年版，第 341 页。

② ［法］西瑞·切威利尔：《法国的高等教育及市场》，［葡］佩德罗·泰克希拉等编：《理想还是现实——高等教育中的市场》，胡咏梅、高岭等译，北京师范大学出版社 2008 年版，第 369—381 页。

③ De Wit, K. Regulatory Frameworks in Higher Education Governance: policies, rights and responsibilities. Belgium: Flemish community [J]. Brussels: Eurydice National Unit of the Flemish Community, 2006.

造、控制、习得、认证和运用向所有人开放，是一项社会集体努力。①
这一报告的发布标志着全球高等教育理念正在发生重大转变。从这一角
度而言，不难发现高等教育的产品属性正在遭遇重大的认知变革。由
此，有必要追溯高等教育产品属性的历史变迁过程，以及从全球的视角
重新审视高等教育价值。

首先，当我们谈及高等教育产品属性时，人们通常会追溯到 1954
年美国经济学家保罗·萨缪尔森（Paul A Samuelson）《公共支出的纯理
论》一文中首次提出的"公共产品理论"。② 在经济学家眼中，公共产
品具有非竞争性（non-rivalrous）和非排他性（non-excludable）的特
征。③ 因此，公共产品理论的关键问题是公共产品由谁提供。传统意义
上，公共产品是由政府提供的，私人产品由私人或者市场提供。在民族
国家时期，包括高等教育在内的一切教育都是由国家和政府提供的，这
也是因为没有私营机构应该或能够赋予公共利益，此时的高等教育是以
公共产品的特征出现的。随着新自由主义的全球性运动，私营机构在市
场化和民营化的推波助澜下，成为高等教育供给新主体，公私部门共同
提供高等教育，使其传统意义上的高等教育公共产品性质发生了变化，
"准公共产品理论"应运而生。

其次，"准公共产品"的实质是一种公私混合的产品，是相对于纯
公共产品而言。高等教育产品属性的变化离不开国家政治经济制度和历
史社会背景，20 世纪 70 年代末 80 年代初以来，新自由主义思潮勃兴
以及英美政改上的"撒切尔—里根主义"盛行，促使英美两国大力发
展私立高等教育以及对公立高等教育进行私营化改革。在这一背景下，
鉴于高等教育个人收益率的提升、高等教育服务价格的增长，使其高等
教育转向为准公共产品。④ 由此，一项高等教育的成本分担理论被提出
来，即高等教育成本分担要从政府或者纳税人逐渐转为政府、家长、学

---

① 联合国教科文组织：《反思教育：向"全球共同利益"的理念转变》，联合国教科文
组织总部中文科译，教育科学出版社 2017 年版，第 71—72 页。

② Samuelson, P., "The pure theory of public expenditure", *Review of Economics and Statis-tics*, 1954, 36（4）, pp. 387 – 389.

③ ［美］约瑟夫·E. 斯蒂格利茨：《公共部门经济学》，郭庆旺、杨志勇、刘晓路、张
德勇译，中国人民大学出版社 2013 年第三版，第 109—110 页。

④ 吕杰昕、郑彩华：《多元视角中的高等教育产品属性》，《高教探索》2010 年第 6 期。

生及个体组织。① 随着世界各国高等教育相继进入大众化和普及化阶段，引入成本分担和补偿机制成为各国政府高等教育发展重要的长期策略，"免费"的高等教育已不复存在，建立以政府为主体的多元分担机制重塑高等教育资产配置方式。

再者，进入全球化时代，跨境高等教育发展使其产品属性的私人性和商品性特征愈加凸显，为了给跨境高等教育私营性活动提供可靠的理论依据，高等教育全球公共产品理论在人们的质疑声中提供了理论支撑。全球高等教育公共产品的特性是无竞争性和无排他性，即全球各国公民都可享有和参与高等教育带来的福利。因此，跨境高等教育不仅仅是影响一部分国家，而且会影响国内外和数代人，这一高等教育办学形式的出现源于高等教育机构部分脱离国家的治理，② 进而迈向一种高等教育全球治理的新模式。显然，当今高等教育的产品属性经历了从一国的"公共产品"、"准公共产品"再到全球"公共产品"的时空变迁过程，高等教育收益的外溢性在全球化流动中不断扩散，但是我们也必须警惕"公共产品"话语遮蔽下的私营机构及私营化发展的趋利倾向。

最后，高等教育的全球空间流动，不仅使其产品属性传统及其理论基础发生了动摇，而且随着气候变暖、疫情肆虐、粮食短缺、网络安全危机以及经济贸易保护主义等全球性问题凸显，人类社会对教育的认知也发生了巨大的转变，就是人类应比以往任何一个时候更要加强全球团结合作，因为单边努力行为都无助于应对全球性问题，高等教育亦是如此。基于此，2015 年联合国教科文组织提出基于"共同利益"的教育理念，指出由于全球和国家高等教育公私界限日益模糊，教育的公共利益理念和概念越来越难以解释上述现象。相较之，全球高等教育作为"共同利益"的理念则重申了教育是一项社会共同努力的集体行为，就是要超越公立与私立之间的对立关系，构建包容性的制定、执行公共政策的程序和参与式民主的新制度，不再重返传统的公共管理模式，突破

---

① John Stone D. Bruce. *Sharing the Costs of High Education：Student Financial Assistance in the UnitedKingdom，the Federal Republic of Germany，France，Sweden，and the United States*，New York：the College Board，1986.

② 经济与合作组织教育研究与改革中心编：《高等教育 2030》（第二卷全球化），杨天平、王宪平译，重庆大学出版社 2011 年版，第 44—45 页。

教育公共利益的局限性。①

　　教育作为社会公共福利事业和全球共同利益（common goods），其不同于（准）公共产品理论的"公共利益"理念，即高等教育的产品属性不再遵循公私有别的供给者原则，而是要将目光聚焦在基于共同体（集体）的、强调参与的新型治理模式。② 换言之，高等教育亟须重建一种基于公私合作伙伴关系（PPP）的治理模式，就是要适应日渐增多的私立高等教育提供者和市场需求多元化的发展环境和趋势，政府需要加大监管力度，促进市场机制完善，引导多样化的高等教育提供者确保公众（特别是弱势群体）的受教育权以共同塑造一个更加包容和谐、可持续发展的教育价值观。当然，促进市场机制不断完善也不能简单将"公共"和"共同"区分开来，因为教育共同体（集体）利益是公共性的价值实质，整体协作是公共性的技术内涵，而共同体（集体）协作是公共性的本质。③

三　从"治理"到"善治"

　　治理（Governance）概念最早源自拉丁语，意为控制、引导和操纵，常与统治（government）一词混用，指向国家公共事务相关的政治和管理活动。但作为现代意义上的治理概念则源于世界银行发布的1989年《治理危机》（*Crisis in Governance*）专项报告和1992年《治理与发展》（*Governance and Development*）年度报告，主要用于描述后殖民地和发展中国家的政治发展情况。④ 自此，20世纪80年代末90年代初，治理这一概念成为众多西方政治学和公共管理学者关注的主题。如美国学者詹姆斯·罗西瑙（James N. Rose）等在其著作《没有政府的治理：世界政治中的秩序与变革》（*Governance Without Governmennt：Order And Change in World Politics*）中指出，全球治理是一套没有公共

---

① 联合国教科文组织：《反思教育：向"全球共同利益"的理念转变?》，教育科学出版社2017年版，第69—70页。
② 联合国教科文组织：《反思教育：向"全球共同利益"的理念转变?》，教育科学出版社2017年版，第70页。
③ 罗梁波：《共性的本质：共同体协作》，《政治学研究》2022年第1期。
④ 联合国教科文组织国际教育发展委员会：《学会生存——教育世界的今天和明天》，教育科学出版社1996年版，第200页。

权威的管理人类活动的行之有效的机制;① 英国学者罗伯特·罗茨（Robert. Rhodes）认为，治理是一种新的管理过程，或是一种改变了有序统治状态，或是一种新的管理社会的方式，并将治理概括为 6 个方面;② 英国学者格里·斯托克（Gerry Stock）通过对治理的系统性梳理，提出了围绕治理的 5 个关键性论点。③ 这一时期，治理理论对各国公共管理产生了很大的影响，可以说从现代的公司到大学以及基层的社区，如果要高效而有序地运行，可以没有政府的统治，但却不能没有治理。

然而，从西方学者一系列研究来看，治理研究具有很强的语境性，就是学者会按照对西方国家政治经济社会的认识逻辑来理解和诠释治理，这就不免造成现代治理理论的西方色彩浓重及其体系纷繁复杂，包括衍生出"统治""管治""法治""共治""善治"等概念和话语体系。基于这一认识，我国自 20 世纪 90 年代引入治理理论后就面临适应性改造问题。国内学者俞可平认为，治理是指在一个既定的范围内运用公共权威维持秩序，满足公众的需要，在不同的制度关系中运用权力去引导、控制和规范公民的各种活动，以最大限度地增进公共利益;④ 有学者则从"竞争—合作主义"对治理与善治理论进行了基于中国实际的解读，指社会组织通过竞争与政府分享一定领域的管理权，政府采取让权的方式强调国家与社会组织合作;⑤ 还有学者提出从社会资本的视角对我国政府和社会的关系进行治理理论建构，而社会资本的引入恰符合善治理论对社会理论的多权力中心良性互动的要求。⑥ 显然，20 世纪 90 年代我国正当建立社会主义市场经济体制，国内学者在借鉴西方治理理论的同时，已开始探索建立具有中国特色的国家治理体系。

当然，不难发现当国内学者引入和探究治理研究时，一开始就直指治理的基本理论和发展向度问题。因此，我国学者探讨治理研究，并非

---

① [美] 詹姆斯·N. 罗西瑙：《没有政府的治理》，江西人民出版社 2001 年版，第 5 页。

② [英] 罗伯特·罗茨：《新的治理》，俞可平：《治理与善治》，社会科学文献出版社 2000 年版，第 86—96 页。

③ [英] 格里·斯托克：《作为理论的治理：五个论点》，俞可平：《治理和善治》，社会科学文献出版社 2000 年版，第 34—47 页。

④ 俞可平：《治理和善治——一种新的政治分析框架》，《南京社会科学》2001 年第 9 期。

⑤ 徐勇：《治理转型与竞争——合作主义》，《开放时代》2001 年第 7 期。

⑥ 郭忠华：《善治：中国的思考——以社会资本理论作为研究范式》，《理论与改革》2003 年第 2 期。

是像西方学者那样，用"治理"反叛"统治"，而是更加关注如何让"治理"成为"善治"。为了进行区分，本书对以上两组概念进行辨析讨论。一是统治与治理。"统治"来自于政府机构，遵循一种政府主导的自上而下的一元模式，而"治理"则源自政府与社会组织以及社会组织之间的上下互动，强调非单向度的多中心合作;① 二是治理与善治。尽管"治理"被赋予积极的内涵，但"治理"是一个相对中性的概念，意味着治理也可能会失败。因此，国内外学者纷纷提出"有效治理""健全治理""善治"等概念体系。② 其中，"善治"（good governance）是人们最为关注的应对治理失败的策略，是指优良、有效的治理。③ "善治"常存在于民主体制之中，强调社会自治和公民参与，是公共利益最大化的治理过程，甚至认为是"治理的治理"，④ 体现公民与政府对公共事务的合作治理模式，是一种政府与社会及其他利益相关者的最佳合作状态，⑤ 具有法治性、服务性、责任性、民主性、合作性等特征。⑥

2013 年，党的十八届三中全会以来提出"国家治理体系与治理能力现代化"的重大命题，十九届四中全会审议通过的《中共中央关于坚持和完善中国特色社会主义制度 推进国家治理体系与治理能力现代化若干重大问题的决定》，这是十八大以来中国之治的宏观顶层设计和行动指南，从党的领导到依法治国，从行政体制到社会治理，从"一国两制"到和平外交，以及经济、文化、民生保障和生态文明制度等，共涉及 13 块主要内容。基于以上内容，不难发现我国在推动国家治理体系与治理能力现代化进程中，其内涵了民治、善治、法治和共治四重属性，其中"善治"体现了国家治理现代化的价值取向。⑦ 从本质上来

① 俞可平:《全球化:全球治理》，社会科学文献出版社 2003 年版，第 6—9 页。
② 胡敏:《大学善治视野下学生利益诉求表达机制建构》，《高教探索》2015 年第 10 期。
③ 周作宇:《大学治理的文化基础:价值坐标与行动选择》，《清华大学教育研究》2021 年第 6 期。
④ 刘彦武:《改革开放以来我国文化治理的变迁》，《中华文化论坛》2016 年第 7 期。
⑤ 饶常林、黄祖海:《论公共事务跨域治理中的行政协调——基于深惠和北基垃圾治理的案例比较》，《华中师范大学学报》（人文社会科学版）2018 年第 3 期。
⑥ 丁宇:《论善治的基本诉求》，《江汉论坛》2009 年第 10 期。
⑦ 王宏岳:《民治·善治·法治·共治——人民代表大会制度在推进国家治理现代化中的四重属性分析》，《人大研究》2022 年第 1 期。

看，我国提出"国家治理体系与治理能力现代化"，就是强调国家治理体系制度化、科学化、民主化和规范化，突出国家治理要善于运用法治思维和法律制度治理国家，以良法促善治，从而将制度优势、制度自信和制度建设转化为治理效能。党的二十大报告提出，要"以中国式现代化全面推进中华民族伟大复兴。"这就要求我们深刻理解"中国式现代化的科学内涵和本质规律"，进而推进新时代中国式现代化治理。

综上，通过对以上治理和善治的全球和中国图景的描绘，可以看到在中外高等教育领域亦充斥着从"治理"到"善治"的理念和认知转变。一方面，从全球角度来看，联合国教科文组织（UNESCO）指出，全球善治是联合国系统和其他国际组织需要解决的一个问题，教育部门实现"善治"，需要政府和民间社会建立多种多样的伙伴关系，国家教育政策应在社会上进行广泛协商和取得全国共识的结果。[①] 在全球、国家和地方各层面，教育治理模式都必须具有包容性和参与性，教育必须服务于所有人的公共利益。[②] 近四十年来，世界各国高等教育管理体制发生了重要转向，特别是具有集权特征的法国和德国（欧陆模式）以及日本等都朝着"善治"方向改革，具体表现在减少政府集权，提高高校独立性和自主性，重新界定政府、社会和大学的权责关系。[③] 显然，高等教育善治就是要处理好外部主体间的关系和内部主体间的关系，最终实现高等教育治理公共利益最大化的过程。

另一方面，从中国角度来看，当前我国高等教育正经历着"外部变革"和"内部响应"的治理改革路向。从外部来看，加强教育法治工作，推进依法治校，是高校综合发展的内在要求。随着教育领域"放管服"改革的不断深化，高校办学自主权逐步落实，如何依法用好办学自主权，处理好多元主体参与办学的关系是外部治理的关键，即要"形成政府管理、学校依法自主办学、社会广泛参与支持的格局。"从内部来看，共同治理是高校内部治理现代化的必然选择，这就要求高校

---

① 联合国教科文组织：《反思教育：向"全球共同利益"的理念转变?》，教育科学出版社 2017 年版，第 73—74 页。

② 联合国教科文组织：《一起重新构想我们的未来：为教育打造新的社会契约》，教育科学出版社 2022 年版，第 14 页。

③ 周川：《从管理体制改革到治理现代化：中国高等教育的时代命题》，《高等教育研究》2022 年第 7 期。

内部要建立起多元主体参与办学的组织制度框架，进一步完善《大学章程》等相关制度和政策在规范治校育人中的作用，[①] 进一步完善"党委领导、校长负责、教授治学、民主管理"的具体实现机制，积极引入第三方专业评估和服务机构参与办学和内部管理。总体来看，我国高等教育"善治"的转向内涵于中国特色社会主义高等教育治理体系和治理能力现代化的理论创新与实践探索之中。

第二节　高等教育办学体制改革

从我国高等教育实践出发，从中华人民共和国成立到改革开放再到党的十八以来的辉煌发展，七十多年来我国高等教育办学体制改革发生了深刻巨变，经过不断完善后，现已形成了坚持党的全面领导的领导体制，面向共治、法治和善治的管理体制，迈进新时代的并联式的投资体制。这既是新时代我国社会资本参与公共高等教育供给的阶段性特征，也是推进高等教育办学体制改革的方向。

一　领导体制

领导体制是指领导意图和职能藉以实现的组织机构形式及其运行机制。[②] 在高等教育领域，有学者指出："高等教育领导体制是指高校领导机构及与之相适应的行为规范的统一体，其核心是高校领导权力的基本配置方式。"[③] 实际上，教育领导体制指向的是更为微观的学校领导体制。为此，《教育大辞典》对学校领导体制的解释是，学校内部领导和管理的根本制度，包括领导和管理学校的组织原则、组织机构及重要制度。我国公办学校的领导体制，一般是由国家教育立法或最高教育行政部门确定；私人、集体或团体所办学校的领导体制，由办学机构根据不同情况经主管领导部门批准决定。[④] 作为社会主义国家，中国共产党是我国包括教育在内各项事业的领导者，因此我国高等教育领导体制必

① 眭依凡、王改改：《大学治理体系与治理能力现代化：高质量高等教育体系建设的必然选择》，《中国高教研究》2021 年第 10 期。
② 孙成城：《中国教育行政概论》，安徽教育出版社 1999 年版，第 325 页。
③ 陈彬：《关于我国高等教育领导体制改革的思考》，《教育研究与实验》1995 年第 3 期。
④ 顾明远：《教育大辞典》（第 7 卷），上海教育出版社 1990 年版，第 295 页。

须是建立在中国共产党领导基础上的，这决定了高校发展方向、办学效益以及人才培养质量。

1949 年以来，我国高等教育领导体制经历了 7 次变迁，即校长负责制、党委领导下的校务委员会负责制、党委领导下的以校长为首的校务委员会负责制、党的一元化领导、党委领导下的校长分工负责制、试行校长负责制和党委领导下的校长负责制为主的领导体制。① 现行高等教育领导体制的宏观安排和法律依据源自：一是根据 1998 年 8 月由全国人民代表大会常务委员会第四次会议通过的《高等教育法》，第三十九条规定"国家举办的高等学校实行中国共产党高等学校基层委员会领导下的校长负责制。中国共产党高等学校基层委员会按照中国共产党章程和有关规定，统一领导学校工作，支持校长独立负责地行使职权，其领导职责主要是：执行中国共产党的路线、方针、政策，坚持社会主义办学方向，领导学校的思想政治工作和德育工作，讨论决定学校内部组织机构的设置和内部组织机构负责人的人选，讨论决定学校的改革、发展和基本管理制度等重大事项，保证以培养人才为中心的各项任务的完成。社会力量举办的高等学校的内部管理体制按照国家有关社会力量办学的规定确定。"二是根据 2009 年 11 月由中共中央政治局常委会会议审议批准的《中国共产党普通高等学校基层组织工作条例》，其中第三条规定："高校实行党委领导下的校长负责制。高校党的委员会全面领导学校工作，支持校长按照《中华人民共和国高等教育法》的规定积极主动、独立负责地开展工作，保证教学、科研、行政管理等各项任务的完成。"总之，以上两份法律法规是我国高等教育领导体制建设的根本性依据，尽管规定有所侧重，但均明确了高校领导体制是党委领导下的校长负责制，强调党委统一领导学校工作和党委支持校长"独立负责"工作，充分体系了依法办学的宗旨。

坚持和加强党的全面领导是党的十八大以来取得最重要成就之一。中国共产党对我国社会主义各项事业的领导是"全面领导"，这既体现在政治、思想和工作的引领上，也体现在党组织在各个方面发挥先锋模范作用上。以习近平同志为核心的党中央高度重视高校党的建设工作。习

---

① 张小娟：《坚持和完善高校党委领导下的校长负责制》，《中国高教研究》2005 年第 6 期。

近平总书记在全国教育大会上提出了推进我国教育改革发展的"九个坚持"，第一条就是"坚持党对教育事业的全面领导"。目前，我国已建成世界上规模最大的高等教育体系，加快推进"双一流"建设，推动高等教育实现内涵式发展。在高等教育事业方面，习近平总书记指出："加强党对高校的领导，加强和改进高校党的建设，是办好中国特色社会主义大学的根本保证。"在迈向全面建设社会主义现代化国家的新的历史起点上，办好中国特色社会主义大学，要坚持和加强党对高校的全面领导，坚决维护党中央权威和集中统一领导，贯彻落实党的教育方针。

为此，2014 年 10 月，中共中央办公厅印发《关于坚持和完善普通高等学校党委领导下的校长负责制的实施意见》，进一步明确了党委书记和校长的职责职权，健全了党委与行政议事决策制度，完善了协调运行机制。公办高等学校在党委领导下，确定高等学校校长为学校法人，独立负责，实行章程管理、校长办公会议、学术委员会、教职工代表大会等制度和组织形式，推进高校的学术治理、民主管理和监督，形成中国特色、世界一流的高等学校治理体制和制度。完善党委领导下的校长负责制已是我国高等教育领导体制改革的最为核心的内容。2021 年 2 月，中共中央政治局修订审议通过《中国共产党普通高等学校基层组织工作条例》，进一步明确"高校实行党委领导下的校长负责制。高校党的委员会全面领导学校工作，支持校长按照《中华人民共和国高等教育法》的规定积极主动、独立负责地开展工作，保证教学、科研、行政管理等各项任务的完成。"坚持党的全面领导是我国高等教育办学体制改革的根本保证。

二　管理体制

管理体制是管理系统的结构和组成方式，是层级机构进行权责划分、利益权衡以及相互制衡关系的准则和规定。其中，教育管理体制在《教育大辞典》被定义为国家组织和管理教育的形式、方法和制度的总称，其构成要素包括教育决策体系、教育信息的传递和反馈体系、教育调节体系、组织体系等。[①] 1985 年，中共中央发布的《关于教育体制改

---

① 顾明远：《教育大辞典》（第 6 卷），上海教育出版社 1990 年版，第 218 页。

革的决定》拉开了我国第一轮高等教育管理体制改革的帷幕，该政策文件提出的高等教育体制改革，实质上指向了政府和高校之间的高等教育管理体制。① 显然，高等教育管理体制是指中央和地方行政组织机构的设置、隶属关系和相互间的职权划分，以及政府主管部门和高等学校的关系。② 有学者指出，我国高等教育管理体制改革的核心问题是调整与改善政府与高校的关系，其主要目标就是转变政府的管理职能和管理方式。③

新中国成立以来，我国高等教育管理体制主要经历了三个大的阶段：第一个阶段是新中国成立后到改革开放前的 29 年，1951 年政务院颁布《关于改革学制的决定》，对包括高等教育在内的整个教育体系的学制进行了年限和衔接的规定，全盘接受苏联教育模式，特别是 1952 年出台《关于全国高等学校 1952 年的调整设置方案》（"院系大调整"）后，专门成立了高等教育部，负责院校设立、专业设置、教学安排、财务计划、人事变动等事项，从确立了国家举办高等教育事业，中央政府统一领导和管理高等教育体制，形成了集中统一管理、分级管理等基本特征。但从 1956 年开始，随着"三大改造"的完成，我国开始反思苏联教育模式，开始探索基于中国国情的教育发展之路，在全国逐渐形成了中央和地方分别举办高等院校的"条块分工"的管理体制。④ 当然，在建国初期，大一统的高等教育管理体制对全国高等教育秩序的恢复以及各类高校的重建起到重要的作用，但这一标准化、统一化的集权倾向也严重忽视了高等教育内部发展规律。

第二个阶段是自改革开放以来到党的十八届三中全会前的 35 年，期间有标志性政策包括：①1985 年发布《关于教育体制改革的决定》中规定"改革高等学校的招生计划和毕业生分配制度，扩大高等学校办学自主权"；②1993 年印发《中国教育改革和发展纲要》提出"解

---

① 周川：《从管理体制改革到治理现代化：中国高等教育的时代命题》，《高等教育研究》2022 年第 7 期。

② 刘宝存：《改革开放以来我国高等教育管理体制的回顾与前瞻》，《复旦教育论坛》2009 年第 1 期。

③ 周川：《高等教育管理体制改革之反思》，《北京大学教育评论》2018 年第 4 期。

④ 纪宝成：《世纪之交中国高等教育管理体制改革的历史回顾》，《中国高教研究》2013 年第 8 期。

决政府与高等学校、中央与地方、国家教委与中央各业务部门之间的关系，逐步建立政府宏观管理、学校面向社会自主办学的新体制"；③1998 年《高等教育法》中第十一条规定"高等学校应当面向社会，依法自主办学，实行民主管理"；第十三条规定"国务院统一领导和管理全国高等教育事业。省、自治区、直辖市人民政府统筹协调本行政区域内的高等教育事业，管理主要为地方培养人才和国务院授权管理的高等学校"；④2010 年印发《国家中长期教育改革和发展规划纲要（2010—2020 年)》，其中在管理体制改革部分提出要"健全统筹有力、权责明确的教育管理体制。加强省级政府教育统筹。转变政府教育管理职能。提高政府决策的科学性和管理的有效性。"

第三个阶段是党的十八大以来的 10 年，2013 年 11 月中共十八届三中全会通过《中共中央关于全面深化改革若干重大问题的决策》明确提出，全面深化改革的总目标是完善和发展中国特色社会主义制度，推进国家治理体系和治理能力现代化。首次提出"推进国家治理体系和治理能力现代化"的改革目标。2019 年 10 月，党的十九届四中全会审议通过《中共中央关于坚持和完善中国特色社会主义制度 推进国家治理体系和治理能力现代化若干重大问题的决定》，进一步提出"推进国家治理体系和治理能力现代化作出顶层设计和全面部署。"高等教育治理体系与治理能力现代化是国家治理体系和治理能力现代化的重要组成部分。当前，我国高等教育的时代命题已经从管理体制改革迈向治理现代化，特别是当高等教育管理体制改革目标尚未实现的情况下推进高等教育治理现代化，有必要将二者作为统一历史进程中的两个相辅相成的阶段来进行考察。①

从"并行发展"的阶段看，推进高等教育治理体系与治理能力现代化，一方面要继续完善政府和高等教育的关系，这也被认为是我国高等教育管理体制的核心问题，即指向政府管理职能及管理方式问题。②早在 2010 年《国家中长期教育改革和发展规划纲要（2010—2020 年)》

---

① 周川：《从管理体制改革到治理现代化：中国高等教育的时代命题》，《高等教育研究》2022 年第 7 期。

② 蒋凯、王涛利：《高等教育治理体系与治理能力现代化的关键问题和推进路径》，《厦门大学学报》（哲学社会科学版）2021 年第 1 期。

中就已明确要"推进政校分开、管办分离""克服行政化倾向""取消行政化管理模式",并创造性地提出了"探索建立符合学校特点的管理制度和配套政策""完善中国特色现代大学制度"。2017 年 4 月,教育部等五部委联合发布了《关于深化高等教育领域简政放权放管结合优化服务改革的若干意见》,明确提出要"破除束缚高等教育改革发展的体制机制障碍,进一步向地方和高校放权,给高校松绑减负、简除烦苛,让学校拥有更大办学自主权。"综合来看,我国高等教育管理体制改革首先要处理高校与其外部的政府部门的关系,同时还要应对高校内部长期积习的"行政化"问题,探索建立高等教育内涵发展的管理体制机制,从宏观治理和微观治理两个维度共同推进。

另一方面,还要构建有序的高校与社会(市场)关系,进一步发挥高等教育治理中多元主体作用。2017 年 9 月,中共中央办公厅、国务院办公厅印发《关于深化教育体制机制改革的意见》,进一步提出"坚持放管服相结合。深化简政放权、放管结合、优化服务改革,把该放的权力坚决放下去,把该管的事项切实管住管好,加强事中事后监管,构建政府、学校、社会之间的新型关系;坚持顶层设计与基层探索相结合。加强系统谋划,注重与《国家中长期教育改革和发展规划纲要(2010—2020 年)》等做好衔接。尊重基层首创精神,充分调动地方和学校改革的积极性主动性创造性,及时将成功经验上升为制度和政策。"为此,有学者从大学、市场和政府的三角关系出发,认为高等教育的"外部治理"要实现从"权力逻辑"向"权利逻辑"转换;① 还有学者认为高等教育管理体制改革就是要应处理好政府、社会、市场和大学的四边关系,从"一元管理"走向"多元治理";② 也有学者认为,高等教育治理现代化中必须要处理政府、高校、企业、社会组织、公众多元主体的利益冲突和协调关系特征,通过多元主体对话、共同治理,提升高等教育治理能力。③ 显然,我国高等教育治理现代化的发展

---

① 高树仁、宋丹:《高等教育外部治理:历史源流、基本范畴与问题意识》,《高等教育研究》2021 年第 1 期。

② 宣勇:《我国高等教育治理:体系构建、逻辑审视与未来展望》,《国家教育行政学院学报》2015 年第 9 期。

③ 蒋凯、王涛利:《高等教育治理体系与治理能力现代化的关键问题和推进路径》,《厦门大学学报》(哲学社会科学版)2021 年第 1 期。

方向就是要从"类市场化治理"迈向"准市场化治理",让市场竞争机制充分发挥决定性作用,[①] 开辟出高等教育管理体制改革三重向度,即共治、法治和善治。[②]

三 投资体制

投资体制是经济体制的重要组成部分,是投资活动运行机制和管理制度的总称,投资主体的决策层次与结构、投资运行机制、投资领域内各经济实体之间的关系是构成投资体制的三个基本要素,其中投资主体是投资体制的核心要素。在《教育大辞典》的解释中,将"教育投资"与"财政管理体制"和"教育经费管理体制"联系起来,主要是基于一国的经济体制来讲的,其中最为重要地是教育投资来源(即教育投资主体)。教育投资亦称教育投入,是指社会和个人直接间接投入教育领域的人力和物力的货币表现,包括社会直接、间接投资,个人直接、间接投资。教育经费管理体制是指教育经费来源、分配、使用和管理的系统和制度,是一种特殊的教育管理体制。通常而言,教育投资来源包括国家财政对教育的拨款、社会对教育的投入、学校自筹投入以及学生缴纳的学杂费。[③]

在高等教育领域亦是如此。因此,有学者将高等教育投资体制定义为:"在发展高等教育事业中,政府、社会、个人与高等教育结构之间所形成的在财力分配上的责、权、利关系及其组织运行方式,包括投资主体与教育机构之间形成的所有权和经营权之间的关系,财权与事权关系,集权与分权关系以及资源配置方式。"[④] 总之,高等教育投资体制是整个高等教育事业发展的核心,决定着高等教育改革的方向。高等教育投资体制就是指高等教育资源配置的运行系统和制度,包括投资决策

① 张应强、张浩正:《从类市场化治理到准市场化治理:我国高等教育治理变革的方向》,《高等教育研究》2018 年第 6 期。

② 周川:《从管理体制改革到治理现代化:中国高等教育的时代命题》,《高等教育研究》2022 年第 7 期。

③ 顾明远:《教育大辞典》(第 6 卷),上海教育出版社 1990 年版,第 249、283、255 页。

④ 武毅英:《我国高等教育投资体制的构成及运行》,《有色金属高等教育研究》1998 年第 5 期。

主体的层次与结构、投资筹集与运作方式以及政府、高校与社会之间的分配关系和组织运行方式。其中，高等教育投资主体的确立是高等教育投资体制研究的基础，其利益的研究是高等教育投资主体确立的前提，引导社会资本参与高等教育供给是我国高等教育投资体制改革的重要内容和方向。

中华人民共和国成立 70 多年以来，我国高等教育发生了巨大的变化，其中最为关键的变量就是高等教育规模持续扩张，即高等教育毛入学率自 1949 年（0.26%）以来的 50 年里一直处于精英化阶段，直到 1999 年高校扩招以后，2002 年才开始步入大众化阶段（15%），特别是近 20 年的快速发展，我国高等教育规模在 2019 年进入普及化阶段（51.6%），并计划于"十四五"末提升到 60%。① 显然，作为一个显性的指标，高等教育持续规模扩张促进了我国高等教育大发展，而这必然会引发高等教育投资及其体制机制的变革。因此，本书将我国高等教育投资体制改革分为三个阶段：一是计划经济时代单一化投资体制阶段；二是改革开放时代多元化投资体制阶段；三是新时代具有中国特色的并联式投资体制阶段。以上三个阶段的划分既有规模扩张的量的积累，也有中国式现代化发展的质的飞跃。②

一是计划经济下的单一化投资体制阶段。新中国成立后，我国建立以中央政府高度集权为特征的计划经济体制，形成了"中央统一收支，三级预算管理"的财政预算管理体制，即实行中央、省（自治区、直辖市）和县（市）三级财政管理制度。从高等教育投资来看，高等教育经费被列入国家预算，政府是高等教育唯一的投资主体，也是高等教育经费的唯一来源。随着 1958 年《关于教育事业管理权下放问题的规定》的颁布，我国建立了"条块结合、以块为主"的央地分权的教育经费投资管理体制，采用"基数加发展"的拨款方式，即根据各高校前一年度所得经费份额为基数，在当年度国家财力的基础上，再确定当

---

① 中华人民共和国教育部：《2018 年全国教育事业发展统计公报》，(2019 - 07 - 24) [2023 - 03 - 20]，http://www.moe.gov.cn/jyb_sjzl/sjzl_fztjgb/201907/t20190724_392041.html。

② 张万朋、李梦琦：《踟蹰中前行——探索有中国特色的教育投资体制之路》，《教育发展研究》2020 年第 11 期。

年的经费分配额度。① 就整体而言，这一阶段高等教育经费投入呈现出计划经济体制下的单一化供给特征，央地两级政府财政统包高等教育事业经费。尽管这在当时百废待兴的特定历史时期具有一定的积极作用，但由于教育投资体制的高度集中，讲求平均主义，使得教育投入不足且稳定性不够，严重影响高等教育发展速度和规模。

二是改革开放以来多元化投资体制阶段。党的十一届三中全会召开后，我国开始转向以经济建设为中心，改革高度集中的计划经济体制，特别是党的十四大确立了社会主义市场经济体制的目标，由单一的公有制经济转化为公有制为主体，多种所有制经济共同发展的基本经济制度。自此，我国高等教育投资体制发生了重大变革。其间，一些政策法规奠定了多元化投资体制的新格局，如 1985 年《关于教育体制改革的决定》揭开了高等教育体制改革的新篇章；1993 年《中国教育改革和发展纲要》提出"财""税""费""产""社""基"的多元投资渠道；1998 年《高等教育法》规定"高等教育实行以举办者投入为主、受教育者合理分担培养成本、高等学校多种渠道筹措经费的机制。国家鼓励企业事业组织、社会团体及其他组织和个人向高等教育投入。"特别是 2002 年《民办教育促进法》的颁布，将吸纳国家财政以外的资金投资办学成为高等教育体制改革的重要部分，② 从而调动了社会力量兴办教育的积极性，推动了高等教育办学类型和结构多元化。

三是迈进新时代的并联式投资体制阶段。党的十八大以来，我国明确提出了建设现代财政制度，系统阐述了新一轮财税体制改革的基本目标、内容和行动路线，③ 其基本特征可归结为公共性、非营利性和法治化三个方面。如对《民办教育促进法》的修正，删除"合理回报"等条款，明确建立营利性与非营利性办学的分类管理举措。十年来，国家集中财力办大事，加强基本民生保障，公共财政优先保障教育，国家财政性教育经费占 GDP 始终保持在 4% 以上，构建公共财政为主、多措并

---

① 杨德广：《60 年中国高等教育投资体制的变革》，《上海师范大学学报》（哲学社会科学版）2010 年第 1 期。

② 丁小浩、李锋亮、孙毓泽：《我国高等教育投资体制改革 30 年——成就与经验、挑战与完善》，《中国高教研究》2008 年第 6 期。

③ 胡耀宗、刘志敏：《从多渠道筹集到现代教育财政制度——中国教育财政制度改革 40 年》，《清华大学教育研究》2019 年第 2 期。

举的教育投入稳定增长机制，促进城乡教育协调发展，推动教育高质量发展。当前，中国特色社会主义进入新时代，坚定不移走中国特色社会主义高等教育发展道路，深化高等教育领域综合改革，采取"并联式叠加发展"的思路把统筹协调、模式、制度和技术创新贯穿到高等教育投资体制建设之中，[①] 不断完善公共教育财政体系和社会资源配置体系，鼓励社会力量以捐赠、出资、投资、合作等方式兴办高等教育，探索政府、高校、社会和家庭的新型投资关系。

第三节　高等教育供给方式创新

我国高等教育供给方式创新有着不同于其他国家的特殊性，这与我国高等教育发展的阶段性特征有关。纵观改革开放以来我国高等教育发展历程，特别是民办高等教育，不难发现其种种制度创新都难离投融资制度。[②] 从引导社会资本参与公共高等教育供给的角度看，我国高等教育供给方式创新与社会资本合作紧密相关，尤其是在民办高等教育领域，一是基于阶段特殊性的投资办学；二是基于两分新类型的捐资办学；三是基于优序多元化的融资办学，且三者具有一定的历史承接性和延展性。正如上文所述，本书讨论的社会资本介入我国高等教育供给方式，其核心指向的是高等教育办学体制，是基于公民合作的高等教育办学体制创新，以及由此关涉的分类发展及其治理问题。

一　基于阶段特殊性的投资办学

改革开放以来，我国民办高等教育已经走过了 40 多年的发展历程，其中 2016 年《民办教育促进法（修订案）》的颁布成为重要分水岭。在 2016 年之前，我国民办高等教育走的是一条投资办学的特殊发展道路，这既不同于我国历史上的私学传统，也不同于西方私立高等教育模式，折射出我国社会主义市场经济体制转型所蕴含的教育特性，可以说

---

① 张万朋、李梦琦：《踟蹰中前行——探索有中国特色的教育投资体制之路》，《教育发展研究》2020 年第 11 期。

② 周海涛：《民办学校分类管理政策研究》，经济科学出版社 2016 年版，第 46 页。

投资办学是我国民办高等教育发展的基本特征。[①] 20 世纪 80 年代末 90 年代初，随着我国社会主义市场经济体制的确立，民办高等教育领域反应迅速，很快就形成了一个新的"投资领域"，这亦是我国高等教育服务供给方式的制度性和策略性创新。正是由于这一办学的独特性，使我国民办高等教育政策制定和制度安排形成一种不同于别国实践的特有的经验模式，但这也是制约和影响我国民办高等教育属性认识的重要根源。

投资办学作为我国民办高等教育的本质特征，不仅创新了我国高等教育服务的供给方式，形成了民办高等教育发展的"第三条道路"，[②]关键还促使这一供给方式融入到了整个高等教育的供给系统之中，特别是对教育财政和公办高校办学体制产生了直接影响。如：原来的公办民助二级学院（即独立学院的初期办学形态）作为公办高校（即独立学院的"母体大学"）的附属学院组织，可视为是公办高校的一种投资办学行为，甚至在独立学院办学初期，公办高校宁愿用自己的计划内招生名额换取独立学院的招生名额，其目的就在于通过收取独立学院管理费以增加其自身的办学投入。显然，投资办学不仅仅是我国高等教育供给的重要方式，而且是以一种具有中国特色的高等教育办学和投资体制，有效促进"公办"和"民办"两个系统的深入互动，探索"穷国办大教育"的新型发展路径。

在这一时期，我国高等教育供给方式呈现出办学主体多元化发展态势，主要形成了"民有民办"（由私营企业、公民个人、社会团体或其他社会组织集资举办的学校）、"民办公助"（由民营企业、公民个人、社会团体或其他社会经济组织通过多种形式广泛募集社会上闲散的资金，接受各方投资和捐赠来办学）、"公民联办"（公办和民办学校为克服自身不足，在互利互惠基础上采取多种形式进行合作，达到资源共享、协调发展，促进自身发展办学模式）、"股份制办学"（以股份形式，把分散的资金吸引到办学中，实行董事会领导下的校长负责制办学模式）、"公办民助"（在由国家举办的公办学校里，接受由国家机关以

---

① 邬大光：《我国民办教育的特殊性与基本特征》，《教育研究》2007 年第 1 期。
② 潘懋元、邬大光、别敦荣：《我国民办高等教育发展的第三条道路》，《高等教育研究》2012 年第 4 期。

外的各种社会组织、公民个人捐赠助学或以多种形式吸引社会力量投资支持办学）、"公办高校转制"（在保证学校资产归国家所有的前提下，减少或停止公办高校的财政拨款，改由运用民办机制办学）、"国有民办二级学院（独立学院）"（以财政拨款以外的社会资源为主要经费来源，在原有公立高校中运行民办机制创设新制的二级学院）、"中外合作办学"（外国法人组织、个人以及有关国际组织同中国具有法人资格的教育机构及其他社会组织在中国境内合作举办以招收中国公民为主要对象的教育机构）等八种供给方式，① 以上这些办学方式都蕴含了"投资办学"特征，体现了公办和民办高校合作办学的创新理念和实践。

然而，以投资办学为基本特征的高等教育供给亦受到法理和实践的双重挑战，在民办高等教育办学现实中尤为突出。从法理角度而言，2002 年出台的《民办教育促进法》明确规定"民办学校在扣除办学成本、预留发展基金以及按照国家有关规定提取其他必需的费用后，出资人可以从办学结余中取得合理回报"。这一规定对民办高校出资人的投资办学行为及合理回报给予了法律认可，但根据教育法规和相关政策，包括《民办教育促进法》《社会力量办学实施条例》中都明确将民办教育视为"公益性事业"，规定其"不得以营利为目的"。不难发现，"合理回报"与"不得营利"之间形成了法理上的矛盾。此外，如果民办高校属于民办非企业单位，根据《税法》就必须要向国家交纳税款，但是将其列为社会公益事业范畴就无需交纳税费。因此，基于投资办学的民办高校也就自然生成了"半公益性"、"学校收入部分用于学校办学"以及"学校财产的'非公共性'"的特征。②

从实践角度而言，具有投资办学特征的民办高校往往容易被逐利性资本所裹挟，造成出资者的非理性投资，甚至可能出现"投机办学"行为，增加了民办高校的投资风险，因此在其投资办学初期，出现了民办高校倒闭、被兼并以及由于资金链断裂主动退出等不稳定的办学现象。③ 即使学校渡过了办学初期风险，但也因投资办学的固有特征，致

---

① 张兴：《高等教育办学主体多元化研究》，上海教育出版社 2003 年版，第 88—132 页。
② 胡建华：《我国民办高等教育发展特殊性的若干分析》，《教育研究》2007 年第 1 期。
③ 卢彩晨：《资产并购重组与中国民办高等教育发展》，《黑龙江高教研究》2006 年第 9 期。

使民办高校面临投资回报和产权归属等问题。如：自独立学院转设以来，就面临着产权和财产分割这一棘手的问题，因为独立学院产权本质上是独立学院与地方政府、公办母体高校以及出资者三者之间的社会关系。独立学院转设如果产权主体不明晰，就会使其办学参与者产生利益纠纷，从而影响其转设进度。① 显然，我国民办高校投资办学特征必然会引发其产权、治理和盈利模式等问题的连锁反应，从而有损于民办高等教育公益性和师生利益。

尽管面临上述双重挑战，但基于投资办学的民办高等教育仍然具有较强的公益性，因为民办高校与一般商业有所区别，具有非商业投机性和社会效益外溢性，即使具有一定的营利属性，但其也是有利于实现公益性办学目的。② 因此，从发展阶段性来看，尽管我国民办高校的投资办学行为与其合理回报要求之间存在法理上和实践上的诸多冲突，但这是由我国民办高等教育发展的特殊性决定的，必须认清这一阶段性特征，尊重历史事实和办学贡献，对那些民办高校的早期举办者给予肯定和支持。当然，这一具有中国特色的高等教育供给方式会随着民办教育分类管理的落实而消逝，但作为民办高校发展的"底色"，有助于理解分类管理背景下的非营利和营利性民办高校发展，尤其是如何引导社会资本参与捐赠办学成为我国现实高等教育供给的新问题，提升高等教育公共性水平。

二 基于两分新类型的捐资办学

从历史来看，我国私立非营利性高等教育机构可以追溯到 1882 年的登州文会馆，③ 这意味着私立高等教育在我国是具有历史传统的，但几经沉沦后，我国私立高等教育出现了历史性断裂。直到改革开放以后，民办高等教育进入了复兴时期，一批爱国华侨、热衷教育者以及社会团体组织开始积极举办以捐资为特点的民办高校，譬如由被誉为

① 阙海宝、陈志琼：《独立学院转设产权及利益关系分析——基于公共政策的执行博弈理论模式》，《现代教育管理》2020 年第 3 期。
② 潘懋元、别敦荣、石猛：《论民办高校的公益性与营利性》，《教育研究》2013 年第 3 期。
③ 罗先锋：《我国非营利性民办高校发展研究》，厦门大学出版社 2020 年版，第 101 页。

"现代陈嘉庚"的华侨吴庆星先生出资兴办的仰恩大学；由上海交通大学等多所高校部分教授发起举办的上海杉达学院；由厦门政协创办的厦门华夏学院等。然而，大部分民办学校所获社会捐赠微乎其微。一些民办高校在办学初期，曾经得到过一些社会捐赠，但这一捐资办学风气并未随着民办高等教育规模扩张而增加。归其原因，可能与社会捐赠的文化氛围、激励机制、社会声誉、校友归属感以及民办高校举办者财力和认知等多重因素有关。①

捐资办学是许多国家非营利性私立高校的基本办学体制和运作方式，"捐资办学"与"非营利性"无论从法理上，还是从实践上都是讲得通、行得正的。以美国为例。美国私立非营利性高校遵循《教育法》，美国联邦和州政府为其提供建校和日常运转所需80%左右的资助，而营利性高等教育机构发展则适用于《公司法》。② 美国私立高等教育以营利和非营利两分的基本做法，直接影响着一系列相关法律的资助模式和制度安排。如1958年的《国防教育法》和1972年的《高等教育法案》都倾向对非营利性私立高校提供补助金。在美国私立高等教育的历史发展中，社会（包括个人）捐资始终发挥着重要的作用。这种社会捐资的作用不仅表现在私立大学创设之初，而且体现在私立大学创办之后的发展过程中。如哈佛大学、耶鲁大学、斯坦福大学在创办初期获得捐赠，遂以捐赠者命名校名。2022年，根据《马卡科姆通讯社》报道，美国普林斯顿大学已经成为全球第一所不需要外部资金的大学，仅凭借捐赠基金运营就能支付所有开支，实现了大学的"财务自由"。③ 显然，美国大学的校友捐赠已经成为一种大学文化，而且捐资办学早已泛化到整个公立和私立高等教育系统中，极大提升了公共高等教育的供给力。

但是，由于我国民办高等教育投资办学的特殊性，使得捐资办学这一世界基本模式反而在我国成为"少数"。就此来看，尽管捐资办学并不是一个陌生的概念，但对我国民办高等教育发展则是一个新的发展向

---

① 周海涛：《中国教育改革40年：民办教育》，科学出版社2019年版，第266—267页。

② 董圣足：《民办学校分类管理推进策略研究》，华东师范大学出版社2020年版，第115页。

③ The Daily Princeton［EB/OL］.（2022－10－01）［2023－03－20］，https://www.dailyprincetonian.com/article/2022/12/princeton-greedy-wealthy-endowment-investments.

度。随着我国民办高等教育营利与非营利分类治理的推进与落实，要引导民办高校从投资办学转到捐资办学的轨道上来，把投资办学作为民办高等教育发展过程的一个过渡阶段。[①] 为此，转向捐资办学模式的民办高校应从办学实践层面积极扭转以往投资办学的"惯性"，解除"合理回报"的相关规定，明晰捐资办学民办高校的法人属性，制定与其相适应的法人制度、财务财产制度以及治理方式，探索具有中国特色的捐资办学新模式，引导社会资本参与公共高等教育供给。

一是建立捐赠法人制度，引入财团法人制度，以捐赠设立公益法人，鼓励财团法人或公益法人出资举办非营利性民办学校，建立合理税制，采取提供捐赠扣税率、享受与同级公办学校同等的税收优惠政策、给予政府补助和奖助及提供由政府担保的银行低息或无息贷款等得力措施，允许非营利民办学校依法按办学成本收费，允许开办营利事业、基金运作和校外投资等补充学校办学资金，大力扶持非营利性民办学校的发展。[②] 二是创新捐资治理方式，强化政府对民办非营利学校的监督职能，如政府的审计监管、学校财务和经费收支等，确保学校董事会产生的公开性和透明性，突出社会监管和第三方专业机构的介入评估，以捐资办学属性健全法人组织机构以确保民办非营利性高校产权关系有效运行，健全"董事会领导、校长负责、党委监督保障、教授治学、民主管理、公众参与"为核心的内部法人治理结构，非营利性民办高校内部治理结构要体现教育的公益性。[③]

与投资办学相反，基于捐资办学的民办高校具有"公益性"、"学校收入全部用于学校办学"和"学校财产的'公共性'"的特点。[④] 2018 年修订的《民办教育促进法》和 2021 年修订的《民办教育促进法实施条例》明确提出，国家鼓励捐资办学。国家对发展民办教育事业做出突出贡献的组织和个人，给予奖励和表彰。对非营利民办学校还可以采取政府补贴、基金奖励、捐资激励等扶持措施。国家鼓励以捐资、

①　胡建华：《我国民办高等教育发展特殊性的若干分析》，《教育研究》2007 年第 1 期。

②　王建：《规范民办义务教育发展的政府责任与政策导向》，《教育研究》2022 年第 11 期。

③　王建：《规范民办义务教育发展的政府责任与政策导向》，《教育研究》2022 年第 11 期。

④　胡建华：《我国民办高等教育发展特殊性的若干分析》，《教育研究》2007 年第 1 期。

设立基金会等方式依法举办民办学校。以捐资等方式举办民办学校，无举办者的，其办学过程中的举办者权责由发起人履行。因此，基于捐资办学的民办高校（或选择非营利性办学的民办高校）必须依照上述法律法规进行办学体制机制"转轨"发展。显然，这一"转轨"对我国民办高等教育的高质量供给具有重要现实意义，有助于在分类管理背景下重建非营利民办高等教育系统。

三　基于优序多元化的融资办学

在民办教育分类治理背景下，民办高校出资者选择投资办学还是捐资办学，意味着营利与非营利的两分选择。随着民办教育分类管理的落地，融资办学将成为公办和民办高校教育供给创新的方向，也是未来引导社会资本参与公共高等教育供给的主渠道。有学者指出，从改革开放以来我国民办高校融资的历史变迁来看大致经历了三个阶段：一是1978—1996 年依靠学杂费结余再投入的滚动发展阶段；二是 1997—2002 年规模化贷款和企业资本注入并存阶段；三是 2003 年至今外源融资与内源融资结合的多元化发展阶段。[1] 本书关注的融资办学正是第三阶段的狭义性融资，并非是第一、二阶段的广义性融资。因此，当前多元化的融资办学主要包括集资、政府资助、产业收益、企业投资、资本市场融资等。

要认识高校融资办学规律，有必要先从企业融资方式及变动过程中寻找经验。企业融资分为内源性融资和外源性融资。一是内源性融资是指企业将其经营活动结果转化为投资的过程。因此，高校内源性融资就是通过将其内部资金积累部分转化为"活性"资金的过程，从而提高资产或资源使用效率，增加资本积累和收入，包括事业收入（学费）、经营收入和利息收入等；[2] 二是外源性融资是指企业通过向外部经济主体的债务方式进行筹资，如银行贷款、发行股票等，这一融资方式已经成为当前企业筹资的重要手段。就此来看，高校外源性融资是指高校通过外部手段获取资金的方式，以金融工具为媒介，以偿还和付息为条

---

① 周国平：《社会资本与民办高校资源整合研究》，广东高等教育出版社 2012 年版，第81—83 页。

② 毛国育：《高校内源融资状况及展望分析》，《教育财会研究》2011 年第 3 期。

件，包括财政拨款、社会捐赠、BOT 项目融资、银行信贷、融资租赁、控股公司等。① 综合来看，高校外源性融资特别是吸引社会资本参与办学成为供给方式创新重要之选。

根据企业融资次序的"啄食"理论（Pecking Order Theory，POT），认为企业融资存在优序之分，即公司融资顺序选择是"先内源""后外源"，而在外源性融资中则是"先债务""后股权"。从企业角度来考虑融资次序，主要取决于融资成本、企业独立性和控制权三个方面，比如中小企业担心控制权稀释、不会使用长期债务融资等。与企业融资优序相比，特别是民办高校融资亦具有典型的"啄食"次序，即优先选择通过学费滚动式发展模式进行内源性融资，进而通过营利性民办高校上市、混合所有制办学、中外合作办学引进外资等方式进行外源性融资。从当前融资办学实践来看，引导社会资本参与公共高等教育供给的关键性举措和方式就是外源性融资，作为一种高风险办学方式，必须对开展融资办学的公办和民办高校进行分类发展，按办学所需规范有序融资，保障教育供给的公共性。

随着高校融资办学的多元化发展，也伴随着资本逐利性带来的种种办学风险，如高校偿债风险、生源风险、利率风险、政策风险等，融资办学多元化应该是有限的多元化。② 因此，引导社会资本参与公共高等教育供给就是要依法树立"社会化"的融资观念，改善高校投资环境，加强校银合作筹资信贷资金，促进校企合作和产教融合，提升学校资产市场化和公司化管理水平，鼓励社会资本采取建立基金、发行企业债券等方式筹集资金，充分发挥私人基金会和学校教育发展基金会的作用，提高资源使用效率。③ 譬如：美国哈佛大学、耶鲁大学和普林斯顿大学等通过教育基金会将资金投资于股票、债券、风险投资和房地产领域，其中普林斯顿大学平均年回报率高达 15.3%，哈佛大学在 2020—2021 年通过金融市场的投资报酬率达 33.6%，总额达到 532 亿美元，相当于南非或荷兰央行储备金。

---

① 王建萍：《民办高校融资困境及突破路径分析》，《金融文坛》2022 年第 10 期。
② 周国平：《社会资本与民办高校资源整合研究》，广东高等教育出版社 2012 年版，第 81—83 页。
③ 常静、孙杰：《"双一流"建设背景下地方高校的多元化社会筹资》，《中国高等教育》2018 年第 8 期。

从一定意义上而言，外源性融资办学涵盖了投资办学和捐资办学，是一个范畴更广泛、内涵更丰富的社会资本介入的办学行为，随着我国高等教育发展成熟度的不断提高，多元化融资办学无疑将是我国公共高等教育供给的主要方式，同时也在尝试建立新的供给方式，如营利性民办高校上市、混合所有制办学、私人基金会投资中外合作大学等。面对这些高等教育供给的新方式，亟须建立基于分类发展的治理模式，从融资办学的内外部构建相应的监管监督体系与保障激励制度。当前，我国高等教育已经迈入普及化阶段，一方面社会大众对优质高等教育有着强烈的需求，另一方面又受制于国家财政支持和居民收入水平，因此公共高等教育供给离不开多元化融资，但越是鼓励融资办学，就越要建立引导机制，规避融资办学的过度逐利行为，加强公共高等教育供给的政策建设和制度安排。

第二章 社会资本参与公共高等教育供给的分类发展机理

第一节 公民合作办学分类发展目标

新时代引导社会资本参与公共高等教育供给，就是要坚持以人民为中心发展教育。换言之，就是要办好人民群众满意的教育，满足人民群众多元化的高等教育需求。在这一需求之上，要求公民合作办学提升学校法人治理能力，拓宽办学投融捐资渠道，在资金、管理模式等多个方面实现改革优化，提高人才培养质量。

一 满足人民多元教育需求

随着我国高等教育步入分类发展时代，不同于传统公民二元的高等教育分类，而是以非营利为主要特征的公共高等教育新类型，这无疑成为我国高等教育高质量发展的新向度。发展公共高等教育，首先就是为了满足人民大众的多元化高等教育需求，这里的"多元化"不仅指向了劳动分工日益细化对人力资本结构的新要求，即规范办学行为和丰富办学形式，适应社会主义市场经济发展规律以及劳动力市场需要新趋势；还蕴含了广大人民群众对优质高等教育的热切期待和需求，公办和民办要素合作办学分类发展的根本就在于推进高质量公共高等教育体系建设，促进公共高等教育应该在不同地区、层次和领域形成与经济社会发展相协调的高等教育多元办学格局。特别是要在发挥政府力量之外，引导企业、基金会、慈善、公民个人等社会力量，以及人才、资金、实物、技术组织、管理等多样化的社会资本参与到公共高等教育服务供给上来，满足个人成长、社会发展以及国家战略的需求，从而实现公共高等教育的高质量发展。

公民合作办学对人民多元化教育需求的满足能够体现在高校人才培养、科学研究和社会服务等方面。在人才培养方面，公民合作办学可以发挥出高校对校友会、地方商会、社区等社会组织的资源整合与利用的能力，实现运用多样化方式促进培养人才，提供多元化教育服务，① 从而实现更灵活、更专业、更快地满足人民的多元化教育需求。在科学研究方面，公民合作办学在基础性应用性研究领域能够发挥其具有的优势，促进两类研究的发展。因为公民合作办学能够联结政府、高校、私人基金会、科技型企业、个人等多领域主体，促进产学研用深度融合和校地企合作，有助于更多的科研成果转化为产品。在社会服务方面，高校开展社会服务项目是需求导向的多元化领域，不同领域对高等教育需求具有差异性。公民合作办学意味着高校与社会能够有更广阔、深入的互动，高校在对外提供社会服务的项目开展中也能收获更多元的教育教学资源，让更多的社会资本资源转化为高校办学资源。②

二 提升高校法人治理能力

党的十八大以来，我国教育法制化建设取得了积极成效，高等学校已经走向了法人治理之路。如 2018 修订的《高等教育法》明确规定，在高校营利与非营利划分的背景下，公办高校为事业单位法人，营利性民办高校为营利法人，非营利性民办高校为非营利法人。作为不同类型的法人高等学校，体现出的治理能力（高校法人治理能力），公民合作办学模式有助于促进提升高校法人治理能力的目标。综合来看，公民合作办学能够使高校内部和外部的治理能力得到双重提升。一是在内部治理方面，公民合作办学能够通过优化高校董事、监事、董事会和监事会成员等，使高校管理者、教师、学生等内部利益相关者更多参与校内事务决策，提高高校内部事务管理决策水平；二是在外部治理方面，公民合作办学能够有效提升高校教育系统的组织方式、权力分配以及其与政

---

① 冯梦成：《引导型社会组织发展模式研究》，人民出版社 2017 年版，第 169 页。

② 邓辉：《新时代高校社会服务的价值意蕴与实践路径》，《国家教育行政学院学报》2022 年第 6 期。

府、社会、市场之间的外部三角关系。① 同时，公民合作办学也有助于提高高校治理中信息公开程度，让社会各界和民众都能够对高等学校的相应事务进行更好的监督。

高校法人治理是一项综合性的长期能力，公民合作办学有助于促使高校实现多项治理能力的提升，包括制度创新能力、大学章程执行能力、利益整合能力、协商治理能力，② 促使高校运营决策更具科学性，管理体系更加完善，监督制约机制更加健全。一是在高校制度创新能力上，公民合作办学能够促使高校原有的运营管理模式革新，避免管理僵化，提高高校社会适应性，形成更符合新时代要求的办学模式和管理方式；二是在执行大学章程能力上，公民合作办学会增加高校办学和管理的复杂性。在高校法人治理中需围绕章程重塑制度体系、完善机制建设、明晰服务流程，促进章程实施落地，使学校管理规范化和法治化；三是在利益整合能力上，公民合作办学使利益相关者增加，企业和非营利组织等社会团体以及个体等多方利益集团之间博弈关系更加复杂多变。高校法人治理需兼顾不同利益群体需求，使各利益集团间能够实现合作共赢；四是在协商治理能力上，公民合作办学能订立一系列基于各方平等协商的契约关系，在校内外的重大公共事务上开展多方协商，在合法合规的基础上保障各方参与办学的主体利益。

三　拓宽办学投融捐资渠道

从世界范围来看，高等教育规模的持续扩张使得各国高等教育都面临着不同程度的财政危机，引入社会资本拓宽办学经费渠道是各国高等教育发展的重要公共政策。面对这一危机，亟须政府发挥主导作用，完善高等教育多元筹资法律法规，保障投资者权益与资金稳定性，激励企业、社会组织等团体或个人投资高等教育领域。当前，我国高校办学经费主要依靠财政支持，来自其他渠道的办学资金较少。但面对我国高等教育规模进入普及化阶段以及高质量发展要求，完全依靠财政支持办

---

① 潘懋元：《潘懋元文集卷三：问题研究（上）》，广东高等教育出版社 2010 年版，第 31 页。

② 范斌、郭蕊：《高校治理能力现代化：内容与推进路径》，《黑龙江高教研究》2017 年第 8 期。

学显然是有限的，这就需要吸引更多社会力量进入高等教育办学领域。2016 年，国务院发布了《关于鼓励社会力量兴办教育促进民办教育健康发展的若干意见》，提出要拓宽民办教育办学筹资渠道，各级政府要采用多种手段鼓励更多社会力量投资教育领域，提高教育领域对社会资本的吸引力，促进学校和多种类项目合作建设。总之，拓宽公民合作办学筹资渠道，源于办学过程中能获得更多来自外部企业投资、基金会和金融机构融资以及慈善组织和公民个人捐资等多渠道的参与。

具体而言：企业能够为高校公民合作办学提供资金、设备、培训、管理等方面的资本；金融机构能够为高校公民合作办学提供贷款、信托等多种金融产品和金融服务，使其能够使用相应金融产品和利用相应服务来进行投融资。高校公民合作办学除了能够实现拓宽投资和融资渠道的目标，还能够实现拓宽捐资渠道的目标。为了使高校公民合作办学能够更多地以获得捐资的方式进行筹资，政府对此应给予政策支持，如采取税收优惠、政府配套拨付等政策鼓励慈善组织、企业家、慈善家等社会力量对高等教育办学的捐赠。除了政府的税收财政政策支持以外，可持续的捐赠条件机制，适宜的配套管理办法以及更具有社会影响力的慈善文化也都能够促进公民合作捐资办学渠道拓宽的实现。在分类管理背景下，营利性高校可以有办学投资回报行为，能够更多地运用金融手段进行投融资，部分营利性民办高校可能会通过上市进行融资；而非营利民办高校的办学资金会受到投资回报的限制，以更适宜采取拓宽捐资办学渠道的方式开展筹资。

四　提升高校人才培养质量

党的二十大报告指出，要坚持以人民为中心发展教育，加快建设高质量教育体系。习近平总书记提出要培养出"有担当民族复兴大任的时代新人"。科教兴国、人才强国战略是关乎国家和民族长远发展的大计，首先要在战略层面完善人才布局，培养造就大批德才兼备的高素质人才，建设规模宏大、结构合理、素质优良的人才队伍。高等教育是高质量人才队伍建设中的重要组成部分，当前我国这一人才队伍规模逐渐扩大。根据《中国教育统计年鉴 2021》，2019 年高等教育（18—22 周岁）毛入学率为 51.6%，2020 年已经达到 54.4%，[①] 这意味着我国高等教育在适龄青年群体中具有一定的普及率且规模逐渐扩大。当前我国高等教育培养各领域学生人群数量不断增加的同时，对应的人才质量水平同样需要得到保证和提升，要培养更具有创新能力的高层次人才。

作为高校第一职能的人才培养，有必要从公民合作办学体制改革的角度，如通过校企合作、产教深度融合、产学研合作等方式，提升高校人才培养质量，培养出具有更强的创新能力、更高国际竞争力的一流人才队伍。公民合作办学能够采取多种方式和路径提高人才培养质量，主要能在体制设计、资源整合、机制创新等方面发挥出特有的作用。在体制设计方面，公民合作办学能够采取"混合所有制"办学的方式，建立更加清晰、完善的外部和内部治理模式，提高高校管理运行效率与人才培养质量；在资源整合方面，公民合作办学能够更好地融合政府与多种社会资本的力量，提升高校人才培养能力。公民合作办学除了能够实现国内的资源整合，还能够实现国际的资源整合，通过中外合作办学等方式发挥出国外资本及其优秀经验的力量；在机制创新方面，公民合作办学是突破公办和民办高校办学体制机制的传统模式，在公民合作办学中积极探索教育产权制度、财政税收制度、风险管控制度以及办学结余处理制度等，而这些机制创新的探索都在于服务人才培养。综合来看，公民合作办学实践，如独立学院发展、高职混合所有制办学以及中外合作大学等，均在劳动力市场有效提升了人才培养质量。

第二节　公民合作办学分类发展依据

我国高等教育公民合作发展得益于一系列的法律法规的出台，为其健康发展提供了良好的制度和政策环境。从中央到地方都出台了相应的法律法规、行政规章以及相应的政策文件，对高等教育公民合作办学发展进行规范和引导。为了确保公民合作办学模式在公共高等教育领域有效实现，需要明确各主体之间的合作契约关系，以法律为依据维护各主体之间的合法权益和维持公民合作伙伴关系。

---

① 中华人民共和国教育部发展规划司编：《中国教育统计年鉴 2021》，中国统计出版社 2022 年版，第 76—78 页。

根据立法机关地位、权限和法的效力、适用范围不同，法为五个层次。低一层次的法不能与高一层次的法相抵触，如相抵触，其抵触的部分即属无效。[①] 法的五个层次从高到低为宪法，法律，行政法规，地方性法规、自治条例和单行条例，规章。其中宪法是国家的根本大法，是由全国人民代表大会通过的，是规定一切法律制度的依据，是最高层次的法律。依据法的层次、领域的不同，对高等教育公民合作办学涉及的主要问题的法律规定进行了梳理与分析。

一　法律法规

作为国家根本大法的《中华人民共和国宪法》中已经明确规定："国家鼓励集体经济组织，国家企业事业组织和其他社会力量依照法律规定举办各种教育事业。"国家从根本上是鼓励和支持企业、行业、个体等非政府要素参与办学，强调引导和凝聚社会力量，整合和集合民间资源。在这一"母法"基础上，国家还出台并多次修订了《教育法》《高等教育法》《职业教育法》《民办教育促进法》《民法典》《慈善法》《公司法》等相关的法律法规，这些法律法规从学校设立、资产财务、运营管理、监督激励、教育权益、信息公开等多个方面做了明确界定和规定，为公民合作办学的法理和实践提供了规范遵循。

（一）支持分类办学

高等教育作为"大教育"的学段延伸和重要组成，有其发展的诸多特性，特别是在公共性认识方面，与基础教育（特别是义务教育）的纯公共性有所差异，因此对社会资本参与办学的认同度和接受度也有所不同。在 2018 年修订的《高等教育法》中，明确规定鼓励企事业组织、社会团体及其他社会组织和公民等社会力量依法办学，具体涉及产教融合、校企合作和产学研合作，以及引入包括教育企业在内的第三方专业机构参与办学评估等。显然，《高等教育法》支持公民合作办学更为具体和多元，但同时也明确提出这一"合作"必须是要符合国家利益和社会公共利益，突出教育的公益属性。因此，政府与社会资本合作办学（PPP）被赋予了分类管理的思想和规定，根据不同类型和层次高

---

① 马克伟：《土地大辞典》，长春出版社 1991 年版，第 186 页。

校推进体制改革，优化资源配置，提高高等教育的质量和效益。

职业教育相对于普通教育，具有"类型"特征，但又与普通教育有所交叉，具有"层次"特征，如中等和高等职业教育。特别是由于职业教育的特性，与产业和行业联系更为紧密。2022 年修订的《职业教育法》提出，要大力鼓励并支持社会力量参与办学，突出企业在合作办学中的主体作用，并且从不同方面提出了具体内容：一是支持中华职业教育等群团组织、行业组织等社会力量，特别是企业要深度参与办学，鼓励以不同形式和层次发展职业教育，促进产教深度融合，实行校企广泛合作，涉及招生就业、人才培养、科学研究、师资建设、科技成果转化等方面；二是地方政府要对社会力量依法办学给予指导和扶持，对非营利性职业院校要提供与其办学特点相对应的支持政策，包括给予适当的财政补贴，建立专项基金对其进行激励，对捐资办学进行鼓励等。三是拓宽社会资本参与高等教育办学渠道，大力促进企业利用其资本、知识、技术、管理和设施设备合作办学，鼓励金融机构通过金融服务支持办学，支持引进境外优质资源发展职业教育以及多种形式的学习成果互认，鼓励境内外组织和个人以捐赠和资助的方式参与多样化办学。

（二）引导分类办学

随着 2016 年《民办教育促进法（修订案）》的出台，民办教育进入了营利与非营利两分的分类治理时代，同时这也意味着以非营利性为基本类型的公共高等教育体系（公办高等教育体系和民办高等教育体系）正式形成并加以快速重构。在修订后的《民办教育促进法》中对不同类别民办学校是否能够获得办学收益的情况进行了规定，其中举办非营利民办学校不能获得相应投资回报，办学过程中的盈余资金都应当继续使用在办学相关事务中，而举办营利性民办学校则可以获得投资回报。这是对 2002 年版本中民办高校"合理回报"的重要修订，该条例的修改对民办高校办学的法理性和法治性给予了正当回应，从而依法推进了民办教育分类管理及政策体系建设。为了与这一法律相适应，2018年修订的《高等教育法》第 30 条规定"高等学校自批准设立之日起取得法人资格。"这意味着高校将根据其法人属性分为营利性法人和非营利性法人两类，而这是推进我国高等教育治理体系和治理能力现代化的根本性举措。

我国教育领域非营利性办学与营利性办学的划分，使其法理意义已经超越了教育领域范畴。一方面，必须遵循《民法典》中对法人、营利法人、非营利法人的界定以及对其权利和义务的规定。如《民法典》分别对营利和非营利法人进行了界定，营利法人和非营利法人的目的不同，营利法人需要对股东等出资人负责，以获得更高的投资回报率为目的，将经营取得的利润在他们之中进行分配，而非营利法人的目的不在于获得更多的利润，在于实现其公益等目的，由此不需要向其出资人等举办者分配办学收益。显然，两类法人虽然都含有社会力量和社会资本的"法人身份"，但二者的法人属性决定了其办学价值和行为取向。营利法人主要是有限责任公司、股份有限公司和其他企业法人，为营利性民办高校的办学主体，他们具有商品性和盈利性特征；非营利法人主要是事业单位、民办非企业、社会团体、基金会、社会服务机构等，凸显了公办和非营利民办高校的社会影响力。其中，民办非企业法人（社会服务机构）是非营利性民办高校体制及注册登记的主要选择。

另一方面，面对营利性民办学校这一新生事物，亟须对这类学校性质进行重新界定。从世界范围来看，营利性高校都被认为是高等教育公司，[①] 为此需要从我国《公司法》的角度寻求认识和理解这一新办学类型。根据2013年修订的《公司法》，营利性高校作为企业法人，拥有独立的法人财产和享有法人财产权。对那些有限责任公司或股份有限公司参与办学主体，允许股东可以货币、实物、知识产权、土地使用权等出资办学，股份制高校的股东可以依法获得资产收益分配，并且可以参与学校重大决策并拥有高校管理者的相应权利。当然，还必须基于高等教育和学校组织等特性，从人力资本产权、职务科技成果混合所有制、学校管理、技术以及人才等"非货币性"要素参与办学的视角进行对营利性高等教育的探索，突出营利性高校的职业技术教育定位与功能。

（三）引入捐赠办学

从教育法律法规来看，鼓励境内外组织或个人捐赠办学已经成为引导社会资本参与公共高等教育供给的重要方式。从世界范围来看，捐资

---

① ［美］理查德·鲁克：《高等教育公司：营利性大学的崛起》，于培文译，北京大学出版社2006年版，第64页。

办学是发展非营利私立高等教育的基本做法。面对我国民办高等教育分类管理改革现实，以捐资办学为基本特征无疑是当前乃至未来非营利民办高等教育发展的主渠道。为此，有必要从《慈善法》的角度认识社会资本参与捐资办学的相关要求，高校以捐资等方式办学均受慈善法规范，不是所有的非营利高校都是慈善组织，但是慈善组织办高等学校都属于非营利高校。2016 年出台的《慈善法》为非营利性民办高校提供了发展指向，主要涉及捐资办学的具体性质和操作标准。

第一，明确捐资办学的基本性质。慈善是旨在"促进教育、科学、文化、卫生、体育等事业的发展"等方面的活动。慈善组织的形式可以是多样化的，包括建立基金会、社会团体、社会服务机构等方式，这都是作为社会资本参与办学的重要主体。捐资办学也是慈善活动的一种，是自然人、法人和其他社会团体等组织向学校进行捐赠以促进办学活动开展，捐赠的内容包括财产和提供服务等多种方式。上述办学主体通过捐资或开展促进教育事业发展相关慈善活动。由捐资办学成立的具有慈善性质的高等学校需要符合慈善事业的基本性质，且在捐赠和办学的全过程中保证符合相关的法律法规和遵循社会公序良俗。在办学过程中需要注重活动开展的公益性，不能开展会影响到国家公共安全和损害广泛社会成员利益的事务活动和对其提供相应的支持。非营利性民办高校应属于慈善组织，即以面向社会开展慈善活动为宗旨的非营利性组织，其办学行为适用于《慈善法》。捐赠办学财产可以是多种形式的资产，包括货币、实物、房屋、有价证券、股权、知识产权等有形和无形财产，且保证办学资产来源的合法性，捐赠办学财产也应当是合法资产，在捐赠人对相应资产拥有合法处分权的情况下才能开展捐资办学。

第二，明确捐资办学的操作标准。《慈善法》为非营利高校，特别是从投资办学转向捐资办学的民办高校资产管理提供了操作性标准，为捐资办学等慈善活动提供了诸多制度保障。[①] 一是"禁止财产分配"规则。《慈善法》规定，慈善组织的财产运用目的受到限制，慈善组织捐赠资金应当均使用在慈善目的实现中，且需要遵守规章和已订立契约中约定的内容。非营利性民办高校获得的捐赠资金均不应当用来在举办者

---

① 魏建国：《"非营利"内涵的立法界定及其对民办教育发展的意义——从〈慈善法〉出台到〈民办教育促进法〉修改》，《华中师范大学学报》（人文社会科学版）2017 年第 1 期。

之间分配（即原有的"合理回报"问题），应投入到学校日常运作和发展等事务中去；二是"清算后剩余财产处理"规则。《慈善法》规定，慈善组织的剩余财产并不能够随意分配，应当在清算之后转移给同行业或者具有较高相似性的慈善组织，且需要遵守相关法律法规以及规章制度的规定。营利性高校的清算财产可由投资方自行按照合约规定分配，非营利民办高校清算财产分配受到限制；三是"投资收益全部用于慈善目的"规则。《慈善法》规定慈善组织能够在法律允许的范围内开展投资活动以扩大慈善资金规模，但需要依照安全、有效的基本原则进行资金的投资运作。因此，非营利性高校必须注意公共财产保值增值，特别是要谨防公民合作办学导致国有资产流失。如果涉及高校投资行为，其取得收益应当全部用于慈善目的。非营利高校的投资行为以及投资收益的使用均受到该法律约束，体现慈善行为的非营利性。综合来看，《慈善法》将营利性高校、非营利性高校及慈善活动、非慈善活动进行了有效的区分，弥补《高等教育法》《公司法》等对"非营利"的操作性立法缺失，为相关慈善活动的开展提供了法律依据。

（四）落实分类办学

我国高等教育办学体制依法分类管理的根基是2016年出台的《民办教育促进法》。为了有效推进营利与非营利分类管理，2021年国务院颁布了修订的《民办教育促进法实施条例》（以下简称《条例》）提供了更加详细的实施路径和操作办法。首先，在政策目的上，《条例》明确提出支持和规范社会力量举办民办高等教育，使民办高校办学过程中拥有更高的自主权，提供更多种类的高等教育资源，更好地回应市场对更丰富办学种类的需求。这体现了从中央到地方的各级政府都要支持民办高等教育发展，并能根据不同学段、类型和层次教育的属性特征，积极引导社会资本参与以非营利性为主办学类型的公共高等教育体系建设。

其次，在学校设立上，政府对民办高校设立持支持鼓励态度，多种类的社会组织和个人等都可以举办民办高校，也可以是多个社会组织之间或者个人与社会组织之间联合办学。尤其鼓励社会力量以直接捐赠资金或者建立教育基金会等方式来发展民办高校办学事业。因此，非营利性民办高校是我国民办高等教育发展的大势所趋和主流类型，特别是在义务教育阶段更要保障教育的公共性，不允许在办学体制层面建立公民合作的办学关系。然而，在职业教育领域具有公民合作办学的特殊性，国家鼓励企业独资、合资、合作等方式依法举办或者参与举办民办高职院校，而具有公办性质的高职院校亦可吸引企业的资本、技术和管理等要素，公办高职院校举办或参与举办民办高职院校，应当具有独立的法人资格，不得利用国家财政性经费，建立独立的招生资质、师资队伍和毕业证书等。此外，举办者亦可依法募集资金举办营利性民办高职院校。从整体来看，高等职业教育公民合作办学是分类管理的重要领域，也是最难治理的办学类型。

最后，在学校管理上，该《条例》就民办学校的资产与财务管理进行了明确规定。一方面，民办高校需要对学校资产中的国有资产进行监督和管理，谨防国有资产流失，同时对捐赠财产的使用和管理也必须合法合规，切断"合理回报"的惯性做法；建立利益关联教育的信息披露制度；另一方面，从营利与非营利两分来看，非营利性民办高校的经费收支情况应当使用在有关部门备案账户，而营利性民办高校收入则应当纳入开设的银行结算账户，依照国家统一的会计制度进行会计和成本核算。最重要的是，落实民办高校分类管理的根本在于政府引导和规范办学，无论是非营利性办学还是营利性办学，都有赖于地方有关政府部门的依法监督和有效管理，但同时政府部门必须给予民办高校充分的办学自主权，不断激活社会资本参与办学的活力，对捐资办学者给予大力的政策性支持和相应奖励。

二　相关政策

（一）宏观层面

党的十八大以来，中国特色社会主义进入新时代，整体上我国拥有了新的发展契机，我国教育事业发展也进入了全面推进高质量发展新阶段。第一，2017 年党的十九大报告明确全面深化改革总目标是完善和发展中国特色社会主义制度、推进国家治理体系和治理能力现代化，其中在第八个部分（民生部分）提出优先发展教育事业，涉及"完善职业教育和培训体系，深化产教融合、校企合作""实现高等教育内涵式发展""支持和规范社会力量兴办教育"。2019 年党的十九届四中全会审议通过了《关于坚持和完善中国特色社会主义制度推进国家治理体系和治理能力现代化重大问题的决定》，提出优化政府职责体系和政府组织结构，特别是需要厘清政府和市场、政府和社会关系；探索公有制多种实现形式，发展混合所有制经济；创新公共服务提供方式，鼓励支持社会力量兴办公益事业，支持和规范民办教育、合作办学。2022年党的二十大报告首次将教育、科技、人才三者联系起来并独立成章，作为全面建设社会主义现代化的基础性、战略性支撑，提出"办好人民满意的教育"，要坚持以人民为中心发展教育，加快建设高质量教育体系，推进职普融通、产教融合、科教融汇，引导规范民办教育发展。此次报告将教育提到了前所未有的高度，充分彰显了中国式现代化征程上教育发展的新特征和新要求。

第二，《"十四五"规划和2035年远景目标纲要》中明确，"十四五"时期经济社会发展主要目标是构建和完善社会主义市场经济体系。要进一步提高社会公共服务水平和全民受教育程度，进行产权制度改革和加强国内外多方面合作，提高对教育等具有公共属性的资源供给。由此，既要促进人力资本提高带动产业向高端转型升级，也要给予更大的投资机会，促进非公有制经济发展，鼓励运用政府和社会资本合作（PPP）等新发展方式。在公共高等教育领域要不断改革，建立更加完善的市场，鼓励社会力量参与办学，扩大教育资源供给范围。

（二）中观层面

第一，2010年国家层面发布的《国家中长期教育改革和发展规划纲要（2010—2020）》（简称《纲要》），该《纲要》是21世纪以来第一个大教育领域的规划纲要，其中与我国高等教育体制机制改革紧密相关。《纲要》强调了民办教育的重要性，民办教育扩张能够促进教育事业的蓬勃发展，能够推动教育领域的不断改革。政府要重视民办教育事业发展，调整不利于民办教育事业发展的不合理歧视性政策，改变社会各界对民办教育的错误认识。同时也注重促进民办学校创新发展，使其成长为能够培养出高素质人才，且差异化发展的民办学校。《纲要》还强调了民办教育的重要地位与公共财政对民办教育的扶持要求，由此促进了民办教育事业的长远健康发展。此外，还提出了要"积极探索营利性和非营利性民办学校分类管理"，为之后2016年《民办教育促进法》修订确定对学校进行营利性与非营利性分类管理政策的出台奠定了基础。具体而言：首先在支持民办教育事业发展上，政府采取了直接和间接的财政扶持政策，直接扶持政策是政府采取设立专项资金等直接财政拨款等方式，在经费上对民办教育发展进行支持；间接扶持政策是政府通过如税收优惠等政策为民办教育发展提供支持；其次在促进社会力量参与办学上，此次《纲要》提到各级政府要重视民办教育发展，鼓励社会力量以多种形式参与到民办教育事业发展中去，包括以自行兴办或者合力办学等多种方式。最后在多元化办学体制改革上，民办教育事业发展需要在政府指导下进行，允许更多样的办学主体和办学形式存在。

第二，2017 年国务院发布的《关于鼓励社会力量兴办教育促进民办教育健康发展的若干意见》（简称《意见》），是党的十八大以来围绕社会力量参与办学的专门化程度最高的教育政策。该《意见》对社会力量兴办教育进行了更为清晰的界定，社会力量兴办教育是指各种社会力量以捐赠、出资、投资、合作等方式举办或者参与举办法律法规允许的各级各类学校和其他教育机构。此外，该《意见》强调了不同类型民办学校都要坚持教育的公益性，各级政府对不同类型的民办学校要给予有差异的支持政策，促使更多社会资本进入民办教育领域，鼓励结合社会力量建立更多非营利性民办学校。鼓励不同种类社会力量能够共同举办学校，为了更加融洽地完成合作，在办学模式上也可以进行创新，如采取政府和社会资本合作（PPP）等方式。其中，尤其鼓励较为特殊的混合所有制职业院校能够进一步发展。鼓励具有专业性的社会资本为办学提供基础设施建设支持、经营管理辅助服务。公办与民办学校之间进行多样化合作，如在经营管理、学生培养、科研活动等方面。

（三）微观层面

从全国范围来看，各地民办高等教育分类管理政策参差不齐，如上海、重庆、贵州、广东、山东、北京、陕西、江西等都出台了相关的《实施意见》《管理办法》《实施细则》等规范性文件，有效推进民办学校分类管理改革。新设立的民办学校在成立之初应当进行营非法人选择，已设立的民办学校也应当在一定时间范围内完成营非登记，相应的过渡机制需要各级政府进行完善。不同省和直辖市制定的推进民办教育分类登记政策存在着共性与差异。其中，不同省、直辖市设置的民办教育分类登记过渡期的长短不尽相同，不同省、直辖市制定的已有高校分类管理政策有一定的相同之处。各地方政府均规定了民办学校选择后的内部治理改革，包括学校章程修订、法人治理结构、内部管理制度改革等。

如：浙江省温州市人民政府发布了《关于进一步深化综合改革促进民办教育健康发展的实施意见》，并于2019年2月1日起施行了《温州市公共财政扶持民办教育发展实施办法》；2019年7月15日山东省教育厅等5部门联合印发了《山东省民办学校分类审批登记实施办法》，对山东省民办学校分类管理相关事务进行了规定；2018年重庆市教育委员会等多部门联合印发了多项规定完善本市民办学校分类管理，分别出台的细则对营利性和非营利性民办学校的监督管理进行规范，促进民办教育健康发展。此外，各地方政府在税收减免、土地优惠政策、法人属性变更、学校名称规范、办学结余分配等方面制定较为详细的规定。

1. 税收减免政策

非营利和营利性高校均能够享受不同程度的税收减免政策，非营利民办学校可以享受的税收优惠程度较大，地方政府均规定享有与公办学校相同的税后优惠政策，在民办学校的自用房产、土地采取免征房产税、城镇土地使用税等方面享有优惠。如：江西省对捐资办学的民办学校给出了具体的税收优惠额度，并给予了一定的年度税收调整权限，且对于捐赠用于促进教育事业发展的资金可以用于抵扣个人所得税应纳税所得额，鼓励个人对教育事业的捐赠行为。相较之，很多地方政府并没有对营利性民办学校能够享受的税收优惠情况进行专门规定，但也有部分地方政府开始尝试性探索。如：江西省规定通过高新技术企业认定的营利性民办学校可以获得高新技术企业能够享受的税收优惠；温州市规定营利性民办学校选择登记为营利性学校会涉及到的税费增加以及办学过程中的增值税能够享受一定的税收优惠，但没有规定具体额度。重庆市规定提供学历教育服务的营利性民办学校可享受相对较多的税收优惠，相应学校可以免征学费、住宿费、伙食费收入的增值税以及部分符合限定的耕地占用税、土地使用税和房产税。

2. 土地优惠政策

为了促进民办教育事业发展，地方政府均能够给予民办学校在用地方面的优惠政策。各地方政府给予非营利民办学校较为优惠的用地政策，能够和公办学校一样以划拨的方式获得土地。而营利性民办学校要获得土地的使用权则需要支付相应的费用，即需要缴纳相应的土地出让金费用，且需要与政府之间签订相应的土地出让协议。当土地不再用作学校建设用地时，土地价格应按照当时的市场价格进行确定。譬如：江西省提出，要支持将原本用于其他途径的土地后转变为教育用地，闲置的厂房、医院、商业设施等房产和土地资源都可以转变为教育用地；广东省则要求各级政府将用地的指标进行统筹规划，合理安排每年新建、扩建民办学校用地规模，保证学校建设用地的供应。广东省还规定，有两个及以上营利性民办学校申请同一宗土地时的处理方法与仅有一个营利性学校申请时不同，不能再直接采用协议缴纳出让金的模式，应当增加政府招标然后进行拍卖或者挂牌的模式确定土地供给对象；温州市对营利性民办学校发展给予了相对更高的支持，规定企业在举办营利性民办学校的办学过程中自己使用的用于办学用途的房产、土地的使用能够免征房产税和城镇土地使用税。

3. 法人属性变更

我国各省市对营利性办学和非营利性办学之间互相转换的规定不尽相同，营利性民办学校转设为非营利性民办学校的办学诉求能够得到各地省市的政策支持，但如果本身是非营利性民办学校想要转设为营利性民办学校则在一些省份不能实现。如海南、西藏、重庆、湖北、河北、内蒙古、贵州、广西8个省（自治区、直辖市）规定营利性民办学校可申请变更为非营利性民办学校，但非营利性民办学校不得申请变更为营利性民办学校。[①] 还有部分省份明确规定允许非营利性民办学校转设为营利性民办学校，如陕西、甘肃、江苏、江西4个省份以及温州市。部分省份也对民办学校法人属性变更所需条件进行规定，相应民办学校需在满足一定条件下才能进行变更。对民办学校法人属性变更的规定限制了

---

① 王帅、吴霓、郑程月：《民办教育分类管理的推进概况、突出问题与对策建议——基于对国家和地方29省相关政策的文本分析》，《当代教育论坛》2019年第6期。

法人属性变更的随意性，有利于保障办学的稳定性，防止部分民办高校频繁变更法人属性以此谋取不正当利益和损害师生权益。

4. 学校名称规范

一些地方政府对民办学校名称进行了规定，要求民办学校应当在合法的前提下，在能够体现学校的基本信息的基础上对学校进行命名。民办学校法人名称需要向公众传递清晰准确的学校关键信息，不能使用会引起公众误会或者含有歧义的名称。上海、重庆、江西等地均规定营利性民办学校应该登记为有限责任公司或者股份有限公司，在名称中明确体现出该学校具有营利性质，不是非营利学校，由此学校名称中应当包含有限责任公司或股份有限公司等字样，避免学生难以识别学校的营利性质，营非学校在从最直接的学校名称方面就能够有显著的区分。如：上海市规定民办学校名称组成必须包含的要件信息及其顺序，分别是行政区划名称、字号、办学层次和类别等。

5. 办学结余分配

不同类型民办高校拥有的对办学结余的分配权不同，非营利性民办高校的举办者没有相应的权力，但营利性民办高校的举办者可以根据规章制度、订立的合约等对其进行分配。营利性民办高校对办学结余的分配的自主权低于普通的民办企业，因为营利性民办高校按照企业登记管理，但因为其属于较为特殊的教育行业，所以需要保证其具有一定的公益性，其办学结余的分配需要受到当地教育委员会的管理。北京市、重庆市规定营利性民办学校的资产在学校存续期间归学校自行运用，但是不能采用违法手段对资产进行转移。其中，北京市规定了营利性法人的办学积累也应当主要运用于教学活动的开展和教职工待遇的保障等事务；重庆市规定相应的办学结余分配的时间点也应当受到限制，需要在年度财务决算已经完成的情况下才可以开展。2023 年上海市教育委员会印发《营利性民办高等学校办学结余分配工作管理办法（试行）》的通知，规定了营利性民办高校办学结余的分配方法，要求要保障教职工权益，确保其享受较好的待遇，为其依法参加社保和建立补充养老保险制度等；要求民办高校为其建立资助和奖励制度，帮助其完成和提高学业。对民办高校应当具备的办学条件也进行了规定，经费使用方案、资产负债率、流动资金持有、基础设施配备、财务决算制定等方面都应当达到一定的要求。民办高校应当在学校的规章制度中对办学结余的分配方法进行明确的规定，并做好自我审查工作。

6. 过渡期政策规定

2016 年新修订的《民办教育促进法》规定民办学校的举办者拥有营非选择的自主权，但《民办教育促进法》和《民办教育促进法实施条例》都没有对已经成立的民办学校的选择设立为营利性或者非营利性学校的过渡方式进行明确规定，这需要地方政府根据本地情况对其出台细则进行完善。如多地政府设置了不同的民办学校分类登记为非营利学校、营利性学校的过渡期政策，包括过渡期实施手续和过渡期时间长短。在过渡期的时间截点方面，如上海、山东等地都给出了明确的时间截点，上海市规定除了民办学校需要在 2020 年年底完成转设所需要的清算工作，其中民办高等学历教育的学校的完成时间可以晚一年。山东省则规定的时间截点是 2022 年 9 月 1 日。但贵州、广东、北京、陕西等地还未对此规定。

第三节　公民合作办学分类发展原则

高等教育公民合作办学分类发展需要坚持公益性、合规性、平等性、分担性和激励性等原则，涉及多学科的理论交叉组合，包括公共经济学的公共产品理论，管理学的利益相关者理论、风险管理理论等。作为准公共产品的高等教育具有公益性，社会民众都有接受高等教育的权利，需坚持高等教育的公平性。各协议主体之间地位平等，公民合作办学的合同条款设置应遵循以上原则，兼顾经济性、效率性和效果性，减少人为的、不可抗力因素的干扰，提供群众满意的教育服务。鼓励更多的社会资本参与到高等教育办学的同时，需要做好政府财政承受能力与社会资本合理利益的平衡，使其体现社会效益。

一　公益性原则

教育具有天然的公益性，其作为基本公共服务的核心组成内容，关乎人民群众福祉和获得感。我国公共教育服务主要是"三个学段、两个类别"，三个学段分别是免费义务教育、普惠性学前教育资助以及普通高中和中等职业教育国家助学金和免除学杂费，两个类别分别是农村义务教育学生营养改善和寄宿生生活补贴。① 公共教育服务的基本要求就是公益普惠、优质均衡。而高等教育作为学前教育、义务教育和高中（中等职业）教育后的学段延伸，在分类管理背景下亦具有鲜明的且不同于"前置学段"的公益性特征，如独立学院转设并依法确立非营利性民办高校身份、公办高职院校混合所有制办学以及中外合作大学建立等，这些办学实践无不彰显高等教育的公共服务特性，且这一教育服务已经进入公民合作办学模式，这就意味着要充分发挥市场在高等教育资源配置中的决定性作用，其根本就是引入多元化的投资办学主体，向社会大众提供更多且优的公共高等教育服务。因此，无论是何种公民合作办学模式，首先必须服务于公共高等教育的本质属性，就是要坚持公益性原则，这是公共高等教育服务供给的最高价值追求。该原则是由高等教育的本质属性、法律认定以及参与办学者的性质结构决定的。

第一，公共高等教育的本质属性。本书认为，公共高等教育是在2016 年《民办教育促进法（修订案）》颁布背景下产生的，可将其视为分类管理下的公共高等教育服务供给，主要指向非营利性民办高等教育。正如著名经济学家米尔顿·弗里德曼（Milton Friedman）认为，"所有的学校生产的教育服务都具有公共产品属性，私立教育也服务于公共利益，承担了社会责任"。② 从公共经济学角度，高等教育属于准公共产品，其产品属性介于公共产品和私人产品之间，具有有限的非竞争性或有限的非排他性，因此高等教育需要政府和市场共同承担，而公民合作办学无疑符合公共高等教育本质属性的要求。③ 高等教育的准公共产品属性决定了必须进行分类管理，与具有纯公共产品属性的义务教育资源不同的是，高等教育资源具有一定的排他性，因为获得高等教育入学资格需要一定的条件，学生需要在通过了相应的选拔考试和缴纳学费等费用之后才能入学。但高等教育资源具有的消费竞争性较低，如课堂授课时参与听课的学生人数增加并不会明显影响到其他学生的学习效

---

① 薛二勇、李健：《公共教育服务的政策、内涵与任务》，《中国教育学刊》2022 年第 7 期。

② Friedman Milton. *Capitalism and Freedom*, Chicago：University of Chicago Press，2002：32.

③ 甘国华：《高等教育成本分担研究：基于准公共产品理论分析框架》，上海财经大学出版社 2007 年版，第 47 页。

用。根据阿弗里德·马歇尔（Alfred Marshall）的"外部经济"（External economy）的解释，高等教育具有很明显的正外部性，因为它能够让个人受益，也能让其所在社会受益。[①] 就此，即便是营利性高等教育也会因其有外部性存在一定的"公共性"特征，这亦是教育本质属性所致。

第二，高等教育事业的法律认定。从世界范围来看，很多国家基本都是通过法律形式来实现政府在公共利益问题上的权力行使，从而保留政府在公民合作实践中的主导地位和监督作用。高等教育作为牵涉国计民生的重要公共事业亦不例外，其公民合作办学必须遵循公益性原则，这就要加强政府在公民合作办学中的适度干预能力，而不是由于公民合作或者民营化发展反而削弱和抵消政府的作用。从当前我国《教育法》《高等教育法》《民办教育促进法》等相关法律法规及政策规章可以清晰地分辨出高等教育的公益性原则，相应法律条文中都对高等教育的公益性进行了阐述，虽然表述方式不同，但都鲜明地体现了教育的公益性特征。不难发现，我国高等教育公民合作办学就是要坚持教育的公益性和普惠性，保障公民依法享有更加多样化和高质量的受教育机会，这就要求各级政府部门能够依法治教，保证公民合作办学的权利始终归属人民这一主体。

第三，公民合作办学的性质结构。高等教育公民合作办学遵循公益性原则的效果与其参与办学的社会力量的性质密切相关，这就要在开展公民合作办学前，首先要对社会力量参与办学的动机、能力进行调查和筛选。如：公办高职院校开展混合所有制办学，其与社会力量合作的共同追求是培养出具有更高素质的人才，为合作企业（私人合作方）提供高品质人力资本和高技能劳动力，为经济社会发展提供高质量的公共高等教育服务。显然，公民合作办学是要以"最佳价值"选择参与办学的私人合作方，而非是以"价格优势"或"物质获取"的私人利益为导向，[②] 如此才能体现出教育的公益性。从一定角度而言，公民合作

---

① 李治：《我国高等教育财政投入问题研究》，河北科学技术出版社 2019 年版，第 105 页。

② 陈婉玲、汤玉枢：《政府与社会资本合作（PPP）模式立法研究》，法律出版社 2017 年版，第 178—179 页。

办学的公共利益，亦是参与办学主体的核心利益。因此，公民合作办学必须将这一"利益"通过合作协议等法律形式细化为具体条款，并将其作为社会力量参与办学的基本义务，同时明确各个参与办学者的权力和利益构成，特别是要保留政府或公共主体（如公办高校）对私人合作伙伴的监督和检查权利。当然，这些权利的制度和法律设计，并非是要刻意限制"私人合作方"，而是出于对人民群众享有优质公共高等教育服务的考量，从而有效贯彻办学的公益性原则。

二 合规性原则

在全球高等教育治理实践中，随着政府开始积极介入大学治理，大学已经从自治时代迈入合规时代。[①] 当前，我国正处于全面依法治国和推进法治中国建设的深刻变革之中，依法治教无疑是全面依法治国的重要组成部分，在中国式教育现代化发展中具有引领性、基础性、规范性和保障性的重要作用。

党的十八大以来，我国教育事业在法治建设方面取得了巨大进展和非凡成就，不仅对《教育法》《义务教育法》《高等教育法》《职业教育法》等一揽子教育法律法规进行了丰富和完善，而且通过修订《民办教育促进法》对民办教育实践中非营利性与投资办学的矛盾、"合理回报"制度的缺陷以及法人地位模糊不清等长期难以解决的治理问题做出了有效的制度性规范。[②] 显然，民办教育分类管理为高等教育公民合作办学提供了重要的思路方法和实践基础，这亦是发展公共高等教育合规性原则的有益体现。2017 年，国务院发布的《关于鼓励社会力量兴办教育促进民办教育健康发展的若干意见》中明确提出了"分类管理、公益导向、依法管理、规范办学"的基本原则。在公民合作办学过程中，既要对社会资本进行依法规制，而且还要对政府或公共主体的办学行为有所规范，从而全面提高公共高等教育的治理水平。

一方面，从社会力量参与办学看，自从 2002 年《民办教育促进

---

① 姚荣：《告别自治：合规时代的美国大学治理》，《华东师范大学学报》（教育科学版）2021 年第 2 期。

② 董圣足：《民办学校分类管理配套制度及过渡措施研究》，立信会计出版社 2022 年版，第 1 页。

法》颁布以来，提出了鼓励与规范并重发展的指导方针，主要集中在
民办学校设立和设置标准、民办学校招生和广告行为、民办学校收费、
财务制度及法人财产、民办学校内部制度建设、民办学校年度检查等方
面。而 2016 年《民办教育促进法》修订以来，更加突出支持、引导和
规范民办学校发展的战略，要使社会力量在多方面发挥作用，吸引更多
社会资本通过捐助资金、投资等方式与民办高校进行合作，促进民办高
校兴建和发展，特别是要积极引导社会力量举办非营利性民办学校。显
然，分类管理对社会力量参与办学具有重要的方法论意义，是我国民办
教育发展史上里程碑式的制度创新和法律顶层制度设计，这为规范民办
教育发展奠定了法理和制度基础，主要包括民办学校准入和许可制度、
产权制度、法人治理制度、政府扶持制度、外部监管制度以及决策和执
行制度等。[1] 从整体来看，民办学校分类管理及其所派生的诸多制度为
高等教育公民合作办学建立了合规性原则，有力纾解了新时期我国民办
教育发展的现实困境和转型压力，进一步对参与办学的社会资本资质予
以规范化，重塑公共高等教育的外部生态环境和内部治理架构。

　　另一方面，从政府职能和行为看，公民合作办学模式体现了公共高
等教育服务理念和制度创新，而政府在办学实践中扮演着多重角色，既
是公民合作办学规则的制定者和执行者，又是公共高等教育服务供给者
和生产者，还是公共高等教育服务的监管者和利益协调者。[2] 在公民合
作办学中，由于政府在公共服务领域的绝对优势反衬出社会力量的弱
势，[3] 因此推进合作办学必须首先明晰政府在其中的定位、责任以及角
色关系，就是要求政府职能部门在办学实践中简政放权、放管结合、优
化服务、依法履职、规范秩序。2017 年，教育部等五部门联合印发
《关于深化高等教育领域简政放权放管结合优化服务改革的若干意见》，
其根本上就是规范政府的办学行为，让学校拥有更大办学自主权。显
然，高等教育"放管服"是处理好政府、高校和市场三个主体之间关

---

①　董圣足：《民办学校分类管理配套制度及过渡措施研究》，立信会计出版社 2022 年
版，第 31、41 页。

②　湛中乐：《再论我国公立高等学校之法律地位》，《中国教育法制评论》2009 年第
卷。

③　周耀东、余晖：《政府承诺缺失下的城市水务特许经营——成都、沈阳、上海等城市
水务市场化案例研究》，《管理世界》2005 年第 8 期。

系的重大改革举措，明确政府、高校、市场各自的定位与职责权限，形成政府依法管理、学校依法自主办学、社会力量依法参与办学的公共治理新格局，政府应明确在公民合作办学中不同阶段的角色职能，政府在办学筹备阶段是规划者，在合作者竞选阶段是开发者，在融资阶段是引导者，在运营发展阶段是监管者。

然而，过度"合规"会给公民合作办学带来负担。负担一部分来自于中央和地方的法律法规，也来自于繁琐的非立法性的地方行政规章。严苛的合规性规则很可能会降低公民合作办学发展的自主权，损害高校发展的创新能力，增加高校办学经营成本。如：一是公民合作办学自主权包括岗位的设定、人员的聘用、职称的评定等；① 二是高校发展创新能力包括办学理念选择、招生活动开展、人才培养模式、师生管理方式、管理层任免等方面；② 三是办学经营成本的增加是指为满足合规性要求而带来的合规事务工作量的增加和需要增设相应岗位雇用带来的人力成本的增加。在分类管理背景下，不同类型高校公民合作办学面临的合规性成本具有一定的差异，原因在于不同类型公民合作办学面临的合规风险大小不同。如，营利性高校面临的风险构成更加广泛，甚至面临较大的法律风险，包括部分上市营利性民办高校会面临违反信息披露、非法吸收存款、发生内部交易等金融领域风险；非营利民营高校办学资金主要来自于捐资，面临违背捐赠相关法律的风险；公办高校在金融领域参与相对较少，主要受行政法规约束，更多面临违规风险。由此政府对公民合作办学的合规性要求应限定在适度范围内，且针对不同类别高校实行差异化管理。

三　平等性原则

成功、高效的公民合作办学必须建立在双方平等合作提供的基础上，如果没有平等，就不可能有合作，没有合作就无法提供公共高等教育。因此，遵循平等性原则是公民合作办学中的基础性问题。③ 高等教

---

① 别敦荣：《必须进一步扩大高校办学自主权——我国高等教育发展 70 年的经验》，《教育发展研究》2019 年第 Z1 期。

② 郭民：《中国高校创新能力教育探析》，《社会科学战线》2017 年第 10 期。

③ 杨彬权：《政府与社会资本合作（PPP）的行政法规制与纠纷解决机制研究》，中国法制出版社 2021 年版，第 6 页。

育公民合作办学既要维护公共利益，也要兼顾社会资本利益；既要考虑经济效益，更要考虑社会效益；既要受公益性和福利性制约，还要认识到资本逐利性特征并予以合理回报。① 如果社会资本失去办学积极性，民办高等教育将难以实现大发展。总之，高等教育公民合作办学的本质就是政府部门与社会资本双方基于合同契约构建合作伙伴关系，因此契约精神是公民合作的核心，政府部门需要秉持公平、公开、公正精神，并接受合同约束和法律限制，以平等的身份与社会资本开展合作办学。在整个公民合作办学过程中，必须将平等合作原则贯穿始终，以合同或合作协议为合作办学的运行主轴，明确参与办学主体的权利和义务。当然，平等性原则并非公民合作办学的一种理念抽象，而是充分体现在契约治理实践之中，通过政府与社会资本的平等合作以提供公共高等教育服务，推进教育治理体系和治理能力现代化的体现。

从政府部门来看，PPP 框架下的政府不同于传统意义上的"统治型"政府，而是"服务型"政府，是注重提供更多公共服务并具有责任感的政府，主要承担提供物品、定价和管制三类工作任务。② 为了办好人民群众满意的教育，政府必须重构在公民合作办学中的新型治理思维，即让渡传统公共高等教育（公办高等教育）的垄断特权，与社会资本开展合作提供更加多样化的教育服务，满足高等教育普及化时代社会大众的教育需求，从而再造政府对教育的公共管理职责。从一定意义上而言，政府与社会资本合作（PPP）提供公共高等教育服务，与其说是激发社会力量参与办学的热情和积极性，不如说是满足政府发展高等教育事业的需求，更是政府提高自身治理效能的重要契机和途径。不难发现，PPP 模式对政府提出了更高的治理要求，就是要加强政府自身的契约精神建设和培养，要对社会力量参与办学给予充分的支持，包括法律地位、财政扶持和税收优惠等，有效发挥政府在公民合作办学中多重的"服务型"角色。从整体来看，在高等教育公民合作办学模式下，政府部门的职能和治理转型是践行平等性原则的关键，而细化合同条

---

① ［英］达霖·格里姆赛、［澳］莫文·K. 刘易斯：《PPP 革命：公共服务中的政府和社会资本合作》，济邦咨询公司译，中国人民大学出版社 2016 年版，第 168 页。

② 陈婉玲、汤玉枢：《政府与社会资本合作（PPP）模式立法研究》，法律出版社 2017 年版，第 65 页。

款、切实履行约定是促进政府转型的重要制度工具。

从社会资本来看，我国把"private"定义为社会资本，主要是部分国有企业、民营企业、外商投资企业、混合所有制企业以及其他经济、社会组织和中介机构等。在我国新一轮PPP模式改革中，"社会资本"强调其形态，包含的资本主体范围会更广泛。在高等教育领域，公民合作办学中的"民"（社会资本）则具有"形态"和"主体"双重特征。当前，在我国民办高校分类管理背景下，国家鼓励社会资本捐资举办非营利性民办高校，建立公办与民办高校的平等法律地位，给予捐资、出资举办者认可和支持是坚持平等性原则的关键。以我国非营利性民办高校为例，可细分为四种类别，包括无办学者投资，主要依靠学费收入的民办高校，办学资金主要来自于社团、基金或个人捐资的民办高校，投资办学但放弃资产所有权和利润分配权的民办高校以及产权明确但非政府控制的民办高校等四类。以上四类非营利性民办高校，亟须与公办高校形成平等的民事法律关系，从而有效应对民办高校在身份、经费、招生、培养、资助以及教师待遇等方面与公办高校多重不平等的困境，营造平等合作的办学氛围。就此来看，公民合作办学遵循平等性原则，不仅是对社会资本兴办教育的质量保障，而且也是教育公平的充分体现。

政府部门和社会资本之间需要订立平等的契约关系。政府和社会资本之间应该提高信息对称程度。避免在契约订立和履约过程中具有信息优势的一方在在博弈中占据优势地位，凭借信息优势在契约签订和履约过程中执行有利于己方的策略，破坏了政府部门和社会资本间的平等关系，由此保证订立契约的平等性。政府部门和社会资本之间的利益诉求往往并不完全一致，但政府部门往往在契约订立中享有较高的权利，其利益诉求便能够得到更好的满足，社会资本的诉求容易被忽略。为了保障契约关系的平等性，需要给予社会资本在合同的签订和履约过程中拥有谈判的权利，能够以平等的身份和拥有相应的机会与政府部门进行博弈，能够表达出社会资本在该合同项目中期望开始的时间、项目推进方式等，能够获得更高的主动权，拥有更高的积极性和更好地实现自己的利益诉求，而不是仅仅体现政府的意志或按政府方的期望进行合同订立和项目开展。若政府没有切实履约，应当对此承担相应的责任，社会资本方也应得到对应的补偿。在契约订立和履约过程中出现契约以外的意外风险损失时，政府部门和社会资本都应该平等地对此进行承担，不应因权力不对等和信息不对称等原因而让一方承担过多的责任。

四　分担性原则

从高校人才培养、科学研究和社会服务三大职能来看，高等教育发展过程和职能实现本身就是一个长期漫长的过程，因此无论是何种办学主体参与办学都必须接受这一现实和规律。其中，公民合作办学因其周期长，再加之投资大、收益慢、不确定性因素多，导致其办学潜藏着各种风险。可以说，凡是 PPP 项目必然会有风险，为此面对 PPP 模式必须建立科学、有效的风险分担和救济机制，就是要把风险分配给承担相应风险的公共部门和私人部门，降低或尽可能避免 PPP 项目带来的各种风险。在公民合作办学框架中，必须建立政府部门和社会资本的风险分担性原则，比如政府既不能把合作办学风险过高地甚至全部转移给社会资本参与方，也不能搞大包大揽承担超出自己职能范围的风险，应把风险分配给最能控制风险的办学主体的原则，有助于构建科学、合理的风险分担机制。如：遵循受益最大者多承担风险；规避风险成本最小者分担风险；最能够承担风险者承担风险；风险偏好者多承担风险；损失最大者规避风险；最有责任能力者承担风险。[1] 具体而言，构建和遵循高等教育公民合作办学各个主体间的风险分担原则，必须坚持风险成本最低、风险收益对等以及风险动态分担三项子原则。[2]

第一，风险成本最低原则。该原则指风险在各主体之间进行合理分担后，使风险的总成本达到最低。风险承担成本的高低由各方对相应风险的控制力高低决定，风险控制力高的一方有着相对更低的风险控制成本，可分配相对更多的风险，从而实现风险总成本最低。在公民合作办学中，社会资本参与办学本身就提供了较丰富的物质和人力资本，以及知识、管理和技术等生产成本，此时政府部门（包括公办高校）有必要积极参与人才培养过程中包括课程设置、师资建设、教材选定等工

---

①　刘尚希、赵福军、蒋天文、陈少强：《政府和社会资本合作（PPP）立法基础理论研究》，中国财政经济出版社 2019 年版，第 57—107 页。

②　刘向杰：《公私合作（PPP）项目的政府运作机制研究》，黄河水利出版社 2019 年版，第 99 页。

作，降低办学成本风险，有效发挥政府部门对各类办学风险的管控能力。显然，引导社会资本参与公共高等教育服务供给在践行风险分担原则时，政府或公办高校等必须要担负起"兜底"的保障作用，不能简单地将风险转嫁给投资方社会资本。从根本来看，降低公民合作办学的风险成本，主要是对政府部门风险控制能力的考验，首先要对风险有较为准确的理解，由此对办学风险能够进行合理地评估并对此做出预判，从而能够对风险进行较为全面的控制，包括在风险事件发生时能采取适当的措施以及在风险事件发生后做好善后工作，减少风险事件导致的损失。①

第二，风险收益对等原则。该原则是指风险和收益应当是相匹配的，承担风险的义务和获得收益的权利也是对应的，承担风险损失更多的时候也应当拥有更高的补偿。② 在公民合作办学过程中，涉及政府、企业、高校以及其他社会组织等多元办学主体的多方利益，如果有一方在办学中所获得的经济和社会效益是最大收益者，此时产生的风险理应由该方承担。譬如：企业参与高职混合所有制办学，不仅会给自己带来一定的直接经济利益，而且还会培育难以估量的人才资源储备和社会影响力，而这必然会促进企业的可持续发展。显然，企业参与办学的获利不只是关注眼下，而更应是放眼长远。因此，企业在参与办学前期可能会面临较大的和不确定性风险，从一定意义而言这与中后期的收益和回报是成正比的。当然，政府和高校主体应该加强法律和政策层面的风险分担，切实履行合同或合作办学协议，保障企业参与办学的利益。总地来说，公民合作办学中各主体所遵循的风险收益对等原则，不只是对各主体办学风险分担的优化，建立对称的风险信息，③ 关键是促进办学责任与利益达到平衡，激发社会资本办学热情。

第三，风险动态分担原则。该原则是指各协议主体间风险分担方案要根据风险的动态变化而进行动态调整，因此风险分担必须建立动态机制原则。在 PPP 项目推进过程中，由于各主体所处的内外部环境可能

---

① 许振宇：《突发事件风险管理方法与实践》，西北大学出版社 2020 年版，第 19 页。

② 胡丽：《城市基础设施 PPP 模式融资风险控制研究》，重庆大学出版社 2013 年版，第105、109 页。

③ 欧纯智、贾康：《PPP 项目健康运行的风险分担研究》，《社会科学战线》2018 年第 9期。

发生变化，其遇到的风险属性和大小亦有所差异，甚至会产生新的风险点，有必要根据风险变化情况调整风险分担分配和安排。从我国独立学院转设、高职混合所有制办学、中外合作办学实践等一系列社会力量兴办教育实践来看，不难发现上述实践具有鲜明的办学阶段性特征，由于办学本身就是一项周期较长的过程，各办学主体之间的利益关系和结构会随着办学深入而发生变化，其外部环境和合作成效必然会与其办学风险形成因果关系，譬如独立学院转设后可能会形成公办、非营利民办和营利性以及终止办学 4 种路径选择；高职混合所有制办学无论是从学校还是二级学院层面，亦会由于确权比例的变化重新构建治理结构；中外合作大学在引入外资（包括资金、师资、管理等）上的利益分配亦容易产生分歧，特别是疫情的影响以及逆全球化冲击，对中外合作办学产生了诸多风险。面对如此复杂多样的办学环境，公民合作办学亟须因势利导、因机而变，对办学风险进行周期性动态调控。

五　激励性原则

在 PPP 框架下，不能只是强调对合作项目的规范性监督监管，而且还要突出对社会资本参与的激励性办法和举措，合理、有效的激励机制设置可以减少不道德现象的发生，提高公私合作项目的总收益。[①] 就当前我国高等教育公民合作办学情况来看，政府和公办高校主体一相情愿较多，而社会资本参与合作办学的意愿和积极性却不高。如：实施分类管理以后，在扭转民办高校投资办学的"合理回报"惯性问题上，一些民办高校对未来发展产生了诸多困惑和迷茫，甚至在选择营利和非营利性时，一些民办高校还出现了"观望"和"拖延"的现象；[②] 又如：企业参与高职混合所有制办学（包括校企合作）亦存在动机不强、动力不足等现实问题，以至于双方合作的黏性不强，不少合作办学都"半途而废"。[③] 基于此，有必要全面认识社会资本参与公共高等教育供

---

① 刘向杰：《公私合作（PPP）项目的政府运作机制研究》，黄河水利出版社 2019 年版，第 69 页。

② 段淑芬、杨红娟、阚明坤：《民办高校营利或非营利性质选择困境及其对策——基于行为决策理论》，《高教探索》2021 年第 1 期。

③ 张蕾：《混合所有制职业院校的发展困境与破解思路》，《职业技术教育》2018 年第 1 期；李玉芬：《新时代职业教育产教融合生态圈的建构》，《教育与职业》2018 年第 20 期。

给的关注点，消除社会资本办学的后顾之忧，政府或公办高校主体要着力建立基于激励性原则的合作机制和举措，鼓励社会资本参与合作办学，引导其为人民群众提供多样化、高质量的公共高等教育服务。从一般情况看，社会资本参与 PPP 项目的关注点主要集中在风险安全和收益成本两个方面，本书就此来分析公民合作办学的风险问题。

从办学风险安全来看，社会资本参与公共高等教育服务供给，首先考虑的是自身出资、投资、捐资及合作办学的风险安全问题，其次才是参与办学的经济和社会效益。社会资本办学的安全问题主要取决于政府或公共高校信用、决策以及社会资本话语权三个方面。[①] 一是在信用方面，政府或公办高校必须严格遵守和履行签订的合作协议，树立公共部门的契约精神和公信力，如在高职混合所有制办学中不能简单地以土地市场价格变化来反复确权，压缩性调整社会资本办学方的产权比例，而是应该从办学贡献和人才培养质量来进行衡量；二是在决策方面，主要集中在公民合作办学中政府、公办高校办学方的决策失误谁来埋单的问题，因为缺乏科学民主的地方政府或公办高校决策很可能会损害社会资本办学方的利益，就此便涉及办学风险分担原则和机制，因为风险归责和回避亦是对社会资本参与办学的激励与约束；三是在话语权方面，主要是指政府、公办高校办学者能否遵循高等教育市场规律，就是排除对国家利益、公共利益损害以及约定的情况之外，公共部门主体不应干预公民合作办学中的"市场行为"，如政府不仅鼓励社会力量捐资举办非营利民办高校，同时也要依法支持营利性学校发展。

从办学成本收益来看，社会资本办学者不论是捐资办学，还是投资办学都会考虑合作办学的成本问题，特别是投资办学者更看重收益和回报。自民办学校分类管理实施以来，以投资办学为特征的民办高等教育取消了"合理回报"，但是大量的校企合作项目实践仍然存在"投资办学"现象，如混合所有制高职院校将社会资本参与办学的"投入—收益"以股权的形式写入合作办学协议之中，这种"引资入校"的做法意味着以企业为主体的社会资本办学方不仅具有办学回报诉求，而且还期望办学收益最大化。相较之，政府或公办高校等办学

[①] 陈婉玲、汤玉枢著：《政府与社会资本合作（PPP）模式立法研究》，法律出版社2017年版，第142—143页。

者则希望所提供的公共高等教育"物有所值"，显然政府与社会资本对办学成本和收益的认知和期许完全是不同的，因此政府部门在 PPP 框架下常常通过定价机制寻找和社会资本办学方的平衡点。一方面，政府或公办高校必须对合作项目的成本结构和内容进行有效核算，比如生均成本是公民合作办学成本的重要指标，并就专业规划、教材开发、课程设置和实习实训等内容予以充分考虑和计算；另一方面，对社会资本办学者而言，参与办学可以适度盈利但不能以营利为目的，政府部门可以通过调价机制对社会资本的收益进行调整，可对低于成本的进行补贴激励。

　　坚持公民合作办学的激励性原则，实际上提高高等教育领域的竞争性，从而促进高校办学体制、管理体制和投资体制的创新改革，促使高校在人才培养、校企合作等多方面进行创新，以在市场上占据优势地位。为此，中央和地方政府需要根据高校营利属性特点对不同类型高校给予不同支持政策，从激励性政策层面鼓励不同类型高校创新。譬如：非营利民办学校的创新能力激发和培养也需要政府作用的发挥，政府购买服务、土地优惠政策、税收优惠政策等方面的措施都能够起到一定的激励效果。在政策制定方面要注重调动民营企业的积极性，地方政府可以设置较为具体的激励办法促使其开展具有创新性的活动，如在规定具体的财政支持民办高校发展的专项资金的额度、奖励补助的具体标准等。不仅可以对高校进行激励，还可以对利益相关者进行激励，包括激励校长和管理者、教师群体、社会资本以及受教育者等，从整体上促进高等教育公民合作创新发展。

第四节　公民合作办学分类发展标准

　　高等教育分类发展并非是我国特有的现象，而是具有全球性特征。但是，围绕社会资本参与公共高等教育供给的分类发展问题，各国政府的做法各有差异，其首先就是要建立分类发展标准。根据各国高等教育公民合作办学实践，可归纳为以下四个标准：一是按照公私属性分类，如日本和俄罗斯；二是按照是否营利分类，如美国和拉美三国；三是按照认证资质分类，如英国和欧陆国家；四是按照我国民办教育发展特征进行理论分类设计，包括四分法、三分法和两分法等。

一 按照公私属性分类

（一）日本经验

第二次世界大战后，日本相继颁布了《教育基本法》（1947 年）、《学校教育法》（1947 年）和《私立学校法》（1949 年），奠定了日本高校分类发展的法律基础，将高校分为国立高校、公立高校和私立高校分类管理，特别是推进私立高校的设立、管理以及公共性发展提供了组织保障和法律依据。在这一背景下，日本高等教育体系形成了以国立大学为核心和以私立大学为主体的基本架构。据日本文部科学省统计，从 1980—2020 年期间，国立大学从 93 所减少为 82 所，公立大学从 34 所增加为 91 所，而私立大学数增加最为突出，从 319 所上升到 592 所。① 正如美国著名高等教育研究学者罗杰·盖格（Roger L. Geiger）所说："美国 70% 的本科生上公立性质的州立大学，而日本刚好相反，70% 的本科生上私立大学。"② 不难发现，无论日本国立、公立和私立大学数如何变化，其以公私属性为分类管理依据的特征是显而易见的，建立了各具办学特色和差异化发展定位的体系结构，其中尤以秉持公共服务精神的私立大学堪称是日本高等教育发展的亮点和焦点。

从分类管理阶段性特征来看，第二次世界大战后日本私立高等教育经历了从"规制"到"规制缓和"再到"自由放任"的发展过程，但始终强调学校法人制度的"公共性"和"自我责任"的特性，可以说日本私立大学制度的形成和构建与其公共特性紧密相关。一是从经费支持来看，日本文部科学省通过私立学校振兴与共济事业团（原私立学校振兴基金会）为私立大学提供了教育教学、科学研究以及教师薪酬等方面的经费补助，提高了私立大学的办学质量和经营水平，并重点支持一批私立大学开展特色化转型发展；③ 二是从法人治理来看，私立大学法人制度的建立不仅有助于规范出资者的办学行为，而

① 学校基本调查：教育、文化、体育、科学和技术部（mext. go. jp）。日本文部科学省［EB/OL］，https：//www. mext. go. jp/。

② Geiger, R. L. Priuate Sectors in Higher Education AnnArber：University of Michigan Press，1986：34.

③ 鲍健强：《日本私立大学的研究》，《高等教育研究》2000 年第 2 期。

且还使学校内部（出资者、教师和学生）和外部（政府和社会）形成各自的利益平衡机制，保证私立大学办学的独立性以及教育公共性的发挥。正如有学者所说，日本私立大学在广义上已经不是纯粹的私立性质，它具有一定的公共属性，甚至可以称为一所公共机构。日本私立大学招生规模较大且拥有较高程度的政府财政支持，[①] 其在勃兴发展的同时，与国立、公立大学之间形成了良性竞争和特色构建的办学生态。

从整体来看，日本国立、公立和私立大学在各自办学实践中形成了一定的特色和区分度。第一，从发展定位看，国立和公立大学以研究型为目标和定位，强调基础研究和产学研合作，积极促进产业创新发展，突出科研反哺人才培养，肩负引领社会经济发展的使命。[②] 而私立大学则是典型的"教学型大学"，以文科教育和新兴专业为主，是承担日本高等教育普及化发展的主导力量；[③] 第二，从资金来源看，国立和公立大学能获得大量的财政性拨款，以及社会捐赠和服务型创收，而私立大学则只能获得有限的公共财政补助，其经费来源主要是靠学生学费和学校创收；[④] 第三，从办学自主性看，私立大学的办学自主权要优于国立和公立大学，主要表现在管理层和教师员工的自主聘用、招生录取的自主选拔以及学科专业设置以及课程教学的自主选择等；[⑤] 第四，从管理模式看，私立大学多实行校院两级管理体制，管理层级少、办学效率高，其学术管理工作由教师参与决策。[⑥] 基于以上分析，日本高等教育体系业已形成公私并举的分类管理模式。

（二）俄罗斯经验

20 世纪 90 年代初期苏联解体和东欧剧变以后，俄罗斯成为完全独

　　① 胡国勇：《从追求"公共性"到强调"自我责任"——日本私立大学学校法人制度的形成与改革》，《教育发展研究》2009 年第 8 期。

　　② 阙明坤、潘秋静：《大学如何以分类发展形塑办学特色——基于日本私立大学改革实践的思考》，《教育发展研究》2022 年第 21 期。

　　③ 胡建华：《日本私立大学的发展特点及其启示》，《教育研究》2001 年第 8 期。

　　④ 王幡：《简论日本私立大学的发展及其特质》，《日本学刊》2010 年第 3 期。

　　⑤ 胡国勇：《从追求"公共性"到强调"自我责任"——日本私立大学学校法人制度的形成与改革》，《教育发展研究》2009 年第 8 期。

　　⑥ 韩晓琴、康伟：《日本私立大学的管理特色及其对我国高校质量管理的启示》，《理论导刊》2011 年第 1 期。

立的联邦制国家，开始实行政治经济体制转轨发展，同时也引发了高等教育办学体制、管理体制和投资体制改革。1991 年，《俄联邦教育发展纲要》明确规定支持非国立教育机构，自此拉开了新时期私立高等教育发展序幕，实现了高等教育公私并举的发展新局面。非国立高等教育机构的出现，是俄罗斯市场化改革的一个关键内容，体现出高等教育的有限市场化改革。如《俄联邦教育法》规定非国立教育机构是非营利性质的，其参与办学者可以是国内外企业、社会或宗教团体组织以及公民个人等；不允许非国立学校私有化，且非国立学校中仅有普通教育而非职业教育学校能够享受国家拨款。在 20 年的发展期间，俄罗斯非国立高等教育机构从不到 300 所增长到 650 多所，其在校生数占到整个高等教育学生数的 17%。① 尽管私立高等教育规模在俄罗斯高等教育体系中的比例并不高，但还是对国立高等教育进行了有益补充，丰富了公共高等教育服务的供给模式。

俄罗斯高等教育分类管理不仅具有明确的公私属性依据，而且还具有公私合作办学的特征。正如有学者指出，俄罗斯非国立高等教育具有世界私立高等教育的许多典型特征，但有一个显著特点是其他国家私立高等教育所没有的，即相当多的公立组织参与创办了非国立高等教育机构，并以公共资源（如教学场地、设施和师资等）为非国立高等教育机构提供支持。② 根据俄罗斯相关统计，大部分非国立高等教育机构都与国立高等教育机构和公立学术研究机构有不同程度的合作，包括以其作为学校创办者或者共同创立学校。一方面是来自俄罗斯政府对教育私有化的政策立场和法律规制；另一方面是因为非国立高等教育机构的办学质量难以获得民众的认可。③ 俄罗斯非国立高等教育机构发展受到政府和公立组织的大量支持，他们也能够从中获得许多收益，比如能够获得相应的投资回报以及能够在非国立高等教育机构中建立办学试验基地等。相较之，国立大学在俄罗斯高等教育系统中具有主体地位，位于系

统中的最高层次，且多数属于国立性质的联邦级，联邦政府为其提供财政拨款并进行直接管理。

二　按照是否营利分类

（一）美国经验

美国高等教育系统包括公立高等教育、私立非营利性高等教育和私立营利性高等教育三类。[①] 从是否营利的角度来看，美国高等教育构建了非营利私立性高校和营利性私立高校两类发展路径及制度安排。一是非营利私立高校，这一类高校既包括像哈佛大学、耶鲁大学和斯坦福大学等世界顶尖名校，也包括像威廉姆斯学院、韦尔斯利学院等小型精英文理学院，主要是依靠慈善和捐赠建立起来的。据统计，有62.02%的非营利性私立高校的举办者是宗教或神职人员，有9.14%的举办者则是来自富豪和精英阶层。[②] 不难发现，美国民间社会力量（企业、慈善组织、财团法人）通过捐赠参与办学已经成为非营利私立高校的重要机制。美国一流非营利私立高校之所以能吸引广大优秀校友前来捐赠，与其自身的高质量办学息息相关，[③] 这从侧面表明了非营利私立高校在美国高等教育系统中处于较高的办学层次，从卡耐基大学分类看是位于金字塔塔尖。概言之，捐资办学是美国非营利私立高校办学的基本特征。

二是营利性私立高校，正如理查德·鲁克（Richard S. Ruch）所说，美国营利性大学实际上是"高等教育公司"，[④] 如：阿波罗教育集团公司（Apollo Education Group, Inc.）、德夫里教育集团公司（DeVry Education Group, Inc.）等，都是以企业的方式开展高等教育活动。这类学校把学生视为客户，开设劳动力市场需要的专业和课程，以及努力

---

① 罗杰·L. 盖格、唐纳德·E. 海勒、杨素红：《私有化与美国高等教育财政的新趋势》，《北京大学教育评论》2011年第1期。

② 申政清、王一涛、董圣足：《非营利性民办高校的经费如何筹措——基于美国非营利性私立高校的比较》，《现代教育管理》2018年第1期。

③ 崔来廷、崔凯：《美国一流私立非营利性大学社会捐赠机制及其特点》，《现代教育管理》2015年第4期。

④ ［美］理查德·鲁克：《高等教育公司——营利性大学的崛起》，于培文译，北京大学出版社2006年版，第79页。

成为上市公司等，显然学生兴趣、雇主需求以及资本市场成为其办学的基本特征。当然，是否需要纳税也被视为是区分非营利性和营利性办学的重要判别标准。① 从办学层次来看，营利性高校主要集中在职业技术学院和社区学院，处在美国高等学历教育系统中的"底层"，但事实上非学历教育才是其办学的主营业务。尽管营利性高校属于公司性质，但由于教育具有公益性，因此美国联邦政府不仅允许学生申请助学贷款等以获得政府支持，而且还对其办学可能出现的股市动荡、金融危机等市场风险进行监管和防范。综合来看，营利性私立高校是美国高等教育系统中的重要力量，如今仍存在规模扩张的发展趋势。

（二）拉美的经验

近三十年来，拉丁美洲国家的高等教育系统越来越倾向发展成为一种独特模式，人们将其称为"教育拉美化"，即私立学校质量高，公立学校质量低；富人上私立，穷人上公立。实际上，这一现象意味着私立高等教育在整个拉美国家代表着一支"特殊群体"的力量，而这股力量以及被放大的"私立"因素正在加速教育的逐利性。正如国际著名私立高等教育研究学者丹尼尔·列维（Daniel C. Levy）所看到的，合法的营利性高等教育机构正在拉美地区迅速兴起，由于入学人数比例之大已经远远领先世界其他地区和国家，形成了独特的营利性高等教育的"拉美景观"。② 在这一背景下，私立高等教育的营利性问题无疑成为拉美国家高等教育制度安排不可回避的政策命题。在法律层面上，"营利"意味着将收益分配给股东，而"非营利"则要求将收益重新投资于办学。即便如此，看似清晰的法理分界也难以解释拉美私立高等教育合法营利的界限，这反映出人们对教育的公益性与营利性能否兼容的质疑，同时也体现出拉美私立高等教育"营非两分"的现实困境。

拉丁美洲营利性私立高等教育最为集中的国家依次是巴西、秘鲁和智利。首先是巴西，当前巴西营利性私立高等教育机构有 330 万学生注

---

① 杨程：《营利抑或非营利：民办高校分类管理的政策与实践》，北京理工大学出版社2019 年版，第 87 页。

② ［美］丹尼尔·列维：《拉丁美洲国家与高等教育：私立对于公立主导地位的挑战》，周保利、何振海译，北京师范大学出版社 2016 年版，第 176 页。

册，占到全球（800 万）的 40%，远远超出了本国公立和非营利私立高等教育机构的学生数，可谓是全球营利性高等教育的巨头。[①] 在这一现实中，很大程度是非营利性私立高等教育机构转向成为营利性高等教育机构，因为政府要求非营利私立高等教育机构必须明确地做出是否营利的选择。为此，巴西明文规定，营利性学校必须缴纳与企业一样的营业税，这一支出占到学校收入的 35%，主要包括所得税、职工社会保障税等，而学校的利润则被视为投资者个人所得，可以自由支配、不做限制。[②] 在巴西，营利性私立高等教育机构已经与公立、非营利性私立高等教育形成竞争和对峙的关系格局，面向较低层次且需求性高的群体，往往被视为是文凭工厂。相较之，占比较小的非营利性私立高等教育，主要是由宗教和慈善机构举办，其办学层次较高，主要以人才培养为主，多为夜校课程和经济、管理等社科专业。

其次是秘鲁，其营利性私立高等教育机构招生人数高达 70 多万人。据统计，2015 年秘鲁在其高等教育大众化进程中创下招生人数新高，其中私立大学人数达到近 98 万人，而公立大学仅有其 1/3。[③] 显然，秘鲁私立高等教育的爆炸式增长，与其私人投资办学的偏好紧密相关。[④] 最后是智利，尽管智利在私立高等教育机构的注册人数低于前两个国家，招生人数削减为 34.3 万人，但其营利性实践要早于巴西和秘鲁。[⑤] 早在 20 世纪 80 至 90 年代，私立高等教育在整个智利高等教育系统中占绝对优势，其中专业学院和技术培训中心在巅峰期高达 97.5%。[⑥] 为此，有学者将智利私立高等教育置于全球高等教育发展来看被视为是一

①　丹特·J. 萨尔托、丹尼尔·C. 列维：《拉丁美洲的营利性高等教育：例外还是前兆》，《国际高等教育》2021 年第 9 期。

②　薄云：《拉美私立高等教育发展研究：以巴西、墨西哥、阿根廷和智利为个案》，厦门大学出版社 2017 年版，第 38—39 页。

③　Universidad Nacional Mayor de San Marcos-UNMSM. Universidad Nacional Mayor de San Marcos. Historia. [EB/OL]. (2015 - 09 - 21) [2020 - 05 - 01], http：//www. unmsm. edu. pe/home/inicio/historia.

④　冈萨洛·巴切特·雷伊、王语琪：《秘鲁高等教育大众化的经验与启示》，《复旦教育论坛》2020 年第 4 期。

⑤　丹特·J. 萨尔托，丹尼尔·C. 列维：《拉丁美洲的营利性高等教育：例外还是前兆》，《国际高等教育》2021 年第 9 期。

⑥　王留栓：《智利的私立高等教育》，《国际高等教育研究》2004 年第 3 期。

种"新例外主义"。① 综合来看,秘鲁和智利的私立高校办学经费主要以学费为主,"营利"始终是其谋生之道,而这与两国政府的财政紧张状况、对教育投资的贷款和减税政策以及允许外资进入开展营利性模式也是不无关系。因此,两国采取营利性与非营利性分类办学,特别是对假借非营利而追求营利进行严格监管。

三 按照认证资质分类

(一)欧洲大陆经验

欧洲大陆国家的高等教育与美国、英国的高等教育模式都不同。美国的高等教育更加多样化,英国高等教育发展则有较多的限制,欧洲大陆国家高等教育更体现出一种公共服务的理念。② 因此,像德国、法国、荷兰、比利时等高等教育发达国家依然是以公立高等教育为主,即便是一部分私立高校(含教会学校)由于接受了公共资助,其私立特性并不明显。从这个角度而言,这些主要的欧陆国家高等教育在公私分类的意义上并不大,但他们在"公共"和"私立"之间的张力关系则存在于另一种表现形式——政府规制与大学自治。换言之,当公私分界在欧陆国家高等教育体系中失去分析效力时,基于法律法规的办学资质认证成为这些国家高校分类管理和质量保障的主要标准。

在德国,自两德统一以来,越来越多的适龄青年选择接受高等教育,从1992年的占在校生数的0.6%增长到2011年的5.3%。相较之,公立高校在校生数增长则较为缓慢。③ 据相关统计,截至2021年,德国公立高校272所,私立高校148所(含教会学校),公立高校仍是德国高等教育系统的主体。自20世纪90年代以来,特别是欧洲博洛尼亚进程的推进,私立院校(含教会院校)成为德国高等教育体系中的"活跃分子",且其规模扩张态势呈现出动态特征,这些新兴的私立院

---

① 安德鲁斯·博纳斯科尼:《关注学术的私立高等教育:智利的新例外主义》,《浙江树人大学学报》(人文社会科学版)2013年第2期。

② 陈涛:《大学公私界限日益模糊:全球现象与动态特征》,《复旦教育论坛》2015年第4期。

③ 陈涛、邬大光:《高等教育公私并举与分类管理走势分析——基于中、法、德三国经验的视角》,《教育研究》2017年第7期。

校大多属于应用科技大学类型，被冠以"学校"（School）以示区分，并且要接受认证管理。2000 年，德国科学委员会出台《关于认证私立大学的建议》要求从制度上明确应用科技大学的学位授予权应归属于国家，各州根据各自法律通过认证对其办学条件和质量进行认证，只有被"国家认证"的私立院校才能有招生资格。① 如《不莱梅大学法案》对私立院校提出了和公立院校相同的要求，私立院校的研究项目开展水平并不能够比公立院校低，且他们需要实现相同的研究目标。总之，私立院校的认证管理已成为分类管理的重要举措。

在法国，从中世纪的私立教会学校盛行到法国大革命和拿破仑推行高等教育的帝国垄断，从 19 世纪 30 年代天主教与国家围绕"公共教育"的辩论到 20 世纪 80 年代颁布《萨瓦里法案》强调大学自治，法国高等教育体制经历了起起伏伏的变化。法国一贯将高等教育视为公共产品和社会福利，公立高校在高等教育系统中占据支配地位，私立高校只占少部分。即使这些少数的私立高校，也是在公共部门的资助和监督下提供的。自 20 世纪 80 年代以来，法国的国家评估委员会发挥了越来越关键的作用，它能够对私立学校发展状况提供专业的外部评估服务。国家评估委员会是政府的一部分，它的评估结果决定了政府是否会允许相应私立学校拥有兴办和获得学位授予的权利，并会根据私立学校的评估结果决定对其给予财政支持的额度。② 为此，法国政府就私立院校是否与政府签订契约关系分为"签约学校"（有补助）和"未签约学校"（无补助）两类。③ 从法国公共高等教育系统来看，私立院校无疑是系统的组成部分，但其发展规模和私立特性又都是微乎其微。显然，公私分类未能成为具有实质性的法国高等教育分类管理，而政府认证和契约签订则是有效实现分类管理的重要手段。

在荷兰，公立和私立高等教育之间的传统区分非常模糊。一般而

---

① 王兆义：《私立大学是德国高等教育体系中的"活跃分子"［EB/OL］.（2022－06－18）［2023－03－26］，https://mp.weixin.qq.com/s/Q13G8KyT2WqQyKwX1rUG9g。

② 陈涛、邬大光：《高等教育公私并举与分类管理走势分析——基于中、法、德三国经验的视角》，《教育研究》2017 年第 7 期。

③ 周海涛等：《民办学校分类管理政策研究》，经济科学出版社 2016 年版，第 67—68 页。

言，公立高校的举办者是政府，而私立学校的举办者是其他社会组织，包括宗教团体等。但是从 20 世纪 70 年代以来，荷兰私立高等教育就开始接受与公立高校同水平的经济支持。① 为此，荷兰高等教育分类管理体系形成的关键是与其政府的张力关系的重建，而这一关系主要起源于 1985 年《高等教育：自治与质量》白皮书（*Hoger Onderwijs：Autonomie en Kwaliteit*，HOAK），立足于 1993 年的《高等教育与研究法案》（*Wet Hoger Onderwijs en Wetenschappelijk Onderzoek*，WHW）。20 世纪 80 年代以来，荷兰一改中央集权的高等教育管理体制，提出"质量换自治"的政策，而教育认证成为荷兰高等教育质量保障和分类管理的重要思想和机制。② 因此，有学者指出，荷兰高等教育体系已具有公共投资院校或认证院校的趋势，而不再是公立院校与私立院校。③ 随着欧洲博洛尼亚进程的开启，荷兰认证院校被赋予了更具竞争力和互认度的认证职能，树立了大学自治和政府问责有效接触的案例。

在比利时，经过 1989 年联邦政府改革后，弗拉芒区高校继续分为政府设立的院校和政府资助的院校（grant-aided）（即"公助型院校"）两类，其中后者就是人们所认知的私立院校，但他们与公立院校接受一样的资助。④ 20 世纪 70 年代，比利时公私立大学在政府资助方面的差别是微不足道的，而这也是美国、日本等私立高等教育较为发达国家望尘莫及的。⑤ 尽管"公助型院校"可以决定其管理结构，但也要遵守政府为公立学校制定的法律法规。与荷兰一样，比利时政府亦重视通过认证和评估监管大学，如弗拉芒区设有荷兰－弗拉芒认证组织（Neder-

① ［荷］卡尔·萨勒诺：《荷兰高等教育市场的发展：迅速扩张与广泛放权》，［葡］佩德罗·泰克希拉等编：《理想还是现实——高等教育中的市场》，胡咏梅，高岭等译，北京师范大学出版社 2008 年版，第 322 页。

② 刘学东、汪霞：《荷兰高等教育认证发展研究》，《教育研究》2016 年第 9 期；滕曼曼：《荷兰高等教育质量保障中大学自治与政府问责之间的张力关系及其实现路径》，《外国教育研究》2017 年第 9 期。

③ ［荷］卡尔·萨勒诺：《荷兰高等教育市场的发展：迅速扩张与广泛放权》，［葡］佩德罗·泰克希拉等编：《理想还是现实——高等教育中的市场》，胡咏梅，高岭等译，北京师范大学出版社 2008 年版，第 341 页。

④ DE WIT K. Regulatory Frameworks in Higher Education Governance：policies，rights and responsibilities［R］. Belgium：Flemish community，2006.

⑤ ［美］罗杰·盖格：《比利时私立高等教育的发展研究》，柯佑祥译，《中外高教研究》1991 年第 3 期。

lands-Vlaamse Accreditatie Organisatie，NVAO）。① 此外，弗拉芒政府还通过建立高校年度报告制度、派遣政府和财政监督专员等方式对高校进行管控。② 相较于 1989 年集权式的高等教育，近 30 年来比利时政府正努力建立一个强调分权和自治的公共高等教育体系。从整体来看，比利时高等教育同样面临模糊的公私界限，取而代之的是合规与有限自治相结合的认证院校趋势。

（二）英国经验

英国高等教育体系内部的公私界限是难以清晰界定的，因为其诸多办学实践和现象都呈现出"公私模糊"的特征。如：英国白金汉大学没有获得过政府的财政支持，它也由此认为本校是英国仅有的一个私立性质的大学。③ 又如：传统意义上那些由私人或宗教组织捐赠创建的牛津、剑桥等知名学府理应属于私立性质，但因为这些高校又接受了政府拨款，所以很难将其简单归类。正如有学者研究指出，英国大学是公还是私是个令人困扰的问题，有必要从设立者、所有者、资助者和治理者等多重维度进行分析和理解。④ 但是从英国实践经验来看，无法有效分类的英国大学并未受到太大的影响，他们选择从高等教育认证的角度开展外部监管、拨款资助以及分类评价等工作。自从 20 世纪 60 年代起，英国高等教育建立了第一个高等教育质量保障组织——国家学位委员会（CNAA），主要评估对象是多科技术学院；80 年代末期，在大学拨款委员会（UGC）的基础上又形成了大学基金委员（UFC）和多科技术学院基金委员会（PCFC）；90 年代初，先后成立了高等教育质量委员会（HEQC）和英格兰高等教育基金委员会（HEFCE）；2016 年，HEFCE被并入到了新设立的学生办公室（OfS），成为了单一的功能集约复合型市场监管机构。⑤

①　雷军、蔡永红、王迪：《比利时高等教育的管理体制、特点及其启示》，《国家教育行政学院学报》2014 年第 6 期。

②　［比］Jef C. Verhoeven. 从欧洲的三个国家看大学与政府关系的变化》，郭歆译，《清华大学教育研究》2003 年第 10 期。

③　陈涛：《大学公私界限日益模糊：全球现象与动态特征》，《复旦教育论坛》2015 年第 4 期。

④　喻恺：《模糊的英国大学性质：公立还是私立》，《教育发展研究》2008 年第 Z3 期。

⑤　陈涛、邓圆：《外部依赖与内部整合：英国学科评估改革的工作逻辑及发展轨迹——兼论中英两国学科评估的异同》，《外国教育研究》2020 年第 9 期。

英国高等教育认证与评估改革的六十年，正是英国高等教育规模迅速扩张的六十年，追求质量、效率和绩效成为英国高等教育发展与改革的核心命题，因此以评估为基本特征的"评估型"政府成为英国乃至欧洲国家普遍选择的模式和路径。但与其他欧洲国家不同的是，英国大学与政府之间建立了基于第三方评估组织的"缓冲器"，上述组织及其功能的变迁从一定意义上保证了英国大学自治的历史传统和"私立"特征。从整体来看，英国高等教育认证和评估机构主要有如下职能：一是拨款评估。高等教育第三方组织的首要职能就是拨款和评估，通过引入市场竞争机制来分配财政经费和资源；二是质量保障。这些第三方组织的业务工作包括院校评估、学科评估、科研评估和教学评估等，其根本目的是通过评估标准进行外部质量监管；三是管理协调。第三方组织在大学和政府之间发挥中介作用，能相对中立地协调二者间的关系，能促进政府、市场和大学建立合作型治理关系；四是决策咨询。这些第三方组织均是由专业人员组成的研究和决策团队，它们可以有效地帮助政府和大学制定政策，并提出切实可行的政策方案和建议。

从历史纵向发展来看，英国高等教育经历了多科技术院校（公共控制的非大学）和普通大学（自治的大学）之分，形成了典型的"二元制"办学体制。直到1992年后，随着《继续与高等教育法》的颁布，34所多科技术学院和其他院校全部升格为大学，自此建立了"一元制"的办学体制，结束了英国高等教育大学与非大学的二元结构时代。显然，英国大学并没有明确的公私办学类型之分，从这一角度来看，英国的大学尽管有明确的私人或政府设立者，但又不归私人或某一机构所有；尽管有接受来自政府的国家资助，但又不会受政府控制。因此，与其辨析英国大学的"公"与"私"，不如说其是"公共"的大学。因此，英国高等教育分类体系显然是跳出了公私二元的分类办学框架，是从英国高等教育认证和评估的角度来予以认定和界分的，根据第三方组织的认证和评估结果进行院校归类。

四 按照发展特征分类

（一）"四分法"

20世纪80年代以来，我国民办高等教育在改革开放的春风中兴起，进入 90 年代随着社会主义市场经济体制的确立，民办高等教育发展迅猛，特别是 1990—1995 年成为发展最快的时期，全国民办教育机构达到 5 万多所。① 根据一项 2000 年初的调查发现，我国社会资本举办的民办高校中有 90% 是谋求营利与回报投资的，② 因此可以说投资办学是民办教育发展的普遍模式，体现了我国民办高等教育领域的特点。③ 在这一发展背景下，我国民办学校形成了特有的"四类群体"，即举办者拥有办学所有权；举办者不要求拥有办学所有权；举办者要求取得合理回报以及举办者不要求取得合理回报，④ 这也成为了改革开放以来我国民办高校发展初期的现实划分类型，学界将其称之为"四分法"。不难发现该分类方法是以产权归属和回报获取为依据的，但给政府管理带来了法理、学理和实践多个层面的障碍，特别是在分类中对民办高校所有权、管理权、投资营利和合理回报等概念进行了模糊处理，使"四分法"在划分逻辑上存在很强的内在矛盾。

"四分法"划分逻辑的矛盾性主要表现在：一是在法人属性与办学登记方面的矛盾。这一时期的大部分民办高校登记为具有非营利性特征的民办非企业单位，但在实际管理上则被视同为企业，因其在民法体系中缺乏法人归属，所以在师资待遇、社会保障、税收等方面难以获得与公办高校等事业单位同等的法律地位；二是在产权归属和回报获取方面的矛盾。这是此类划分引起争议和矛盾的核心。在现实中，民办高校法人财产权同于举办者所有，模糊了举办者的投资义务。同时，对"合理回报"的"度"的问题难以把控，甚至出现举办者采取违法挪用办学经费、虚增办学成本等方式来获得不应有的投资回报的现象；⑤ 三是

① 全国人大教科文卫委员会教育室，香港大学中国教育研究中心：《民办教育研究与立法探索》，广东高等教育出版社 2001 年版，第 70 页。

② 王建：《民办学校分类管理——从"四分法"到"二分法"》，《北京大学教育评论》2012 年第 4 期。

③ 邬大光：《我国民办教育的特殊性与基本特征》，《教育研究》2007 年第 1 期。

④ 董圣足：《民办学校分类管理——配套制度及过渡措施研究》，立信会计出版社 2022 年版，第 26 页。另外，徐绪卿认为，第一类是捐资举办的民办学校，举办者不追求所有权，也不求回报；第二类是举办者要求所有权但不要求合理回报的民办学校；第三类是举办者要求取得合理回报的民办学校；第四类是在工商行政管理部门登记注册的经营性民办培训机构。（来源：徐绪卿：《关于民办高校分类管理的思考》，《教育发展研究》2011 年第 12 期）

⑤ 董圣足：《民办学校良治之道——我国民办高校法人治理问题研究》，教育科学出版社 2010 年版，第 118 页。

在政府监管和扶持政策方面的矛盾。在发展初期，多数省级政府未设立民办教育发展专项资金，使得民办高校面临财政压力，学费成为办学经费主要来源。再加之，税收政策未能根据是否要求"合理回报"进行缴纳，难以匹配民办高校分类现实。最为重要的是民办高校教师社保和身份待遇与公办高校存在严重的不平等问题。①

（二）"三分法"

2010 年发布《国家中长期教育改革和发展规划纲要（2010—2020）》，提出积极探索营利性和非营利性民办学校分类管理，由此学界对民办高校分类管理进行了较为广泛的讨论。基于我国民办高等教育发展现实及其特殊性，国内学界提出了超越营利与否的"三分法"，即在非营利（第一条道路）和营利性（第二条道路）之外，应该建立民办高等教育发展的"第三条道路"——将投资举办但不要求取得回报的民办高校和要求取得合理回报但又不是营利性的民办高校。② 有关学者表示，"第三条道路"是为扩大民办高校发展空间，巩固民办高等教育发展基础的做法。③ 亦有学者提出与"第三条道路"划分思想类似的建议，将民办高校区分为准营利、营利和非营利办学三类，其中基于投资办学的准营利型民办高校是指不以营利为目的但可获得适当回报。④上述划分思路是典型的"三分法"，是由我国民办高等教育发展的阶段性特征决定的，但也延续了"四分法"的矛盾性问题，模糊了"合理回报"与营利性的内生关系。

"三分法"支持者认为，需要正确理解民办高等教育发展的"第三条道路"的合理性，把握民办高校发展的阶段性战略方向，吸纳更多的社会资本兴办民办高等教育。"第三条道路"的合理性主要表现在两个方面：一是民办高校公益性与营利性关系的非矛盾性。有学者指出，营利性民办学校也能够体现出公益性，而非营利学校也有可能不能较好

---

① 王建：《民办学校分类管理——从"四分法"到"二分法"》，《北京大学教育评论》2012 年第 4 期。

② 潘懋元、邬大光、别敦荣：《我国民办高等教育发展的第三条道路》，《高等教育研究》2012 年第 4 期。

③ 别敦荣：《论民办教育发展的第三条道路》，《华中师范大学学报》（人文社会科学版）2012 年第 5 期。

④ 胡卫：《民办高校的发展与规范》，教育科学出版社 2000 年版，第 82 页。

地发挥出公益属性①。在我国，基于投资办学的民办高校具有营利性特征，但这类高校具有社会效益外溢性，有利于实现公益性办学的目的;② 二是民办高校的地位与其政策目的的非对称性。民办高校政策的规制性特征并未随着民办高校地位的变化有所转变，仍沿用对待非正规高等教育机构的政策对待民办高校，忽视了民办高校在国家体系的供给能力，以至于让民办高校政策以公办高校政策为参照，未能给投资办学留下政策空间。③ 从整体上看，"三分法"主要是针对民办高校营利与非营利二分而言的，是对非此即彼理想类型的批判，在一定程度上也符合我国民办高等教育发展的特殊性和阶段需要。

（三）"两分法"

2016 年《民办教育促进法》修订后，明确提出民办学校实行营利性与非营利性分类管理。非营利性民办学校举办者不得取得办学收益，办学结余全部用于办学;营利性民办学校举办者可以取得办学收益，办学结余依据国家有关规定进行分配。自此，我国民办高等教育进入了营利与非营利两分的分类管理时代，"两分法"是一种回归本然。④ 面对"四分法"和"三分法"的争议，"两分法"的提出有助于厘清教育非营利性与"合理回报"的法理性问题;有助于解决使营利性学校的合法性问题;有助于保护非营利性民办学校的公益性;有助于规范公办学校的办学行为;有助于鼓励和扶持捐资办学。⑤ 总之，"营非两分"是基于我国民办高等教育发展的新时代背景下提出的，其根本就是要建立和夯实民办教育依法治教的政策基础，建设中国特色社会主义法治体系，提升民办教育治理体系和治理能力现代化，从而能有效鼓励、支持和规范社会资本进入高等教育领域，为各类民办高校发展营造公平的政

---

① 文东茅:《论民办教育公益性与可营利性的非矛盾性》,《北京大学教育评论》2004年第 1 期。

② 潘懋元、别敦荣、石猛:《论民办高校的公益性与营利性》,《教育研究》2013 年第 3 期。

③ 潘懋元、邬大光、别敦荣:《我国民办高等教育发展的第三条道路》,《高等教育研究》2012 年第 4 期。

④ 董圣足:《民办学校分类管理——配套制度及过渡措施研究》,立信会计出版社 2022 年版，第 27 页。

⑤ 董圣足等:《民办学校分类管理推进策略研究》,华东师范大学出版社 2020 年版，第 31 页。

策环境，促进我国公共高等教育事业持续发展壮大。[1]

从宏观层面来看，民办高等教育营利与非营利分类管理，涉及公共高等教育服务供给的基本思路和制度建设，旨在系统提升公共高等教育服务供给的数量与质量、公平与效率。从数量来看，最为突出的是营利性民办学校将成为我国高等教育事业的一支新生力量。随着我国高等教育普及化程度不断提高，营利性学校的非学历教育将成为其发展的主渠道；[2] 从质量来看，近年来像西湖大学、福耀科技大学等新型民办高校迅速崛起，通过个人捐赠、基金会等多元筹资方式形成了现代大学的治理结构，标志着我国建设高水平民办大学的可能性，[3] 极大突破了以往民办高校的"补充功能"；从公平来看，民办高校分类管理将针对各类学校差异性提供公平合理的政策，如非营利性民办学校将得到来自政府和社会方面更加有力的政策扶持和资源支持，[4] 为公共高等教育体系建设奠定了观念、制度和政策基础；从效率来看，民办高校分类管理是要实现最有效利用社会资源，对现有民办教育市场进行改造提升，重新归类和优化可选择的多样化教育资源的供应。

---

① 周海涛等：《民办学校分类管理政策研究》，经济科学出版社 2016 年版，第 91—97 页。

② 邬大光：《从民办教育看教育的公益性与营利性》，《光明日报》2016 年 12 月 6 日。

③ 王一涛、侯琮、毛立伟：《新型高水平民办高校建设：国际经验与中国路径》，《高等工程教育研究》2022 年第 6 期。

④ 董圣足：《民办学校分类管理——配套制度及过渡措施研究》，立信会计出版社 2022 年版，第 28 页。

第三章 社会资本参与公共高等教育供给的分类发展现实

第一节 独立学院转设现状及其分类趋势研判

一 独立学院发展的历史进程与阶段特征

独立学院是我国民办高等教育的重要组成，是我国公办高校吸引社会资本办学的一种新型办学体制，其推动了高等教育体制改革。教育部将独立学院界定为：实施本科以上学历教育的高等学校与社会组织或个人合作，并利用非国家财政经费所举办的本科高等学校。① 社会资本参与独立学院办学主要包括企业、社会团体和个人等具有一定合作能力的社会力量，是社会力量参与本科院校办学的重要资本。国家对社会资本参与办学有明文规定，申请独立学院的办学主体需要确保独立学院的教学、管理和办学质量等符合国家规定的标准；独立学院合作主体需要为独立学院开展办学活动提供必要的条件，并参与学院的管理、监督和领导工作。

党的十八大以来，以习近平同志为核心的党中央对高等教育和民办教育的重视程度日益凸显，针对民办高等教育的各项政策接连出台，并得到了积极的推进和落实。党的十八大报告中提到，要鼓励社会力量兴办教育；党的十九大报告中也指出，要支持和规范社会力量兴办教育；党的二十大报告中再次强调，要规范引导民办教育的发展。在各个历史发展的关键阶段，国家不断促进民办教育的规范化发展，我国公办教育与民办教育发展定位和办学格局更加清晰明确。然而，独立学院发展始

---

① 中华人民共和国教育部：《独立学院设置与管理办法》，（2008 − 02 − 22）［2023 − 03 − 18］，http：//www. moe. gov. cn/srcsite/A03/s181/200802/t20080222_ 170538. html。

终处于公办与民办之间的尴尬地位，存在办学体制设计上的诸多遗留问题，如产权归属不清、内部治理不完善等。① 因此，独立学院转设工作刻不容缓。从发展历程看，从独立学院的出现到快速发展再到如今的转设登记和规范办学，可以将独立学院发展分为初创阶段、扩张阶段和转设阶段三个时期。

（一）初创阶段

20世纪90年代初期，随着中国特色社会主义市场经济体制确立，政府和国企开始推行改制，并不断推动教育产业化发展。② 高等教育逐渐从"精英培养"向"大众普及"迈进，高等教育大众化发展迫在眉睫。1998年，大学生由国家分配工作的制度基本取消，学历在就业市场的重要性日渐凸显，群众对高等教育的受教育需求迅速扩张。1999年，原国家计划发展委员会（现国家发改委）和教育部联合发布通知决定高等教育扩招，并在一年内扩招了56.7万人，使得普通高等院校的年度招生总人数达到了153万，这可谓是改革开放以来一次史无前例的高考扩招。③ 同年，党中央、国务院颁布了《关于深化教育改革，全面推进素质教育的决定》，提出培养适应21世纪现代化建设需要的社会主义新人，要全面推进素质教育，特别是高等教育要重视培养大学生的创新能力、实践能力和创业精神，我国高等教育规模及人才培养范式面临转型。在此背景下，我国公办院校教育资源难以满足社会需求，以社会资本参与办学为特征的独立学院应运而生。

在经济社会发展和高考扩招的多重背景下，江浙一带率先尝试兴办了一批由公办院校和社会力量共同办学的"二级学院"。如1998年由苏州大学教育发展基金会投资的苏州大学文正学院，1999年由杭州市人民政府与浙江大学联合创办的浙江大学城市学院等"二级学院"均为我国第一批独立学院的前身。在后来的几年时间中，此类"二级学

---

① 钟秉林、景安磊：《独立学院转设现状分析与转设后可持续发展路径探析》，《中国高教研究》2021年第4期。

② 朱国华、吕鑫宇：《从创立到转设：独立学院的发展历程、现状与前景展望》，《现代教育科学》2022年第3期。

③ 中华人民共和国教育部：《高考改革推动社会发展》，（2019-09-27）[2023-3-16]，http：//www.moe.gov.cn/jyb_xwfb/xw_zt/moe_357/jyzt_2019n/2019_zt24/tbbd/201909/t20190927_401305.html。

院"在沿海地区以及部分内陆省份得到了快速扩张，开创了普通高校与社会资本合办高校的先河。由此，"独立学院"正式进入了我国高等教育的舞台。独立学院作为我国高等教育高速发展阶段出现的特殊产物，不仅在经济供给相对不足的情况下推动了高等教育大众化进程，而且也缓解了财政压力，满足了人民群众接受高等教育的需求，为经济社会发展培养了一大批以应用型技能型为主的人才，加快了我国高等教育大众化和普及化的发展进程。

（二）扩张阶段

2003 年，教育部发布《关于规范并加强普通高校以新的机制和模式试办独立学院管理的若干意见》（简称《意见》），明确了独立学院在我国高等教育系统的合法性身份，同时将其界定为由普通本科高校按新机制、新模式举办的本科层次的二级学院。自此，"独立学院"首次正式出现在官方文件中。此外，《意见》中对举办独立学院的申请主体、办学模式、办学条件和质量等都提出了明确的要求，如试办独立学院建设、发展所需的经费以及其他的相关支出，均需由合作方承担或以民办机制筹措解决。2006 年，教育部就学校用地及基础设施建设和学校设置等提出了相关要求和规定，旨在进一步落实独立学院资产过户、法人财产权等问题，促进独立学院规范办学，要求独立学院可以逐步转设为独立建制的民办本科高校。随着国家对包括独立学院在内的民办教育发展的规范性要求越来越清晰，促进独立学院走上了真正的"独立"的规范办学之路。

2003—2008 年期间，独立学院发展了进入"黄金时期"。一是独立学院的办学省市逐渐增加。这一态势呈现出从沿海地区向中西部地区扩张的趋势，独立学院的办学模式在全国开始兴起，并吸引了大量社会资本参与和投资办学；二是办学院校数量的快速扩张。在较短的时间里，独立学院的院校办学数飙升至 300 多所，在 2007 年发布的全国各级各类民办教育基本情况统计表中，独立学院占民办高等教育学校总数的 20%；[①] 三是整体规模快速膨胀。据有关统计显示，独立学院在校生人数曾一度

---

① 中华人民共和国教育部：《全国各级各类民办教育基本情况》，（2007－10－08）［2023－3－16］，http：//www. moe. gov. cn/jyb_ sjzl/moe_ 560/moe_ 1659/moe_ 1660/201002/t20100226_ 27138. html。

达到普通高校在校生总数的 12%，接近普通本科在校生总人数的 20%，高达 260 万人的总规模。① 经过多年的办学实践，独立学院已经成为我国民办高等教育不可或缺的组成部分。然而，独立学院在发展初期基础相对薄弱，学生人数的不断增加也对独立学院的办学规模、办学质量提出了新的要求，因此独立学院需要进一步规范办学，亟须探索可持续发展的办学新路径。

（三）转设阶段

随着独立学院规模的持续扩张，激发了社会资本参与办学的热情。但同时也出现了一些违规办学的乱象和办学体制弊端，如资本逐利与学费上涨、教育教学质量低下以及教师待遇和职业发展缺乏保障等。鉴于以上情况，2008 年教育部发布《独立学院设置与管理办法》，这是一份面向独立学院规范发展的重要政策文件，涉及学校设立与组织、活动与管理、变更与终止以及相关的法律责任，并明确要求独立学院在五年内完成转设改革。不难发现，这一政策对独立学院转设工作具有里程碑意义，由此拉开了独立学院转设工作的序幕。但就实际情况而言，按照转设"过渡"期限（2009—2013 年）来看，2013 年全国教育事业发展统计公报中显示，2013 年我国仍有独立学院 292 所，② 表示在五年转设期内，只有极少数独立学院完成转设，大多数独立学院就转设仍处于观望状态。2022 年，全国仍有大量的独立学院尚未完成转设，截至 2022 年 9 月 28 日，2010 年显示的 323 所独立学院中，仍有 154 所未完成转设。

2016 年，国务院主持修订的《中华人民共和国民办教育促进法》中提出了民办学校分类管理政策。这意味着独立学院在"转设"的基础上，紧接着就要面临营利性和非营利性选择的分类管理。在此基础上，2020 年教育部出台了《关于加快推进独立学院转设工作的实施方案》，要求"各独立学院全部制定转设工作方案"，这一工作大大推动了一大批独立学院的转设进程。面对分类管理新形势，独立学院必须剥

---

① 王富伟、阎凤桥：《独立学院组织种群的制度起源》，《华东师范大学学报》（教育科学版）2018 年第 6 期。

② 中华人民共和国教育部：《2013 年全国教育事业发展统计公报》，（2014－07－04）［2023－03－16］，http：//www.moe.gov.cn/srcsite/A03/s180/moe_633/201407/t20140704_171144.html。

离对母体高校的依附性，真正地独立起来，才能实现对未来的长远发展，独立学院转设为普通高等学校也已经成为时代发展的必然选择。[①] 从目前情况来看，已完成转设的独立学院主要为我国的东北地区和中西部地区的应用型、特色型高校，以综合类、理工（类）和财经（商科）类为主。基于研究发现，独立学院转设后，学校发展总体呈现整体上升趋势。[②] 因此，作为一种独特的高等教育办学模式，独立学院转设是我国高等教育大众化、民办教育规范化的必然结果，转设后的独立学院也将为我国高等教育发展注入新活力。

二　独立学院办学的公民合作型发展模式

通过对独立学院发展过程的认识，不难发现参与独立学院办学的利益主体是十分多样的，包括地方政府、国有企业、民营企业和投资者个人等，具有国有资本和社会资本的混合型办学特征，形成了具有公民合作特征的办学模式，这也建构了独立学院的多元化办学体制架构。本书将其归纳为三种发展模式。

（一）公办高校独自创办的二级学院

20 世纪 90 年代末，一些公办高校为了拓展经费来源，开始借助社会力量办学，利用财政拨款以外的社会资本作为主要经费来源创办"二级学院"。在创办初期，由于此类"二级学院"受制于办学规模小、办学经费不足、师资力量层次不齐等多种因素，[③] 不得不采取资源依赖型办学路径，选择"校中校"作为办学主要模式。一般而言，采用"校中校"办学模式的独立学院有两种情况：一是地理位置上的"校中校"，即独立学院在母体高校校园内办学，与母体高校公用教学资源和办学场所；二是举办权意义上的"校中校"，即这些独立学院由母体高校所举办，无社会力量举办方，学校领导由母体高校任命，像二级单位一样接受母体高校的管理。[④] 如：1999 年，经浙江省人民政府批准组

---

① 原珂：《利益相关者视域下独立学院转设策略探究》，《理论探索》2018 年第 5 期。

② 阙明坤、王慧英、原珂：《我国独立学院转设发展效果的实证研究》，《教育与经济》2019 年第 4 期。

③ 林杨芳：《独立学院的产权问题研究》，《经济研究导刊》2017 年第 23 期。

④ 刘洪、王一涛、潘奇：《独立学院转设为混合所有制高校的必要性、可行性和关键举措》，《教育与职业》2020 年第 22 期。

建的杭州商学院国际经贸学院，即为浙江大学杭州商学院下属的二级学院；2002 年创办的华东理工大学长江学院也是依托华东理工大学南昌校区办学的"校中校"独立学院的代表学校等。总体来说，作为"二级学院"的独立学院对母体高校具有非常强的依赖性，使得此类型学校对母体高校的依赖性也容易使其在办学过程中出现许多失范行为。①

此外，二级学院也具有其自身的发展特点。一是专业设置上具有一定的目的性。"二级学院"的专业设置大多以为国家或地区培养紧缺的应用型人才为导向，专业设置具有一定的目的性，更加贴合劳动力市场的需求。"二级学院"与公办高校之间资源共享，能够有效地提高公办高校优质资源的利用率，也增加了对社会资本参与办学的吸引力，提高了办学的积极性；② 二是母体高校的分布具有一定的集聚性。我国最早的"二级学院"大多集中在江浙一带。③ 如：1999 年，江苏省教育厅批准南京林业大学成立了"二级学院"南方林业大学南方学院，该校在南京林业大学校园内办学，在地理位置上具有"校中校"的特点，2010 年南京林业大学南方学院修建淮安校区，采用2 + 2 办学模式，④ 逐渐与母体高校分离。2017 年，该校转设后停止办学，淮安校区作为南方林业大学的校区继续使用。这些"二级学院"依托母体院校的社会声誉利于招生，同时母体高校每年向其收取一定费用改善自身办学，"母子"院校间互相依托。⑤ 因此，独立学院大多与母体院校共同发展，转设过程中需要综合考虑其自身及母体高校的利益。在转设过程中，由于公办院校内设的二级学院相当一部分实行了独立法人和独立颁发文凭，但在资源和管理上几乎从未实现过真正的独立，这导致了许多"二级学院"都难以实现真正的独立，无

---

① 徐绪卿：《关于部分独立学院转设为地方公有民办普通高校的思考——以浙江省内生型独立学院转设为例》，《教育发展研究》2020 年第 5 期。

② 林杨芳：《独立学院的产权问题研究》，《经济研究导刊》2017 年第 23 期。

③ 徐绪卿：《关于部分独立学院转设为地方公有民办普通高校的思考——以浙江省内生型独立学院转设为例》，《教育发展研究》2020 年第 5 期。

④ "2 + 2 办学模式"即一、二年级在淮安校区学习，三年级开始在南京校区相应学院学习。

⑤ 王一涛、刘洪：《公办型独立学院转设的困境、路径及对策建议》，《复旦教育论坛》2021 年第 3 期。

法达到转设条件而终止办学。[①]

（二）公办高校与各类企业合作办学

引导企业投资并与公办高校共同举办是我国独立学院发展又一创新模式。此类独立学院有明确的出资方，一般是由出资企业提供资金及各类硬件设施，公办高校负责组织教学等"软件"需求。出资企业根据性质主要分为国有企业、民营企业两类。一是国有企业作为举办者的独立学院称为"国有型"。根据《民办教育促进法》《独立学院设置与管理办法》等规定，地方政府不被允许成为独立学院的举办方，但由地方国资委独资的国有企业可以作为独立学院的合作举办主体，与公办高校合作兴办独立学院。[②] 如：河北省电力公司联合华北电力大学出资举办的华北电力大学科技学院为企业与高校合作的代表，该校 2002 年正式成立，2004 年被评估为合格办学单位，学校教育和管理主要由华北电力大学负责，同时华北电力大学也会为科技学院的管理和师资教师队伍提供进修条件，为学生提供图书、专业辅修等教育资源，保障科技学院办学质量。2021 年，该校与邢台职业技术学院合并，转设成为本科层次的公办职业高校的河北科技工程职业技术大学。

二是民营企业或自然人作为举办者的独立学院称为"民办型"，这也是我国独立学院的基本类型。一方面，"民办型"独立学院可以借助公办高校的管理、师资、社会声誉等优势，另一方面也发挥了社会资金和民办机制的灵活性。从有关调查统计，此类独立学院是我国独立学院的主体，占比为 60.6%。[③] 如：2000 年，庆利昂实业有限公司与当时的西南师范大学（现西南大学）达成协议，共同创办了西南师范大学行知育才学院（现重庆人文科技学院）；2001 年，四川希望教育产业集团有限公司出资举办了贵州财经大学商务学院（现贵州黔南经济学院）；2008 年，浙江省浙中教育集团与上海财经大学合作创办了上海财经大学浙江学院，这些都是民营企业参与独立学院办学的代表院校。此

---

① 徐绪卿：《关于部分独立学院转设为地方公有民办普通高校的思考——以浙江省内生型独立学院转设为例》，《教育发展研究》2020 年第 5 期。

② 刘洪、王一涛、潘奇：《独立学院转设为混合所有制高校的必要性、可行性和关键举措》，《教育与职业》2020 年第 22 期。

③ 刘洪、王一涛、潘奇：《独立学院转设为混合所有制高校的必要性、可行性和关键举措》，《教育与职业》2020 年第 22 期。

外。还有一些独立学院既有民营资本参与，也有国有企业参与。如：2008年，上海同济大学与浙江省嘉兴市国资委所属的嘉兴市教育发展投资有限责任公司和宏达控股集团有限公司等主体共同创办了同济大学浙江学院。该校于2021年停止招生，以终止办学的方式完成转设。从整体来看，这类独立学院的数量较少，由公办高校与民营资本、国有企业共同举办的独立学院利益牵扯复杂，此类独立学院不论转设为公办高校抑或是民办高校都存在多方利益冲突，故选择终止办学。

（三）现有独立学院的其他办学模式

1. 公办高校与基金会合作办学

公办高校凭借其教育基金会举办独立学院是其办学模式中较为特殊的类型。公办高校凭借校内成立的大学教育发展基金会，或由校友、企业家等捐资成立的基金会公办资源进行办学，学校不存在太大的利益冲突，具有较高的公益性。[①] 根据《基金会管理条例》相关规定，设立基金会应具有特定的公益目的，并能够独立承担民事责任。这类独立学院在转设后也多与基金会联合举办。如：1998年扬州大学教育发展基金会与扬州大学共同创办了独立学院扬州大学广陵学院；2003年集美大学教育发展基金会与实业家李尚大、香港实业家邱季端先生和印尼BSG集团董事会主席王景祺等共同创办了集美大学诚毅学院；2005年江苏大学发展基金会参与江苏大学京江学院办学。显然，公办高校教育基金会与非营利性民办高校具有相同的组织属性，具有公益性的产权制度。[②] 公办高校基金会办学资金大多由政府预算拨款、企业捐赠、民间募捐、本校资金支持或校友捐赠所得，能够有效避免办学各方之间的利益冲突，实现资源整合。同时，基金会的公益性能够有效保障教育的公益性，为独立学院的可持续发展奠定坚实的经济基础。

2. 公办高校与政府间合作办学

部分独立学院是由高校与地方政府支持举办。这类独立学院具有强

---

① 阙明坤、耿菊萍、雷承波：《国有民办型独立学院转设的困境与对策》，《高校教育管理》2021年第1期。

② 黄洪兰：《基金会举办非营利性民办高校的现实基础、产权保障与推进策略》，《黑龙江高教研究》2021年第5期。

烈的"地方性"，一定程度上享受地方政府在土地、资金和政策上的支持，在院校及专业设置上也具有一定的"地方性"特征。如：2004 年南开大学在天津市滨海新区人民政府支持下创办了具有独立法人资格的南开大学滨海学院，该学院的管理方式以实行董事会下的院长负责制为主，整合滨海新区和南开大学的资源，根据滨海新区的发展需求和特点设置专业，致力于培养优质应用型人才。又如：1999 年南京医科大学自主创办二级的学院——南京医科大学康达学院于 2005 年成功转设为独立学院；2011 年南京医科大学与江苏省连云港市人民政府成功达成合作意向，决定以"校府合作"的模式共同促进康达学院的发展。在连云港市政府的帮助下，学院办学土地、资金、经费等都获得了大力的支持，为医药科技类人才培养提供了资源和环境。总体来看，公办高校与地方政府间合作办学，主要体现了地方政府的资源支持，能更有针对性地以地方发展需求为导向办学，一方面学校能够为地方的发展输送更多应用型人才，另一方面，地方政府能够为学校提供更多就业岗位，提高学生就业率，实现学生就业与地区人才发展的供需合作。

三　独立学院转设的多样化路径选择现状

独立学院转设是其长远发展的必然选择，也是适应我国经济变化、培养国家人才的需要，是国家教育发展的战略和制度选择。我国独立学院办学模式繁杂、类型多样，初期存在诸多不规范之处，因此独立学院转设过程中出现了诸多普遍性和特殊性的问题。2020 年，教育部发布《关于加快推进独立学院转设工作的实施方案》，明确提出独立学院"转为民办"、"转为公办"和"终止办学"3 种转设办学路径选择，并鼓励各地积极创新，因地制宜提出其他形式合法合规的转设路径。

（一）独立学院转设为民办高校

党的二十大报告对新时代我国推动高等教育高质量发展提出了新的要求，就是要办好人民满意的教育，坚持以人民为中心发展教育，加快建设高质量教育体系。要发展素质教育，促进教育公平。其中，尤其提到了"引导规范民办教育发展"。从目前独立学院转设情况来看，大多数独立学院会选择转设为民办高校。此类独立学院大多为非国有企业、外资企业以及个人投资创办，是非公有资本投入为主的独立学院。① 据教育部 2021 年 5 月 17 日和 6 月 4 日两次发布的转设为民办本科高校的 38 所独立学院名单中，有 24 所学校转设成为民办高校，占比高达 63.2%，这一院校数量约为转设为公办高校独立学院的 2 倍，显然转设为民办高校是大多数独立学院三大转设路径的主要选择。（如表 3 - 1）

表 3 - 1　　　　38 所转设为独立办学的本科高校独立学院名单

序号	学校名称	申报省份	办学性质
1	贵州大学科技学院转设为贵州黔南科技学院	贵州	民办
2	贵州财经大学商务学院转设为贵州黔南经济学院	贵州	民办
3	贵州大学明德学院转设为贵阳信息科技学院	贵州	民办
4	贵州民族大学人文科技学院转设为贵阳人文科技学院	贵州	民办
5	贵州师范大学求是学院和贵阳护理职业学院合并转设为贵阳康养职业大学	贵州	公办
6	桂林电子科技大学信息科技学院转设为桂林信息科技学院	广西	民办
7	广西师范大学漓江学院转设为桂林学院	广西	民办
8	桂林理工大学博文管理学院转设为南宁理工学院	广西	民办
9	广西大学行健文理学院和广西农业职业技术学院合并转设为广西农业职业技术大学	广西	公办
10	四川大学锦城学院转设为成都锦城学院	四川	民办
11	西南科技大学城市学院转设为绵阳城市学院	四川	民办
12	兰州财经大学长青学院和兰州资源环境职业技术学院合并转设为兰州资源环境职业技术大学	甘肃	公办
13	西北师范大学知行学院和兰州石化职业技术学院、甘肃能源化工职业学院合并转设为兰州石化职业技术大学	甘肃	公办
14	中国矿业大学银川学院转设为银川科技学院	宁夏	民办
15	太原科技大学华科学院转设为山西科技学院	山西	公办
16	北京电影学院现代创意媒体学院转设为青岛电影学院	山东	民办

① 毕文健、王一涛：《公有资本独立学院转设瓶颈、路径及发展策略》，《教育与职业》2022 年第 3 期。

续表

序号	学校名称	申报省份	办学性质
17	河北师范大学汇华学院与石家庄信息工程职业学院合并转设为石家庄工程职业技术大学	河北	公办
18	淮北师范大学信息学院转设为淮北理工学院	安徽	民办
19	河南科技学院新科学院转设为新乡工程学院	河南	民办
20	长江大学工程技术学院转设为荆州学院	湖北	民办
21	广东工业大学华立学院转设为广州华立学院	广东	民办
22	东莞理工学院城市学院转设为东莞城市学院	广东	民办
23	浙江海洋大学东海科学技术学院与浙江医药高等专科学校合并转设为浙江药科职业大学	浙江	公办
24	云南师范大学商学院转设为昆明城市学院	云南	民办
25	济南大学泉城学院转设为烟台科技学院	山东	民办
26	北京工商大学嘉华学院转设为北京金融科技学院	北京	民办
27	吉首大学张家界学院转设为张家界学院	湖南	民办
28	安徽大学江淮学院转设为合肥工学院	安徽	公办
29	阜阳师范大学信息工程学院转设为阜阳理工学院	安徽	民办
30	安徽师范大学皖江学院转设为芜湖学院	安徽	民办
31	南京师范大学中北学院与江苏经贸职业技术学院合并转设为南京经贸职业技术大学	江苏	公办
32	江苏大学京江学院与江苏农林职业技术学院合并转设为江苏农林职业技术大学	江苏	公办
33	南京师范大学泰州学院与江苏农牧科技职业学院合并转设为江苏农牧科技职业大学	江苏	公办
34	南京中医药大学翰林学院与江苏医药职业学院合并转设为江苏医科职业技术大学	江苏	公办
35	南通大学杏林学院与江苏工程职业技术学院合并转设为江苏工程职业技术大学	江苏	公办
36	云南艺术学院文华学院转设为昆明传媒学院	云南	民办
37	山东财经大学燕山学院与山东职业学院合并转设为山东职业技术大学	山东	公办
38	四川外国语大学成都学院转设为成都外国语学院	四川	民办

资料来源：笔者根据教育部发布的信息整理。

在民办学校分类管理背景下，独立学院转设为非营利性民办本科高校是当前的主流选择。不难发现，"民办型"独立学院大多选择转设成为民办高校，其社会力量举办方的主体权属明确，参与办学的公办高校与社会力量举办方之间主体权属划分清晰，办学条件满足转设要求。① 如：2021 年，在教育部发布的拟同意独立学院转设名单中，有两所四川独立学院确立转设为普通民办高校。一所是创办于 2004 年由合肥万博社会事业发展集团有限公司和西南科技大学共同举办的西南科技大学城市学院。该学院与 2006 年开始正式招生，2012 年获得了本科学士学位授予资格，2021 年西南科技大学城市学院同意进行转设并更名为绵阳城市学院；另一所是 2005 年创建的四川大学锦城学院，该校由四川锦城实业发展有限公司和四川大学联合创办，2021 年四川大学锦城学院也完成了转设并更名为成都锦城学院。这些独立学院大多为企业参与投资办学的独立学院，转设后公办母体高校将完全脱离独立学院的办学活动，学校校名也不再包含母体高校名称，更换为以地方、企业等相关的"独立"名称。此外，转设为民办高校后，仍面临民办高校的分类管理，进行营利性和非营利性的分类登记选择。

此外，有一些原为公办主体参与的独立学院转设为非营利性民办本科院校。根据《关于加快推进独立学院转设工作的实施方案》规定，"公办型"独立学院若要选择转设为民办高校，必须转设为非营利性质的民办高校；而"无社会举办方"的独立学院可选择转设为"由地方政府设立的教育投资公司、教育基金会或国有企业作为举办者"的非营利性民办高校。如：2002 年广西壮族自治区柳州市人民政府与广西科技大学共同创办广西工学院鹿山学院，2004 年确立为独立学院，2013 年更名为广西科技大学鹿山学院，2020 年学院完成转设并更名为柳州工学院。至此，该校成为了广西省第一所成功转设的独立学院。从整体来看，"公办型"独立学院的办学结构简单，政策响应相对迅速，但由于此类学院缺乏社会力量投资方，转设为公办高校后母体高校的收益将减少，因此其转设进程也并不一定顺利。

---

① 钟秉林、景安磊：《独立学院转设现状分析与转设后可持续发展路径探析》，《中国高教研究》2021 年第 4 期。

根据 2016 年修订的《民办教育促进法》，独立学院作为民办高等学校的重要类型，其在转设过程中可以选择非营利性或者营利性办学模式，亦可以根据学校的相关制度参与到学校教学管理中。鉴于教育公益性，大部分独立学院将选择转设为非营利性民办高校。非营利性民办高校登记门槛相对较低，政策保障更加完善，符合国家的政策导向，具有更多的政策扶持和福利保障。一般来说，"收入高于支出、办学有结余"的独立学院具有一定转设为营利性高校的基础，[①] 民办高校集团化，即转设为营利性民办高校是教育市场的公益属性与资本市场的营利属性的结合。[②] 营利性民办高校的投资方能为学校的办学和发展提供更加稳定的资金来源，具有更大的市场主动权以降低办学风险。但由于大众对教育公益性的期待，民办教育集团化很难获得大众认可，市场竞争力和社会影响力有待提高。

（二）独立学院转设为公办院校

在独立学院转设过程中，部分独立学院选择转设为公办高校。转设为公办院校的独立学院大多由母体高校单独举办，或由地市区县政府、事业单位、国有企业等以国有资本合办或投资设立，[③] 不存在社会力量举办方或社会力量举办方退出后转设为公办高校。[④] 2020 年 11 月，教育部发布了独立学院转设名单，在完成转设的 21 所独立学院中，仅有 4 所转设为公办院校；而在 2021 年教育部发布的最新转设名单中，已有 14 所独立学院转设为公办高校。具体类型如下：

一是公办高校的"二级学院"。回顾独立学院的发展史不难看出，江浙一带的独立学院前身多为公办高校创建的"二级学院"，主要是由公办高校独立办学或无社会资本方参与的二级学院，这同时反映出国有资本参与办学的独立学院，其转设为公办的比例相对较高。较为典型的

①　阙明坤：《投资办学视域下我国独立学院营利现象研究》，《中国高教研究》2014 年第 3 期。

②　张家勇、朱玉华：《民办教育集团化办学的风险与对策研究》，《华东师范大学学报》（教育科学版）2022 年第 10 期。

③　毕文健、王一涛：《公有资本独立学院转设瓶颈、路径及发展策略》，《教育与职业》2022 年第 3 期。

④　钟秉林、景安磊：《独立学院转设现状分析与转设后可持续发展路径探析》，《中国高教研究》2021 年第 4 期。

有杭州市人民政府举办的浙江大学城市学院，2020 年浙江大学城市学院转设为公办高校浙大城市学院。显然，此类独立学院具有较好的办学基础，没有复杂的社会力量投资方，贴近公办高校的办学要求，因而转设登记为公办性质的高校。转设为公办高校后，学校在办学模式、教学管理上将按照公办高校的相关规定执行，并获得政府在政策、资金上的更大支持，获得更高的社会认可度。

二是"民办型"独立学院。"民办型"独立学院大多是社会力量投资方，在学校发展过程中易存在办学失范问题，难以达到转设为公办院校要求。因此，此类独立学院转设为公办高校的数量很少。如：2002 年创办的新疆财经大学商务学院原是由新疆思源投资有限公司与新疆财经大学共同创办的民办独立学院，2019 年新疆财经大学商务学院转设成为新疆科技学院，由新疆维吾尔自治区人民政府直属管理。如今，该校已转设成为公办高校，定位于应用型高等学校。综合来看，"民办型"独立学院转设为公办院校必须处理好与社会力量投资方之间的关联性问题，只有当社会力量投资方退出办学且无遗留问题后，才有可能转设为公办高校。原有"民办型"独立学院转设为公办高校大多会获得地方政府的支持，基于地方政府支持公办型本科高校的方式继续办学，促进当地教育和经济的发展。

三是与公办高职高专合并转设。2014 年，国务院出台的《关于加快发展现代职业教育的决定》，提出鼓励独立学院在转设为独立设置高等学校时，将办学目标定位为应用技术类型的高等院校。为此，一些省份将高职高专学校与独立学院合并，成立本科层次的职业技术大学，以此将部分专科院校升格为本科院校并实现独立学院的转设工作。如：河北科技工程职业技术大学、河北工业职业技术大学就是公办高职高专合并转设后的公办高校。从现实情况来看，合并转设虽然为我国职业院校"升本"和独立学院转设提供了新的机遇，为互利互惠办学提供了选择，但在推进过程中仍然受到重重钳制，尤其是在面对社会大众认可的阻力时，合并转设往往难以推进。[1] 2021 年 6 月 4 日，教育部拟同意将南京师范大学中北学院与江苏经贸职业技术学院合并转设为南京经贸职

---

[1] 陈鹏、刘钺：《合并转设背景下本科职业教育推进的民众阻抗及其消解——基于新制度经济学的民众舆情分析》，《教育研究》2022 年第 6 期。

业技术大学，但仅仅在通知下发 3 天后，江苏省教育厅即发布公告，宣布暂停江苏省独立学院与高职院校的合并转设工作。大部分学生求学的目的是为了就业，但独立学院被合并为职业技术大学后，"职业"与"本科"在社会的认可程度上的差异可能会对其就业市场造成影响，职业技术大学的定位问题使学生和家长很难认可。可见，独立学院在合办转设过程中可能由于沟通机制、执行者认知、传统社会观念等因素阻碍我国独立学院转设政策的有效执行，[①] 显然以合并模式为转设路径在当下仍面临着诸多困境，且阻力重重。

四是高校教育基金会参与办学的独立学院。通过设立高校教育基金会作为举办者承接独立学院，以求更大限度地整合各方资源协同办学。此类学校转设后学校产权结构清晰，能够落实学校的法人财产权，整合各方资源从而免除大部分纠纷。同时，政府也会加大对基金会办学的投入和监管，促进可持续发展；[②] 一些地方政府希冀将转设后的独立学院打造成结合区位特色、拥有一定办学优势的地方院校，如：广西大学行健文理学院、广西农业职业技术学院合并成的广西农业职业技术大学就是典型案例。该校立足已有的学科优势，充分发挥广西农业发展的区位优势，进一步推动广西地区农业产业发展。[③] 有研究者提出可以将混合型独立学院转设为混合所有制高校，只需要改变母体高校目前参与办学的方式或母体高校退出办学，以缓解简化转设的难度。[④] 显然，这些创新模式为独立学院转设提供了更多的可能，也为目前未转设的独立学院提供了新的思路和方法。

（三）独立学院转设后终止办学

在独立学院转设进程中，亦存在部分独立学院因转设条件不达标、未找到合适投资方等因素而最终选择终止办学。目前，新疆农业大学科学技术学院、河北大学工商学院、南京中医药大学翰林学院等独立学院

① 阙海宝、罗昆：《非正式制度视角：独立学院转设政策执行分析》，《四川师范大学学报》（社会科学版）2011 年第 2 期。
② 郑淑超：《独立学院转设的新选择：基金会办学》，《黄河科技学院学报》2021 年第 9 期。
③ 梁祥炎、莫晓静：《广西独立学院转设的目的指向、现实困境、应对策略》，《高教论坛》2022 年第 7 期。
④ 刘洪、王一涛、潘奇：《独立学院转设为混合所有制高校的必要性、可行性和关键举措》，《教育与职业》2020 年第 22 期。

均已选择了终止办学。其中较为典型的是北京师范大学珠海分校，该校原为北京师范大学和广东省珠海市人民政府联合举办的独立学院。2017年，在广东省、珠海市和北京师范大学三方的协调下，计划于2024年终止办学，原校区作为北京师范大学珠海校区继续使用。又如：2020年新疆农业大学科学技术学院停止办学，原办校区被母体院校新疆农业大学合并；南京大学金陵学院于2020年停止招生；并计划于2023年终止办学。当下，一些独立学院终止办学是必然趋势。停止办学的独立学院大多是"依附"母体院校而发展的独立学院，其教学场所、设施设备以及师资力量等方面依托母体高校而发展，一旦转设后失去母体高校带来的红利，在资金、师资、社会声誉等方面都会造成极大的影响。在偿还债务、处理好剩余资产以及妥善处理好学校资产分配和师生安置问题后，独立学院即可选择终止办学。

第二节　高职混合所有制办学类型及制度创新

一　高职混合所有制办学形态及其分类

高职混合所有制办学的兴起，打破了公私二元办学主体的藩篱。作为经济学领域的混合所有制概念首次延伸至高职教育领域，2014年国务院颁布的《关于加快发展现代职业教育的决定》指出，"引导支持社会力量兴办职业教育……探索发展股份制、混合所有制院校"。所谓高职混合所有制办学，是指由两种或两种以上不同所有制主体，包括国有资本、集体资本、非公有资本等性质相异的资本交叉与融合，实现投资主体的多元化，联合出资办学的一种形式。[①] 归结起来，混合所有制办学的本质属性有：一是必有国有资本参与，二是产权结构的多元化。[②] 基于此，高职混合所有制办学制度创新可以借鉴国有企业混合所有制改革的实践经验。在高等教育分类管理的背景下，本书关注高职混合所有制办学体制变革和分类治理创新，对教育与资本

[①] 高文杰：《混合所有制职业院校的内涵与意义及其治理分析》，《职教论坛》2015年第30期。

[②] 雷世平：《混合所有制职业院校的本质属性及其衍生特征》，《职教论坛》2016年第22期。

特性之间的关系进行了探讨，厘清混合所有制办学合作主体及其治理方式，并尝试提出高职混合所有制办学形态的分类标准，探寻适切的政策支撑。

（一）理论源起与实践探索

1. 经济领域混合所有制及其国企改革

所谓"混合所有制"，首先出现在政治经济学领域，是在所有制概念基础上的加以发展和延伸，因此是所有制改革的产物。刘诗白认为，社会主义公有制范畴下，在社会主义经济建设的实践中，随着社会主义生产社会化与经济联合化的发展，社会主义所有制产生了一种"由全民和集体两种所有制的结合"形成的混合所有制，或可称为联合所有制;[①] 薛暮桥认为，不同所有制性质的投资方，通过股份制形式合资经营企业，就形成了混合所有制。[②] 显然混合所有制经济是与社会主义市场经济的发展相生相伴的，是不同财产主体的必然结果，也是不同产权所有者共同占有和使用财产的一种经济关系。总之，混合所有制从广义上是指不同所有制经济成分混合的经济状态，狭义上是指产权主体多元化、融合化的混合所有制企业。

自改革开放明确以经济建设为中心的任务以来，我国一直在积极探索符合社会主义国家发展需要的经济制度。从党的十二届三中全会到党的十四届三中全会再到党的十五大，我国经济体制的改革目标也发生了重大转变。由建立"公有制基础上的有计划的商品经济"至确立"社会主义市场经济体制"，之后"混合所有制经济"的提出进一步深化了经济体制改革，深刻阐述了我国以公有制为基础的经济不仅包括国有经济和集体经济，也包含了混合所有制经济的国有成分和集体成分。自此，我国经济所有制形式已不再是单一的公有制经济，而是"公有制为主体，多种所有制经济共同发展"的局面，国有经济、私营经济、混合经济等在社会主义市场经济下充分发展，逐渐描绘出了我国社会主义市场经济体制的基本框架和体系。在这一背景下，混合所有制成为国有企业管理体制改革的重要方向。

党的十八届三中全会通过了《中共中央关于全面深化改革若干重

---

① 刘诗白：《社会主义所有制研究》，上海人民出版社 1985 年版，第 83—85 页。

② 薛暮桥：《我国生产资料所有制的演变》，《经济研究》1987 年第 2 期。

大问题的决定》，明确指出"积极发展混合所有制经济"，开启了新一轮国企混合所有制改革的思路、任务和举措，把"混"作为手段和起点，要坚持分层分类的治理思路，推进国企混合所有制改革的基本目标就在于完善治理、强化激励、突出主业，以提高效率为目的。①我国混合所有制发展成效最突出的是国企混改所有制改革，从企业经济运行结构和产权制度改革两个方面进行模式创新。② 自党的十一届三中全会以来，国有企业改革一直被视作中国经济体制改革的中心环节。党的十八大以后，国企混改更是进入快速发展与落地的新时代。改革实践证明，推进国有企业混合所有制改革，能够促进不同所有制企业互补互助，多元化产权结构有助于增强国企在市场中的竞争力。③全面深化国有企业改革经历了从放权让利、抓大放小、股份制改造、建立现代企业制度、改革国有资产管理体制等一系列重要改革，从分类改革为切入点，推动了国有企业与市场经济的有机结合。④ 由此可见，国企分类改革能够有效地解决国有企业的管理体制、运行机制、功能定位与市场经济的兼容性问题，使国有经济与民营经济在微观层面得以协调发展。

第一，国企混改的主要内容始终是产权改革。自明确建立我国社会主义市场经济体制以来，产权改革就被放在中心位置。其中，国企改革的产权调整有效明确了国家与企业的权责关系，通过建立现代企业制度、股份制改革等措施，实现了混合所有制经济的产权改革。在新阶段发展背景下，国企混改的工作重点就是寻求解决产权激励和投资主体单一化的问题。⑤ 第二，国企混改的推进策略是渐进引入社会资本。混合所有制改革本质是多元化持股，通过采取渐进式策略逐步引入民营资本、外资资本、个人资本等，降低国有资本持股比例，开展混合所有制

---

① 中国社会科学院工业经济研究所课题组，黄群慧、黄速建：《论新时期全面深化国有经济改革重大任务》，《中国工业经济》2014 年第 9 期。

② 何瑛、杨琳：《改革开放以来国有企业混合所有制改革：历程、成效与展望》，《管理世界》2021 年第 7 期。

③ 苏继成、刘现伟：《党的十八大以来国企混合所有制改革：成效、难点及对策》，《经济体制改革》2022 年第 6 期。

④ 黄群慧：《国有企业分类改革论》，《经济研究》2022 年第 4 期。

⑤ 程俊杰、章敏、黄速建：《改革开放四十年国有企业产权改革的演进与创新》，《经济体制改革》2018 年第 5 期。

经济。在社会资本引入初期，国有资本仍占较大部分，可能导致关联交易、利益分配不均等治理风险。① 第三，国企混改的重要方法论是分类分层管理。国企混改引入了分类治理机制，采取了差异化的治理思路，进行了精细化的分类改革，分类管理思想是国企混革的亮点和基础。根据国企特性和功能，分为公共政策性、一般商业性和特定功能性三类，对不同类别的国企制定不同的考核标准和治理机制。进入新发展阶段，须进一步推进分类治理，以公司股权结构为标准规范公司治理结构，建设中国特色现代企业制度。②

2. 教育领域混合所有制及其办学实践

党的十八大以来，职业教育领域开始全面深化改革，以校企合作、产教融合为切入口，积极探索职业教育公民合作办学，陆续出台了一系列推进中国特色职业教育发展相关的政策法规。2014 年，国务院发布的《关于加快发展现代职业教育的决定》提出要"鼓励社会力量兴办职业教育……探索发展股份制、混合所有制职业院校，允许以资本、知识、技术、管理等要素参与办学并享有相应权利。"2017 年，国务院发布的《关于鼓励社会力量兴办教育促进民办教育健康发展的若干意见》（简称"民办教育 30 条"）再次提出探索多元主体合作办学，推广政府与社会资本合作模式，"探索举办混合所有制职业院校，鼓励营利性民办学校建立股权激励机制等。"在政策语境下，"鼓励社会力量兴办职业教育"具有双重含义：一是指社会力量通过自筹经费举办职业教育机构；二是指社会力量积极参与职业院校办学改革及其人才培养的过程。③ 总之，国家不仅支持举办混合所有制职业院校，而且还视其为引导社会资本参与办学实践的新探索。

首先，有必要厘清职业教育领域混合所有制办学的内涵及基本特性。职业教育领域混合所有制办学具有双重属性：一是对经济领域混合所有制概念基本内涵的继承；二是教育组织属性对混合所有制概念的限

---

① 周敏慧、陶然：《中国国有企业改革：经验、困境与出路》，《经济理论与经济管理》2018 年第 1 期。

② 黄群慧：《国有企业分类改革论》，《经济研究》2022 年第 4 期。

③ 刘晓：《加强社会力量办学 激发职业教育活力》，《中国职业技术教育》2014 年第 21 期。

定与修正。① 混合所有制高职院校是由公有力量（国有、集体）和社会力量以资金、技术、管理等各类要素共同参与办学的高校办学体制创新，体现了公民两种不同属性、不同所有制形态以及不同投资主体共同合作办学新实践。混合所有制高职院校是由不同所有制主体合作举办，拥有国家所有制、集体所有制、民办职业院校与混合所有制职业院校以及各类职教集团等所有制形式。② 与国企混改一样，探究高校混合所有制办学的关键亦是产权归属问题。从经济领域经验可知，即便是不同所有制成分存在"混合"，也不能就此认为所有权性质发生了改变，而只有当产权发生一定程度的混合时，才能被视为是真正意义上的混合所有制。就此，高职院校混合所有制办学可分为显性与隐性混合、产权混合与类产权混合、校级混合与院系混合等形式。③ 围绕产权对混合所有制办学形态分级分类，"真混合"涉及所有权；"类混合"不触及所有权，只涉及经营权的办学；"泛混合"完全不涉及产权的办学。④

尽管混合所有制办学的概念源自经济领域，但是与国企混改亦存在本质区别，其根本就在于教育公益性与资本逐利性的关系。具体而言，国企混改的各参股方均追求更高的投资收益，而在混合所有制办学中不同利益主体的目标则不完全一致，因此致使混合所有制办学中的社会资本参与使各主体间利益关系更为复杂。在混合所有制办学中，公有资本是以院校发展和人才培养为目标，一般体现为政府为院校提供办学经费给予财政性资金支持，为学生提供奖助学金、助学贷款；社会资本则天然具有逐利性，进入混合所有制办学领域后，投资者若只关注投资回报和利润最大化，就会与教育的公益性产生冲突。⑤ 尤其国有资本介入办学过程时，院校需管理好办学资产，属国有资产成分需保值增值，以免

① 潘奇：《混合所有制职业院校改革的进展、路径及值得关注的问题——基于4所案例院校的分析》，《教育与经济》2018年第2期。

② 高文杰：《混合所有制职业院校的内涵与意义及其治理分析》，《职教论坛》2015年第30期。

③ 张墨涵：《高职院校混合所有制改革的实施路径分析》，广东高等教育出版社2020年版，第8页。

④ 陈涛：《把握高等教育混合所有制办学的教育性》，《中国高等教育》2018年第Z3期。

⑤ 朱倩倩：《高职院校混合所有制办学公私性质冲突与矛盾化解》，《中国高教研究》2021年第11期。

因国有资产处理不当、监管不到位而导致国有资产流失。在分类管理背景下，随着民办高校营利与非营利两分，混合所有制高职院校同样需要划分为营利性和非营利性民办高职院校，[①] 为社会资本捐投资合作举办民办高职提供了分类管理依据。

（二）办学形态与分类依据

通过借鉴经济领域国企混改分类管理经验，推进高校分类管理是新时代我国高等教育高质量发展的重要举措。《国家中长期教育改革和发展规划纲要（2010—2020）》提出要建立高校分类体系，实行分类管理；2017 年，《关于鼓励社会力量兴办教育促进民办教育健康发展的若干意见》再次明确提出对营利性和非营利性民办院校实行分类管理、公益导向，对不同类别的民办高校实行差别化的扶持政策；2021 年，《"十四五"规划和 2035 年远景目标规划纲要》中再次强调推进高等教育分类管理和高等学校综合改革，要构建更加多元的高等教育体系。从上述政策不难发现，高校分类管理已成为我国高等教育发展与改革的重要方法论，对高等教育分类管理是院校及其利益相关者出于一定目的。根据院校的办学特征，选择具体标准对其进行归类，涵盖了高等教育的体系、结构等诸多层面。[②] 综合来看，高校分类管理体现了现代大学制度中大学与市场、政府之间的关系，高校分类设置管理是制度设计的根本结果，旨在实现高等院校系统的职能分工与耦合，以求提高宏观治理和资源分配的效率。[③]

高职混合所有制办学强调投资办学主体的多元性、资本的渗透性以及办学类型的多样性，使得必需通过建立分类管理体系进行有效区分和差异化管理，但同时也给分类管理的构建带来了新的挑战。为此，亟须从理论层面探寻分类管理的依据：第一，基于混合主体的分类。这是从广义上理解混合所有制办学，表现为公办高校混入民营资本或民办高校接受公有资本的资助，本质上是公办和民办学校边界的

---

①　罗先锋、潘懋元：《高校混合所有制办学形式》，《高等教育研究》2018 年第 5 期。

②　李立国、薛新龙：《建立以人才培养定位为基础的高等教育分类体系》，《教育研究》2018 年第 3 期。

③　史秋衡、康敏：《探索我国高等学校分类体系设计》，《中国高等教育》2017 年第 2 期。

模糊。① 由此，根据混合主体性质及办学资源情况，将混合所有制高职院校划分为公办高职引入社会资本、民办高职引入国有资本以及不同资本合资兴办混合所有制高职院校三类。第二，基于资本混合程度的分类。从资本混合情况来看，高职混合所有制办学是由国有资本、集体资本、民营资本、外资资本等不同所有制属性资本融合的产物。根据混合程度大小不同，高职混合所有制办学可分为以学校层面产权混合为基础的"真"混合，以校内二级学院合作为基础的"类"混合和以委托管理和 PPP 模式为基础的"泛"混合三类。② 第三，基于所有制属性的分类。根据高等教育办学公私属性可将混合所有制办学分为公办主体的混合所有制院校和民办主体的混合所有制院校，③ 即所有制属性为"公"的混合所有制办学，包括政府与基金会合作办学、公办高校委托管理办学、公办高校二级学院混合所有制办学等形式；所有制属性为"民"的非营利性混合所有制办学，包括公民共同举办的非营利性民办高校、具有独立法人资格的中外合作大学和财政支持的非营利性民办高校等。此外，还存在一种所有制属性为私的营利性混合所有制高校。具体而言，该类院校的办学形式以股份制为主，办学资本中的公有资本主要来自于国有企业，形成一种类似于公民资本共同持股的混合所有制教育公司。④

　　综上，以上分类方式虽依据各有不同，但都存在着一定的共性。首先，高职混合所有制办学的公益性不会因资本性质发生变化。高职院校以培养高技能人才为首要任务，其办学目标、运行机制以及治理方式都要体现教育的公益性，尽管资本进入会让教育在带来社会效益的同时产生一定可观的经济效益，混合所有制高职院校要在保证教育公益性的前提下兼顾营利，但其最终目标是要获取人力资本收益和社会效益最大

① 陈涛：《大学公私界限日益模糊：全球现象与动态特征》，《复旦教育论坛》2015 年第 4 期。

② 董圣足：《教育领域探索"混合所有制"：内涵、样态及策略》，《教育发展研究》2016 年第 3 期。

③ 陈涛：《把握高等教育混合所有制办学的教育性》，《中国高等教育》2018 年第 Z3 期。

④ 罗先锋、潘懋元：《高校混合所有制办学形式研究》，《高等教育研究》2018 年第 5 期。

化。其次，高职混合所有制办学是不同性质非公资本的自由组合。高职院校根据资本不同比例进行不同程度的重新组合，其自身性质通过资本组合在总体运行时有所体现。高职院校开展教育教学活动时，资本的增值性和逐利性需要和教育的公共性适配，需要建立规范的资本监管体制，以防止非公资本的进入破坏高等教育的社会效益。最后，高职混合所有制办学的产权结构呈多元化发展特征。区别于单纯的公有资本和非公有资本办学，参与高职混合所有办学的资本是多元的。通常涉及两个或多个不同所有制属性的资本投资办学，可能是源于政府公共财政或国企的国有资本，也可能是社会上的民营企业、外资企业、社会组织或个人等以资金、土地、设备、技术、管理、人力资源等多种形式。总之，高职混合所有制办学的分类标准是关键，而不论选择什么样的"分类"，都应该以人才培养为核心标准，各类高校依据自身条件、国家和社会需求来制定符合所属类型战略规划，各居其位，避免不同类型高校竞争，维持高校系统秩序。①

二　高职混合所有制办学实践及其模式

长期以来，我国教育事业发展建立了以政府为主导的办学格局，形成了公办院校与民办院校两种办学体制。其中，公办高职院校是我国高职院校的重要办学主体，据最新统计占全国高等职业院校数量的 75%以上。② 高职院校借鉴国企混改经验，开展混合所有制办学，利用产权、股权和利益等探索构建国有资本和社会资本、政校企之间的新秩序，通过校企合作、产教融合等方式探索混合所有制办学体制，利用不同所有制性质办学主体自身优势，以促进混合所有制办学的持续发展。在办学实践中，高职混合所有制办学提倡"一校一案"，根据各院校的

---

① 孙伦轩、陈·巴特尔：《高等学校的分化、分类与分层：概念辨析与边界厘定》，《国家教育行政学院学报》2016 年第 10 期。

② 据教育部统计，截至 2020 年，全国高职高专院校共计 1468 所。其中，公办高职高专院校 1128 所，民办高职高专院校 337 所，中外合作办学高职高专院校 3 所。公办高职院校占76.84%，是高职院校的主力军。2021 年，高职高专院校增加至 1486 所，截至 2022 年 5 月 31日，全国高等职业院校共计 1521 所，其中高职（专科）院校增加至 1489 所，本科层次职业学校 32 所，公办职业学校 1146 所，民办及中外合作办学学校 375 所。（教育部：《全国高等学校名单》（2022 - 06 - 17）［2023 - 01 - 06］，http：//www. moe. gov. cn/jyb_ xxgk/s5743/s5744/A03/202206/t20220617_ 638352. html. ）

实际情况制定了与院校发展相适应的治理机制和运营方式，不断丰富了高职混合所有制办学的实践经验。从 2016 年开始，我国高职混合所有制院校开展了以办学模式创新为主线的实践与探索，当前较成熟且富有特色的主要有以下三种模式。

（一）"大混套小混"的"山海模式"——山东海事职业学院

山东省职业教育领域混合所有制办学改革一直走在全国的前列，2015 年率先以省为单位开展改革试点，被称为全国职业教育领域混合所有制改革的策源地。其中，山东海事职业学院是山东首家混合所有制高职院校，是由政府参与出资的民办院校，实现公私股份混合办学模式。2010 年潍坊市人民政府投入少量政策资金，报请成立山东海事职业学院，并开始探索混合所有制办学。一年后，在潍坊市人民政府指导下，政府出资 536 万元财政资金引领 3.6 亿社会资本创建了混合所有制高职院校，按照现代产权制度明确了学校产权与举办方股权比例，其中潍坊市金融控股集团代表市政府持股 1.47%，山东通达船舶公司、潍坊陆洋运输公司、潍坊交运集团分别持有 15.37%、15.37%、67.79%的股份，即社会资本参与办学股份达到 98.53%。① 作为山东省首家混合所有制高职院校，山东海事职业学院以"企业办学底子、民办高校牌子、混合所有制里子"的朴素认识，探索"大混套小混"（院校整体、二级学院、公共实训基地）的混合所有制办学思路。②

一是在院校整体层面，山东海事职业学院的混合所有制办学的核心在于产权的混合，实行股权开放，实施股权动态变更，创新产权式校企合作，充分体现了多主体共同办学的特征。山东海事职业学院构建了现代职业院校法人治理体系，实行董事会领导下的校长负责制，包括由潍坊金融控股集团、企业和教师代表依法组建的董事会、院行政、监事会等机构组成。③ 在此基础上，山东海事职业学院修订了办学章程，明确依规制约、依法治校的法人治理结构，建立了在混合所有制办学体制下的治理机制。二是在二级学院层面，山东海事职业学院混合所有制办学

---

① 马超、李金梅：《职业教育混合所有制办学的现实困境及应对策略》，《中国成人教育》2019 年第 8 期。

② 邢婷：《职教"山东模式"激活"一池春水"》，《中国青年报》2021 年 4 月 14 日。

③ 王敬良、张成宽：《职业院校混合所有制办学体制的实践与研究——以山东海事职业学院为例》，《中国职业技术教育》2019 年第 34 期。

从产权和法理上决定了其院校与企业之间的"血缘"关系，即一方面健全了院校整体层面的混合制度体系，另一方面还要深入推进混合所有制二级学院的建设体制，形成耦合型的新型校企合作关系。2015 年以来，山东海事职业学院相继吸收了社会资本 9300 多万元，包括与北京东方通航教育科技有限公司合作共建北京东方通用航空学院，与江苏京东信息技术有限公司合作共建京东电商学院在内的混合所有制二级学院。三是在公共实训基地层面，山东海事职业学院混合所有制办学进一步突出产教融合和校企合作，探索开展"学校提供场地、知名企业投入实训仪器设备、师资课程等"的合作方式。如北京东方通航教育科技有限公司投资 2700 万共建混合所有制航空旅游实训中心，新迈尔（北京）科技有限公司投资 400 万共建混合所有制电商生产性实训基地。2018 年 12 月，学院与外资企业股份制注册山东欧佩特海洋工程有限公司试验营利性社会培训办学业态。

综合来看，作为民办性质的山东海事职业学院，经过多年的混合所有制办学实践与探索，逐渐形成了"大混套小混"的办学新样态。所谓"大混套小混"，即指在完善院校整体混合的制度体系的同时，深化混合所有制二级学院的建设体制。按办学形态分类管理的角度分析，山东海事职业学院在民办主体混合所有制职业院校的基础上，既包括学校层面的确权办学模式，又包括二级学院或实训基地层面的确权办学模式。山东海事职业学院混合办学体制在资本属性上打破了公私泾渭分明的界限，在民办高校实行分类管理以来，得到了潍坊市政府更多的支持。自建校以来，政府每年视财政情况持续给予几百万到几千万的财政办学补助投入，给予新生生均 1000 元的财政补贴，吸引社会各方力量积极持续投入办学。显然，政府资源和民间资本得到有机整合，搭建了政策性体制机制平台。由于混合所有制办学改革范围有限，不会成为全局性的工作，目前还缺少多部门联合协同的规范性文件指导混合所有制办学，因此山东海事职业学院办学实践还存在诸多阻碍。但该校对全国职业教育具有积极影响，已是高职混合所有制办学的"蓝本"。

（二）"深化产教融合"的"院司一体"——台州职业技术学院汽车学院

从当前高职混合所有制办学实践来看，具有混合所有制办学特征的公办高职二级学院是发展的主流。不同于山东省的做法，近年来浙江省作为"有条件的地区"也在积极推进混合所有制办学改革探索。如：2015年浙江省人民政府发布《关于加快发展现代职业教育的实施意见》，强调要推进职业教育体制机制创新，着重发展多元办学、校企合作，鼓励探索运用股份制、混合所有制改造职业院校，积极引导和支持社会力量兴办职业教育；2020年浙江省人民政府印发《浙江省深化产教融合推进职业教育高质量发展实施方案》，明确要求以深化产教融合为主线，加快建设产教融合实践基地、实习实训基地、产教融合企业，实施产学合作协同育人；2021年教育部与浙江省人民政府联合发布了《关于推进职业教育与民营经济融合发展助力"活力温台"建设的意见》，提出要加快推动温州、台州高职教育与民营经济一体化发展，助力打造"活力温台"，激发企业积极投身职业教育新动力，构建政校企协同发展的职业教育体系。不难发现，浙江为有效应对公办院校混合所有制办学的诸多"瓶颈"问题提供了丰富的政策工具。

台州职业技术学院为推动高职院校产教融合的实体化和一体化，在地方政府的支持下，整合院校、企业和行业等多方力量，2017年与珠海市欧亚汽车技术有限公司和浙江台州金桥集团有限公司签约成立了混合所有制办学的笛威金桥汽车工程学院和笛威金桥汽车技术服务有限公司。台州职业技术学院把混改办学作为深化产教融合、校企合作的突破口，创新性地形成了"院司一体"运行模式，构建校企利益共同体，推进基于混合所有制的教师、教材、教法"三教"改革，解决了职业技能型人才培养的质量问题。2017—2021年间的四年改革创新，极大地提高了育人效率和育人质量，形成混合所有制办学"台职模式"，成为校企融合的新形态和新模式，即台州职业技术学院利用市场化规则，探索公办高职混合所有制二级学院的办学模式，实现产权和治理结构、收益、师资、育人等方面的多重混合。

第一，在产权结构上实现两类资本的混合。台州职业技术学院以办学设施设备的用益物权、办学经费、办学权、师资等形式，相关企业则以资金投入、知识产权、社会资源、设备仪器、师资、资金等形式，共同投入创办笛威金桥汽车工程学院，采用资产独立、资源共享方式进行学院运行。校企以约定股份投入成立笛威金桥汽车科技有限公司，开展教学培训、技术服务等经营活动。其中，珠海市欧亚汽车技术有限公司、浙江台州金桥集团有限公司分别持股 27.80%，学校持股 44.40%；第二，在治理结构上实现两类管理的混合。校企双方共同成立二级学院理事会和公司董事会，院长由学院委派人员担任，经理由企业派员担任，探索"司院一体、双会协同"的管理模式，形成学校党委统一领导，直属党支部前置酝酿，理事会和董事会决策，院长、经理层执行的治理架构；第三，在收益模式上实现核算模式的混合。台州职业技术学院汽车工程学院建立了独立共享的产权制度，明确校企双方以资本、设施、设备、技术、管理等形式投入建设，实行资产独立共用原则。校企双方参与办学的收益分配，原则上按照培养人才的贡献大小及产出效果为标准进行核算。企业收益是混合所有制二级学院办学收益、企业出资共建基地生产经营收益和三方共建公司经营收益的总和；第三，在师资队伍上实现两类师资的混合。台州职业技术学院汽车学院师资队伍由学校老师、企业驻校老师、学徒制企业师傅等组成多师混编混岗教学团队。学院混编师资实行"混合共建、混编共管、同工同酬"的管理模式，企业驻校老师入职混合所有制二级学院，学校按照在编教师的工资定级方式套算企业老师的工资等级，校企双方真正实现人员互融；第四，在育人方式上实现两类方向的混合。台州职业技术学院汽车学院自 2017 年校企合作以来，已经全面推行了现代学徒制与企业新型学徒制，并顺利完成了全国第三批现代学徒制试点工作。对现代学徒制人才培养模式、学习领域课程体系、实践性教学体系进行改革，培养方式和培养质量两个层面实现以"需求"为导向。校企共同研制人才培养标准、课程标准、模块标准的三级标准体系，重构模块化课程，联合开发模块化课程 8 部和 16 门新教材。

从办学体制的角度看，二级学院层面的混合所有制办学是职业院校、政府和企业三方合作办学的模式，一般发生在公办高职院校。根据台州职业技术学院汽车学院校企合作的实践经验来看，"政校企"共建二级学院离不开地方政府支持，除了资源和资金支持外，地方政府通过发布指导性文件，来推进校企合作的有序开展。台州职业技术学院汽车学院作为混合所有制办学的二级学院，又是一个实体的"校中企"，与提高服务区域产业发展能力紧密结合，二级学院专业设置适应市场和用人单位的人才需求，充分释放混合所有制办学的优势。[①]同时，二级学院的校企合作过程中也会产生问题。一方面，产权配置上学校给予的资源大多是物质性资源，如场地、设备、师资等，属于"半产权"，在产权认定和评估上较为复杂，在实际办学运行中势必会与投资企业发生利益分配上的纠纷，威胁校企合作关系。另一方面，公办职业院校的治理体系偏"行政化"，混合所有制二级学院吸纳学院和企业人员进入领导层，但由于双方存在利益冲突，实际管理中容易出现"各自为阵"和校企分离的情况，违背了混合所有制办学多元主体协同治理的初衷。

（三）"镇校行企合作"的"专业镇"模式——中山职业技术学院产业学院

在全国诸多办学实践中，广东省在推进高职产业学院建设中极具代表性。2018 年广东省教育厅率先发布《关于推进本科高校产业学院建设的若干意见》《关于深化产教融合的实施意见》，开启了产业学院立项工作，支持根据行业产业需求组建产业学院，而中山职业技术学院就已成为广东省推进产业学院建设的先进典型，该校立足于中山市各镇产业需要，形成了"专业镇产业学院"发展模式。

中山职业技术学院根据广东省区域社会经济结构特点、产业转型升级的实际需要，依托本校的重点和特色专业，与专业镇政府在其产业园区合作建立"一镇一品一专业"的产业学院。[②] 2011 年以后，中山职业技术学院相继与专业镇政府和行业企业合作共建了 5 所产业学院。譬如：中山职业技术学院依托电梯特色产业链，与中山市南区政府共建了南区电梯学院；依托古镇灯饰特色产业园区，与中山市古镇镇政府共建了古镇灯饰学院；依托沙溪服装特色产业园，与沙溪镇政府共建了沙溪服装学院；依托小榄商贸物流园区，与小榄镇政府共建了小榄学院以及

---

① 潘建华：《职业教育校企合作有效性研究》，科学出版社 2021 年版，第 78—79 页。

② 林仕彬：《校企合作背景下高职院校人才培养质量保障体系的构建——以中山职业技术学院专业镇产业学院的实践为例》，《职业教育（下旬刊）》2015 年第 7 期。

依托红木特色产业，与大涌镇政府共建红木家居学院等。[①] 专业镇产业经济的高度聚集为中山职业技术学院实现"镇校行企"合作办学提供了独特条件。如今，中山职业技术学院与专业镇产业合作举办的产业学院已在全国形成了辐射效应。

中山职业技术学院与乡镇政府、行业企业开展深度合作，共建具有产教深度融合的产业学院，探索"镇校行企"多方协同参与办学的过程中，逐渐形成了创新性的办学体制和治理机制。一是投资体制上的创新。中山职业技术学院探索混合所有制办学的投资体制，打破了以往财政单一投入为主的投资方式，建立了镇政府、行业、企业、科研院所等其他社会力量多方投资体制。[②] 学院与镇政府通过签署协议来明确各主体的权责和利益分配。如：中山市沙溪镇政府提供2800多万元的场地和基础设施，合作企业捐赠650多万元设备用于合作举办服装学院；[③] 二是治理结构上的创新。中山职业技术学院产业学院主要实行的是董（理）事会领导下的院长负责制。董事会或理事会是社会力量参与产业学院决策管理的途径和组织形式，董（理）事会行使行政权力，学术权力由院长及管理层行使。如：小榄学院实行董事会下的院长负责制，董事会成员主要是行业企业领导或高管，企业和商会在产业学院发挥主导作用；[④] 三是运行机制上的创新。中山职业技术学院在校企合作的基础上，实现了多方协同育人机制创新，包括专业建设、人才培养、师资培养、资源共享、实习就业、技术创新等方面。特别是在师资建设方面，中山职业技术学院专业建设对接产业集群的发展要求，充分发挥多元合作主体的优势，产业学院培养的人才直接参与产业实践，采用"双师型"、"双能型"专业教师，校企双方共同创新、资源共享、岗位

---

① 万伟平：《职业教育助推区域产业转型升级的路径研究——基于中山职业技术学院"校镇合作"共建产业学院的实践探索》，《当代职业教育》2016年第9期。

② 聂挺：《产业学院治理体系结构：演变轨迹、运行困境及优化路径》，《职教论坛》2023年第1期。

③ 万伟平：《职业教育助推区域产业转型升级的路径研究——基于中山职业技术学院"校镇合作"共建产业学院的实践探索》，《当代职业教育》2016年第9期。

④ 易雪玲、邓志高：《探索"专业镇产业学院"高职教育发展新模式》，《中国高等教育》2014年第Z3期。

共推，提升技能人才培养水平。①

　　"产业学院"在我国教育领域已有十多年的实践经验，各地由于产业和发展的差距形成了差异化的实践模式。首先，中山职业技术学院"专业镇"产业学院是基于城镇化背景，本土自主创新的一种模式，标志着乡镇一级的高职教育混合所有制办学的开端，是校镇合作的实现形式。区别于将办学触角延伸至县域推进校县合作的方式，古镇灯饰学院、小榄学院等产业学院校镇合作更为直接，体现乡镇职教的"接地气"。其次，中山职业技术学院所属的产业学院具有"定制性"的特征，为"专业镇"量身定制了配合产业发展的产业学院，实现"专业—产业""人才—市场"的双链接。最后，这些产业学院能够动态跟踪当地产业发展变化，学校以专业（群）为依托，精准地链接地方产业集群，专业镇即成为产业集群的专业镇。

　　在混合所有制产业学院实践中难免还存在诸多治理困境。产业学院在实际治理过程中，一方面会面临多元投资主体的治理模式难以落实，导致治理失效，偏离办学目标；另一方面，多重属性资本的产权问题易导致大股东掌握话语权，过度干预办学，导致治理体系遭遇阻塞，需要创造适当的制度环境和建立可供参考的治理范式加以规制。② 另外，产业学院的法人资格是否独立还存在争议。参照二级学院的运作方式，产业学院应不具备独立法人资格，但学界有人认为产业学院有别于二级学院，是高职院校办学形态的完全创新。③ 从法治层面允许产业学院成为独立法人，可自主独立运行，似乎有利于其吸引社会资本、构建现代法人治理体系，但由于产业学院办学主体、运行方式、内部结构的多元，组织上的独立化，也许会弱化产业学院的优势和特点，破坏校政企行之间的良性互动。

---

　　① 郑琦：《产业学院：面向产业集群的高职教育模式——基于中山职业技术学院产业学院的分析》，《职业技术教育》2013 年第 35 期。

　　② 聂挺：《产业学院治理体系结构：演变轨迹、运行困境及优化路径》，《职教论坛》2023 年第 1 期。

　　③ 张艳芳、雷世平：《论混合所有制产业学院的内涵、地位及属性》，《中国职业技术教育》2018 年第 34 期。

第三节 中外合作办学类型及其大学体制分类

一 中外合作办学的设置类型

当前，我国高等教育领域的中外合作办学类型主要包括三种，即中外合作办学项目、中外合作办学二级学院以及具有独立法人资格的中外合作大学。不难发现，以上三类办学的形式和层级依次递增，均不同程度地引入了包括人才、管理、技术等境外资本参与办学，从一定程度上丰富了我国高等教育办学形式，满足了一部分群体对境外优质教育资源的需求。其中，中外合作大学的创办更是体现了办学体制创新。

中外合作办学是指我国实行改革开放以来的合作办学活动。最早的中外合作办学活动始于原国家经济贸易委员会主持建立的中外合作管理培训项目，如 1980 年大连工学院（现大连理工大学）开办的中美合作管理培训项目和 1984 年国家经贸委与欧洲共同体合办的中欧管理项目。[①] 类似的管理培训项目开始在大连、北京、上海等城市出现，标志着以管理培训项目为主要形式的中外合作办学开启试点。1984 年，我国参与签署联合国教科文组织发起的《亚太地区高等教育学历、文凭和学位相互承认地区公约》，标志着我国所开展合作办学范围得到进一步扩大。翌年，国家开展教育体制改革，扩大高校办学自主权，使得高校独立开展与境外教育机构合作办学成为可能。

中外合作办学迅速发展得到了党和国家的肯定。1993 年，中共中央、国务院印发《中国教育改革和发展纲要》，明确提出"教育要扩大开放、改革创新，不断尝试新的办学形式"。这为中外合作办学的发展提供了重要的政策依据。[②] 同年 6 月，原国家教育委员会颁布《关于境外机构和个人来华合作办学问题的通知》，提出引进境外教育资源的合作办学形式有利于我国教育事业的发展，这说明我国对中外合作办学这

---

① 张瑞瑞：《浅析改革开放以来中外高校合作办学模式的重大改革》，《世界教育信息》2016 年第 1 期。

② 陆根书、康卉、闫妮：《中外合作办学：现状、问题与发展对策》，《高等工程教育研究》2013 年第 4 期。

一新型办学活动持鼓励态度。在此背景下，诞生了中外合作二级学院这一全新的办学形式，而有关中外合作办学的规范工作也在逐渐展开。1995 年，国家教育委员会颁布《中外合作办学暂行规定》，这是我国第一个对中外合作办学进行明文规定的文件，提出把中外合作办学作为我国教育事业的补充；第二年，国务院学位委员会颁布《关于加强中外合作办学活动中学位授予管理的通知》，进一步规范了中外合作办学活动；1998 年，国家颁布了《高等教育法》，这对中外合作办学的开展形式进行更加明确的规定。作为办学依据和规范保障的前提下，上述相关政策法规促进中外合作办学迅速发展。

进入 21 世纪，随着我国加入世界贸易组织（WTO），有关中外合作办学性质、产权及投资方面的问题开始变得越来越复杂，中外合作大学的新型办学模式出现，致使原有政策性规定的解释效力越来越弱。就此，2003 年国务院颁布了我国第一部针对中外合作办学的行政法规——《中华人民共和国中外合作办学条例》（简称《条例》），这标志着中外合作办学正式进入了规范办学时代。第二年，教育部配套颁布了《中外合作办学条例实施办法》，对《条例》的有关内容进一步细化。随后，教育部又相继颁布《关于当前中外合作办学若干问题的意见》《关于做好中外合作办学机构和项目复核工作的通知》等文件，标志着中外合作办学的制度框架逐渐确立。至此，中外合作办学的三种设置类型在制度框架下不断发展。随着全球高等教育发展形势的变化，中外合作办学在我国高等教育体系中的重要地位也不断得到巩固。

（一）中外合作办学项目

中外合作办学项目，是指中国教育机构与外国教育机构以不设立教育机构的方式，在学科、专业、课程等方面，合作开展的以中国公民为主要招生对象的教育教学活动。在教学过程中，以英语或外方合作院校采用的官方语言为主要教学语言，采用中外双方学校互认学分、学生按教学安排修满学分后可申请外国教育机构学位（或双方学位）的办学模式。① 根据教育部中外合作办学监督工作信息平台的数据统计，截至 2023 年 5 月，我国本科及以上办学层次的中外合作办学项目共有 965

---

① 宗希云、孙福田：《中外合作办学的模式研究》，《黑龙江高教研究》2009 年第 10 期。

个，其中本科 794 个，硕士 171 个。[①] 从时间维度看，中外合作办学项目是我国最早的中外合作办学形式，也是最为广泛的办学选择。从中外合作办学的特征来看，中外合作办学项目具有异地培养、设置灵活和独立性弱等特点。

第一，异地培养。在大多数情况下，合作办学项目中的培养任务需要在国内和国外分别完成，具有异地共同培养人才的办学特征。如常见的"3＋1"、"2＋2"等模式。[②] 在这种异地培养模式下，学生首先需要在国内高校完成相关的学习任务，随后前往国外院校完成 1—2 年的学习任务，最终取得两方高校学位；第二，设置灵活。主要是指合作办学项目是以合作培养项目的形式开展办学，不依赖母体院校以外其他实际教育机构的存续，且合作办学项目围绕具体的学科专业培养课程展开，其变更相对容易，因此具有设置灵活的特点；第三，独立性弱。中外合作办学项目的本质是中外教育机构合作开展的人才培养项目，其存续取决于中外教育机构之间的合作协议。如教育部 2018 年 6 月批准终止的 229 个合作办学项目中，绝大多数均为协议到期而自动终止。[③] 此外，合作项目的资金、教师等资源在很大程度上取决于母体机构，合作项目本身对母体机构存在较强的依赖性。

（二）中外合作二级学院

中外合作二级学院是指由中方高校与外方主体合作创办的不具有独立法人资格，隶属于中方高校的二级办学机构。[④] 从时间顺序上看，二级学院的合作办学形式仅次于中外合作办学项目，可以说是中外合作办学项目纵深发展的重要体现。1994 年，我国成立了真正意义上的第一所中外合作二级学院——上海大学悉尼工商学院后，自此拉开了中外合作二级学院在全国重点高校迅速发展的序幕。截至 2023 年 5 月的统计，

---

① 《教育部中外合作办学监督工作信息平台》，（2023－06－30）［2023－08－01］https：//www.crs.jsj.edu.cn/index/sort/1006。

② 由于疫情等不确定性因素，一些高校中外合作办学项目也采取了"4＋0"模式。

③ 中华人民共和国教育部：《教育部办公厅关于批准部分中外合作办学机构和项目终止的通知》（2018－06－21）［2023－03－05］，http：//www.moe.gov.cn/srcsite/A20/moe_862/201807/t20180705_342056.html。

④ 林金辉、刘志平：《高等教育中外合作办学研究》，广东高等教育出版社 2010 年版，第 38 页。

正在招生的本科及以上层次的中外合作二级学院共有 91 家,① 显然相较于合作办学项目数量较少,这一形式对办学资质要求会更高。

作为不同于合作办学项目的全新办学形式,中外合作二级学院在一定程度上可以看作是合作办学项目与具有独立法人资格的合作大学之间的"过渡"。② 这种办学的"过渡"属性主要是由中外合作二级学院的相对独立性决定的。一方面,合作二级学院拥有合作项目不具备的办学自主权,拥有独立的教学计划、办学标准与师资力量,可以独立开展招生工作。同时,在一定的范围内有权支配自身的办学经费,拥有独立财会安排权力;另一方面,合作二级学院对其母体院校有着不同于合作大学的依赖性。合作二级学院本质上是隶属于中方高校的二级机构,不具有独立法人资格,因此在投资、管理等办学方面受到母体院校的制度约束,其管理与重大事项的决策也主要由母体院校决定。总的来看,这种"过渡"属性使得合作二级学院既可以发挥合作办学的灵活性,又在一定程度上避免办学失范带来的风险。但需要注意的是,由于合作二级学院对母体院校的依赖性,仍存在着招生指标遭到挤占、教学管理受到干预、经费难以得到保障等问题。

(三)中外合作大学

中外合作大学一般指由中外大学合作举办,具有独立法人资格,且拥有独立校园并独立运行的中外合作办学机构,是当前中外合作办学人才培养的最高级模式。③ 中外合作大学的出现,可以说是改革开放以来我国中外合作办学发展过程中的一个重要里程碑,它突破了以往我国高等教育的传统合作办学模式,是在经济全球化、高等教育国际化的背景下对高等教育办学模式进行的大胆创新,也是促进中外高等教育资源相互交流、推动我国高等教育事业发展的重要载体。截至2023 年 5 月,已建成的本科及以上层次的中外合作大学共有 10 所(如表 4 - 2)。

---

① 《中华人民共和国教育部中外合作办学监管工作信息平台》(2023 - 05 - 01)[2023 - 05 - 10], https://www.crs.jsj.edu.cn/。

② 王剑波:《跨国高等教育与中外合作办学》,山东教育出版社 2005 年版,第 33 页。

③ 林金辉:《中外合作办学规模、质量、效益研究》,厦门大学出版社 2016 年版,第77 页。

表4-2　　　　我国中外合作大学一览（截至2023年5月）

序号	学校名称	创办时间	合作办学高校名称	主管部门	所在地	办学层次	办学类型
1	宁波诺丁汉大学	2004	浙江万里学院/英国诺丁汉大学	浙江省教育厅	宁波市	本科及以上	中外合作办学
2	北京师范大学—香港浸会大学联合国际学院	2005	北京师范大学/香港浸会大学	广东省教育厅	珠海市	本科及以上	内地与港澳台地区合作办学
3	西交利物浦大学	2006	西安交通大学/英国利物浦大学	江苏省教育厅	苏州市	本科及以上	中外合作办学
4	上海纽约大学	2011	华东师范大学/美国纽约大学	上海市教委	上海市	本科及以上	中外合作办学
5	温州肯恩大学	2011	温州大学/美国肯恩大学	浙江省教育厅	温州市	本科及以上	中外合作办学
6	昆山杜克大学	2013	武汉大学/美国杜克大学	江苏省教育厅	昆山市	本科及以上	中外合作办学
7	香港中文大学（深圳）	2014	深圳大学/香港中文大学	广东省教育厅	深圳市	本科及以上	内地与港澳台地区合作办学
8	深圳北理莫斯科大学	2016	北京理工大学/俄罗斯莫斯科罗蒙诺索夫国立大学	广东省	深圳市	本科及以上	中外合作办学
9	广东以色列理工学院	2016	汕头大学/以色列理工学院	广东省教育厅	汕头市	本科及以上	中外合作办学
10	香港科技大学（广州）	2022	广州大学/香港科技大学	广东省	广州市	本科及以上	中外合作办学

数据来源：经笔者整理而得。

　　中外合作大学除了拥有独立的法人资格、独立的法人财产以及能够独立承担办学责任以外，还表现出其他非制度性的办学特点。我国现有的10所中外合作大学还具有区位优势明显、办学主体优质以及办学层次丰富等特征。首先，中外合作大学的办学地点基本处于我国沿海经济发达地区，办学区位优势凸显，这些地区的财政实力能够为合作大学开展办学活动提供经济保障，且更容易吸引能够承担较高学费的生源；其次，中外合作大学均由经验丰富、实力强劲的办学主体合作兴办。中外合作大学的兴办院校均为国内外享有较高声誉的优质办学主体，其综合办学实力较强，有利于为中外合作大学的发展提供优质的办学主体支持；最后，中外合作大学的办学层次相对丰富。不同于针对特定学历阶段或特定学科的合作项目与合作二级学院，中外合作大学的办学层次涵盖本科、硕士研究生与博士研究生教育，且在学科专业的设置层面也相对项目和二级学院而言更为丰富。

从以上三种办学类型来看，中外合作办学通过引进来自境外的培养模式、课程设置、教材内容、教学方法、管理制度、师资队伍和质量保障体系等国际领先的教育资源，在树立自身办学的品牌特色上更具独特优势。合作项目、二级学院和合办大学具有实质相同、形式递进的特征，实质上是以三种不同的方式来配置中外高等教育资源，提高现有教育资源的使用效率。同时，中外合作办学模式的进步也意味着社会资本参与高等教育办学的空间进一步扩大，在不断发展的中外合作办学，特别是中外合作大学作为一种新兴的合作办学模式，在其内部治理、外部治理和顶层制度设计层面还存在着诸多问题。相比于中外合作办学项目及合作二级学院，其结构更加复杂，这也注定了其在理论设计和实践探索层面有更多可完善的空间，以第三方企业、基金会组织等社会力量将发挥越来越重要的作用。

二 中外合作大学的体制分类

高校办学体制与高校办学活动的组织结构及制度规范息息相关。[①] 对于中外合作办学而言，明确中外合作办学体制分类，有助于规范合作办学行为，促进不同合作办学形式的高质量发展。其中，中外合作办学项目、中外合作二级学院由于不具备独立的法人地位，因此其办学体制的性质取决于中方母体高校的办学体制。[②] 而中外合作大学由于具有独

---

① 皇甫林晓、梁茜：《新中国成立 70 年来高等教育办学体制改革的历史回顾与未来展望》，《大学教育科学》2020 年第 1 期。
② 刘梦今：《中外合作大学公私属性之辨》，《中国高教研究》2014 年第 11 期。

立的法人地位，其办学体制分类问题应当被"特殊"对待。当前，随着高等教育全球化发展，包括中外合作大学在内的跨境高等教育对传统办学体制的公私属性认知造成了挑战，致使社会各界对合作大学的办学体制分类陷入模糊状态，为此亟须突破公私二元的定式思维，在公私合作视角下重新审视中外合作大学办学体制分类及其办学行为。

（一）办学体制分类的模糊性

随着高等教育提供者日益多元，现代大学的办学体制也日趋复杂，造成其公私属性越来越难以辨认，而这一"模糊性"特征贯穿了大学设立、运行乃至终止等各个发展阶段和办学环节。同时，高等教育全球化的深入发展也使得这一现象及其特征更为凸显。① 由于跨国高等教育涉及不同国家教育资源的跨境流动，且各国开展跨境高等教育办学的具体情况，如：牵涉到的法律规定、合作办学形式等不尽相同，在全球范围内出现了众多办学体制分类模糊的相关案例。如：我国公立高校厦门大学在马来西亚开设的厦门大学马来西亚分校（Xiamen University Malaysia），尽管其母体高校在中国属于公办性质，但在马来西亚则将其与其他国际性大学分校一同归类为私立性质办学；② 又如：美国私立高校杜克大学（Duke University）与我国公办高校武汉大学合作建立了昆山杜克大学（Duke Kunshan University），尽管这一学校涉及私立高校，但该校主管部门为江苏省教育厅，且该校在办学过程中对昆山市人民政府的财政依赖程度较高，因此也很难简单地按照传统分类模式将其界定为"一国之内"的公立或者私立高校。总之，中外合作大学的跨境特征，给办学体制类型的界分产生了影响，对院校治理提出了新挑战。

为了应对这一治理挑战，国内研究者首先讨论的就是中外合作大学的公私属性问题，因为这关乎中外合作大学办学体制分类的基础。如有学者认为，中外合作大学应该采用传统"或公或私"的分类标准；③ 也有学者认为中外合作大学是属于传统公私两类之外的第三类办学模式。

---

① 陈涛：《大学公私界限日益模糊：全球现象与动态特征》，《复旦教育论坛》2015 年第 4 期。

② Institut Pendidikan Tinggi Swasta（IPTS）. Ministry of Education Malaysia［EB/OL］，https：//www. moe. gov. my/en/? view = article&id = 6857；bbp-pembiayaan-lain&catid = 434.

③ 张瑞瑞、袁征：《中外合作大学是不是第三种高校类型？——兼与刘梦今商榷》，《现代大学教育》2016 年第 10 期。

显然，学界对于中外合作大学办学体制分类问题并未形成较为统一的看法。但在实践层面，教育部在 2022 年 5 月公布的全国普通高等院校名单中，将中外合作大学（含内地与港澳合作办学）单独在名单中列出，并未直接将其划分为公办或民办类院校，这意味着将中外合作大学视为是超越公私二元的"第三类型"院校。但吊诡的是，中外合作大学办学又要求参照我国《民办教育促进法》的相关规定，即办学活动所参照的行政规章也与大部分民办高校类似，从这一角度而言又视其为"民办高校"。显然，已有研究已经认识到中外合作大学办学体制是不同于一国之内的公办或民办高校，但是由于境外社会资本的介入，又将其视为全球化高等教育下的"民办性质"高校。综合来看，由于中外合作大学办学体制的特殊性，使其办学行为处于"真空"状态，因此只有不断完善学理和法理上的认识，才能填补这一政策空白，从而助于实现分类管理。

（二）传统办学类型的适用性

面对中外合作大学独特的办学体制，其能否融入到我国现有高等教育办学体制分类之中，或者说中外合作大学是否适应我国公办或民办高等教育分类框架，就此问题有必要展开进一步的讨论。从一般意义而言，传统的高校办学体制分类维度主要是以高校举办主体、运营主体以及监管主体三个角度来区分高校公办或民办类型及其办学属性，为此可从三个维度讨论中外合作大学。

一是从举办主体角度来看，参与中外合作大学办学的主体呈现出多元化特征，即包括了中外合作办学的院校、国内地方政府、企业以及私人基金会组织等。基于公私二元视角来看，多元化的举办主体似乎可以看出中外合作大学不完全属于由政府主办的公办性质高校，但这也不足以说明中外合作大学就属于民办性质高校。如：我国《民办教育促进法实施条例》中第二章第七条规定："公办学校举办或者参与举办民办学校，不得利用国家财政性经费"。但现实情况是，几乎所有的中外合作大学在办学过程中都会接受中方公办高校以及地方政府财政力量的支持，甚至部分中外合作大学办学已经形成了对地方财政的依赖。因此，简单地将中外合作大学归类为民办高校不符合现行法律的规定。与此同时，非政府组织（第三方企业、私人基金会）对推动合作大学落地和运营发挥着重要作用。

二是从运营主体角度来看，现有中外合作大学内部普遍实行理（董）事会领导下的校长负责制，其成员分布涵盖了从合作高校、地方政府、合作企业以及基金会组织等多方主体，代表了不同主体的办学利益诉求。这一设置类型虽然与我国大部分民办高校的内部治理结构相似，但目前已创立的十所中外合作大学均由我国公办高校或地方政府主持建立。就此来看，中外合作大学的办学本质又不完全等同于当下的民办高校。此外，一些中外合作大学的建立还可能隐含有国家运营主体的政治动机，如深圳北理莫斯科大学（Shenzhen MSU-BIT University）就是在中俄两国教育部门的推动下建立的、创建过程得到了两国政府部门及领导人的高度重视，并由广东省教育厅负责主管的中外合作大学。①从这一角度而言，中外合作大学得到了国家和地方政府的重要支持，从而消解了办学的民营性特征。

三是从监管主体角度来看，由于中外合作大学是在我国开展本科及其以上人才培养的中外高等教育机构，需要接受我国政府主管部门的监管。同时，又因为其具有颁发外国学位证书的权力，因此也必然牵涉到境外主体的相关监管行为。从实践层面来看，一方面中外合作大学除了由各省教育厅主管外，还需要就学校的招标、招生、财务等信息在政府部门进行备案并于信息公开平台进行公示，以达到监管的要求；另一方面，中外合作大学需要接受相关的境外高等教育质量保障机构的认证，同时其办学活动特别是教学、考试环节的开展情况还需要接受境外合作大学的监管，以使其具有和境外合作大学同等水平的办学质量，从而保证合作大学颁发境外学历证书的实质有效性。从这一角度可见，中外合作大学的监管主体十分多样，针对其开展的监管活动也具有一定复杂性。因此，适用于传统办学体制类型的监管体系是否适用于中外合作大学的特殊办学实践还有待商榷。

基于以上分析，根据高校的兴办主体、运营主体以及监管主体来区分办学体制的传统分类标准已难以满足复杂的中外合作大学的办学实践需要，这主要是中外合作大学兴办主体、运营主体及监管主体的复杂关

---

① 张力玮、徐玲玲：《引进优质教育资源 促进中俄教育交流——访深圳北理莫斯科大学校长赵平》，《世界教育信息》2018 年第 15 期。

系导致的其办学体制中的公私因素混合特征造成的。因此，中外合作大学并不是简单的"非公即私"的办学体制类型，而是呈现出一种不同于传统分类标准的全新特征的办学体制。

（三）公私合作办学的特殊性

基于对中外合作大学办学体制分类模糊性以及在我国高等教育分类体系中的适应性分析，不难看出在公私二元分类框架下的中外合作大学不免会陷入办学定位不清、分类属性不明的治理困境，从而一定程度上阻碍了中外合作大学规范化办学和健康发展。因此，突破公私办学体制的传统分类框架，建立适用于中外合作大学办学体制的新类型显得尤为重要。从当前我国 10 所中外合作大学办学实践来看，这些高校均由国内公办高校或地方政府主导建立，且都包含了公办和民办属性的教育资源提供者，形成了一种具有国际化特征的高等教育"公私合作伙伴关系"办学新体制。换言之，尽管当前中外合作大学在我国高等教育体系中属于"小众"院校，但仍有必要根据其办学体制的特殊性，建立与之相适应的分类治理架构，这是形成相关政策保障体系的关键。

所谓的高等教育"公私合作伙伴关系"办学体制，是指政府与非政府主体（包括私人基金会、第三方企业以及个人等境内外资本）合作提供公共高等教育产品的一种制度关系。[①] 显然，这种合作伙伴关系有利于在宏观层面对优质教育资源进行整合，从而充分发挥公办与民办性质教育资源各自优势以满足院校高质量办学以及我国社会民众的国际高等教育需求。就这种合作关系而言，中外合作大学难以直接被划分为公办或民办类高校。这说明这种新型的合作办学体制超越了传统的公私二分标准，其既包含公办属性又包含民办属性的特点应当在相关的政策制定、法律约束、办学融资等环节中被单独考虑，以确保中外合作大学能够最大程度地发挥自身办学体制的独特优势。因此，本书认为作为非传统办学类型的中外合作大学，集合了中外高等教育的创新要素，有必要建立公私合作办学新体制。

从办学目的而言，中外合作大学是我国高等教育事业中的重要一环，具有集聚高等教育创新要素、吸收境内外社会办学资本以及促进

---

① 高树昱、吴华：《我国教育领域的公私合作伙伴关系审视》，《教育发展研究》2010年第 8 期。

我国高等教育事业高质量发展的重要作用，其开展办学活动应以服务我国高等教育事业的发展为根本目的。因此，建立适用于中外合作大学的公私合作办学新体制，有利于明确中外合作大学的办学体制定位和架构，更好地推动其促进高等教育事业发展目标的实现。中外合作大学开展办学活动应以维护公共教育福祉为基本前提，应当以公共办学属性为主导。在建立全新办学体制的过程中，有必要确立以公共办学属性为主的公民合作办学体制。

从办学关系而言，中外合作大学吸收公私两类的办学要素，形成了大学层面的公民合作，这导致合作大学内部形成了相对复杂的办学关系。特别是中外合作大学利用来自境外主体的办学资本，这更决定了需要采用特殊的办学体制分类标准。建立公民合作办学新体制，有利于规范中外合作大学不同主体之间的办学关系，并在此基础上规范不同办学资本的参与秩序，从而有序吸收不同性质的办学资源参与办学、推动合作大学乃至我国高等教育整体的发展。同时，新的办学体制有利于缓解当前我国社会各界对合作大学办学定位不清、分类属性不明的困境，从而消除不同社会主体的疑虑，提高社会主体参与办学的积极性。

从办学治理而言，中外合作大学特殊的办学属性造成了传统的办学治理机制难以适用。一方面，我国现有的《中外合作办学条例》《中外合作办学条例实施办法》等法律法规的执行效力稍显不足，且有些条款还缺乏针对合作大学的精细化规定。而建立中外合作大学公民合作办学新体制，有利于使中外合作大学的特殊办学类型得到确认，从而把握其相关政策法规工作的准确性；另一方面，中外合作大学的公民混合办学属性对传统的管理体系形成了挑战。通过建立全新的办学体制，明晰公民属性要素在合作大学办学过程中的边界和作用，有助于规范合作大学的管理体系，促进政府更好地推动教育事业发展的监管职能。

此外，虽然中外合作大学的特殊办学体制呈现出不同于传统公私二分标准的全新分类特征，但这并不能说明中外合作大学的办学资源突破了公私两类要素属性的范畴。事实上，中外合作大学是以公有属性要素为主导，吸收境内外优质社会办学资本进行办学的新型合作办学模式，其开展合作办学活动的办学资本仍属于公私两类的传统范畴，但办学形式属于公民合作的新型体制。因此,针对中外合作大学的办学体制分类问题,既要以传统公私二元属性要素的立场出发,又要结合全新的公私合作办学关系视角。在此基础上,建立公民合作办学新体制,引导社会各界重新审视中外合作大学的办学体制分类问题,对于规范合作大学的办学活动、促进合作大学高质量发展来说具有重要意义。

第四章 社会资本参与公共高等教育供给的分类治理机制

第一节 独立学院转设后分类治理机制

一 外部治理机制

（一）政策法规

独立学院作为民办高等教育的特殊办学形式，因此在转设工作推进中必须牢牢把握新修订的《民办教育促进法》等相关政策法规的精神实质和具体要求。纵观独立学院发展的整个过程，特别是从公办民助二级学院到独立学院的转型，再从独立学院到民办或公办本科层次高校的转设，每一个发展阶段都离不开政府的积极引导和有力监管。由于独立学院的创办牵涉多个利益相关者，因此当前转设工作亦是复杂的、繁琐的，亟须地方政府基于系统性、适度性和导向性等原则规划协调转设工作，应实施因地制宜和"一校一策"，给予转设工作正确的指导和方向。① 为了有效推动独立学院转设，解决转设中存在的"急难险重"问题，从中央到地方的各级政府都出台了相关政策文件，其根本目的就是要依照民办学校分类管理办法，支持和规范独立学院办学，促进独立学院顺利完成转设工作。

从时间上来看，党的十八大以来，国家出台并完善了一系列教育政策法规。党的十八届三中全会《关于全面深化改革若干重大问题的决定》提出，要"健全政府补贴、政府购买服务、助学贷款、基金奖励、捐资激励等制度，鼓励社会力量兴办教育"；党的十九大报告指出，要

---

① 夏百川：《基于政府规制视域的独立学院转设研究》，《云南师范大学学报》（哲学社会科学版）2021 年第 5 期。

"支持和规范社会力量兴办教育";党的二十大报告提出"引导规范民办教育发展"。此外,国家"十四五"规划亦指出要"支持和规范民办教育发展",将其视为是深化教育改革乃至建设高质量教育体系的重要举措。总之,"支持 + 规范"无疑是新时代民办高等教育发展的总基调,其根本上是要加强政府的作用,这也是独立学院转设工作的基本思路。

独立学院转设是我国民办高等教育发展走向成熟的标志性事件,而转设就是要对接新的民办教育分类管理,使具有混合性质的独立学院走上公办、民办非营利性和营利性的发展轨道上来,规范和完善我国民办高等教育体系建设。从一定意义而言,新修订的《民办教育促进法》《民办教育促进法实施条例》为独立学院转设工作提供了合规的路径选择和基本规范,这意味着我国民办高等教育发展定位和目标任务发生了历史性变化,社会力量必须积极适应新形势以求谋划新的发展局面。一是要坚持社会主义办学方向。民办教育事业是社会主义教育事业的组成部分,坚持中国共产党领导,坚持把立德树人作为民办教育发展的根本任务;二是要坚持教育的公益属性。无论是选择哪种办学类型,都要把公益性和社会效益放在办学首位,坚持以人民为中心发展教育使其成为办学者的初心;三是要形成高质量的教育供给体系。引导不同类型民办高校提供差异化、多元化和特色化的优质高等教育服务,创新人才培养模式,提高人才培养质量,提升大学生就业力。

综上,各级各地政府对独立学院转设工作的态度以及对其未来发展的定性与定位是十分清楚的。为此,政府介入独立学院转设是保障转设工作顺利有序开展的重要基础。正如前文所述,2008 年教育部就出台了《独立学院设置与管理办法》,明确提出了独立学院转设的五年过渡期。基于此,转设工作应在 2013 年就已完成,但结果却是这一目标迟迟难以实现。直到 2020 年教育部印发《关于加快推进独立学院转设工作的实施方案》,指出要把独立学院的转设工作列为我国高校工作的重中之重,提出"能转尽转、能转快转,统筹兼顾、协调推进,分类指导、因校施策"的工作指导思路。同时,还为不同区域、类型和模式的独立学院提供了转为公办、转为民办、终止办学三条转设路径选择。在这一转设过程中,省级教育行政部门发挥着统筹协调的作用,研制独立学院转设方案,监督参与办学方协议合约的履行或解除,包括财产分割确权、财务清算、剩余资产处置等，建立独立学院清单式管理制度，明确各级政府介入转设工作权责。

（二）社会监督

就社会团体而言，一些国家或地方的专业性社会团体和组织机构对独立学院及其转设后的办学具有监督功能。近年来，此类社会团体高度关注独立学院的转设工作，并跟踪、研究独立学院转设后的发展情况，为独立学院的规范和有序发展贡献了力量。此外，还有一些社会团体针对民办高校和独立学院的投资方进行规范和监督。如：民办教育出资者商会是由教育投资者和捐资者自愿组成的全国性的非营利性行业组织，该组织协助政府对民办高校进行管理，紧密加强党和政府与社会办学人士之间的联系，共同促进民办教育发展，亦对参与办学的投资者和高校办学规范起到一定的监督作用，起到对独立学院转设的专业指导。

就用人单位而言，学生在校学习成效与其劳动力市场需求密不可分，独立学院高学费投入与学生毕业后的就业质量能否成正比，对于独立学院发展至关重要。大部分独立学院注重培养应用型和技术型人才，其专业设置、教学方式等人才培养环节均需要随着市场的变化做出适当调整，以满足学生的就业意愿和劳动力市场的人才需求。用人单位对毕业生满意度可以在一定程度上反映出学校的教育质量水平，面向独立学院的用人单位会对学生的相关知识理论、动手实践能力、环境适应能力进行综合考察，其对毕业生的满意度也是对办学质量的检验和认可。学校也可以通过用人单位的需求与反馈及时调整相关的培养计划，促进学生更好地适应新发展阶段下的劳动力市场，提高学生毕业去向落实率。从这一角度看，用人单位对独立学院转设后的办学情况起到一定的监督作用。

就家庭家长而言，独立学院作为培养子女的初始化单位，其转设工作的成败得失必然会引起千万家庭的关注。因为独立学院转设后，家庭所要承担的学费、教育期待以及承受的投入风险均会发生变化，且转设后的发展具有很大的不确定性，转设情况对于学生的家庭而言会产生较大的影响。家庭在高等教育方面的高投入能否获得与之相对应的"投资回报"等问题，都极易形成家校冲突和矛盾。基于此，独立学院转设必须把办好人民满意的教育作为办学的核心原则和目标，政府、学校与家庭之间需要建立起有效的沟通桥梁和合作机制，并在转设过程中充分了解家庭需求，充分考虑家庭顾虑，平衡各方权益，保障家庭接受教育的合法权益，满足家庭对优质高等教育的需求，以推动独立学院转设工作获得家庭更大的支持，进而有效发挥起家庭的社会监督作用。

就大众传媒而言，特别是在当下的自媒体时代，大众媒体成为广泛的信息传播途径，能够影响社会的舆论风向。在独立学院转设过程中，大众媒体也能够起到消极或积极的作用。若大众媒体过度宣传独立学院转设的负面影响，强调独立学院转设将会带来的利益损害和不良影响，极易引起人民群众特别是学校直接利益相关者的恐慌情绪，甚至促使其产生过激行为致使延缓独立学院转设；若大众媒体积极宣传独立学院转设的正向影响，用群众易于接受的方式解析国家政策，引导民众正确看待独立学院转设。因此，大众媒体作为信息传播的媒介，通过自身的特殊性，应该客观理性地看待问题，起到国家政策与人民群众之间的沟通作用，向群众传递真实有效的信息，帮助民众清晰、有效地认识独立学院转设工作，对其转设过程起到一种特殊的社会监督的作用。

二　内部治理机制

（一）转设为公办性质的高校

按照独立学院转设的三条路径设计，作为民办性质的独立学院，其转设过程中亦存在向公办高校的转制实践。从已有转设情况来看，尽管独立学院转设成公办高校的并不多，但是这一"转制"实践必然会重构院校的内部治理结构及运行机制。所谓学校"转制"是指学校办学体制的转变，是指由"民办"向"公办"的转变，指部分独立学院由于各种原因或者被动接受政府管理或者主动放弃办学权益由政府接管，进而实现了向公办高校的办学体制及治理机制的转变。[①] 就具体转设为公办性质的独立学院来看，大致分为两类：一类是转设为具有地方特色的公办普通本科院校，另一类则是与一所高职高专院校合并为公办性质、本科层次的职业技术大学。显然，两类院校无疑会在转设后面临较

---

① 文东茅：《走向公共教育：教育民营化的超越》，北京大学出版社 2008 年版，第 76 页。

为突出的治理结构调整，尤其是第二类由不同类型和层次合并的院校，更会引起内部治理结构的重构。

就转设为具有地方特色的公办普通本科院校而言，2021年以来已有不少独立学院选择转设为此种类型的公办高校，如太原理工大学现代科技学院转设为山西工学院、湖州师范学院求真学院转设为湖州学院、新疆医科大学厚博学院转设为新疆第二医学院、中国石油大学胜利学院转设为山东石油化工学院等。此类院校在各省的转设实践特点就是突出地方需求性和学科专业性，强调应用型人才培养的办学特色。基于以上转设经验，发现院校内部治理结构发生了明显的"质"的变化。具体表现为：一是突出地方政府在公办高校治理中的主导作用，包括教育财政拨款和事业单位法人身份，剥离了原有"母体"高校的管理权，增加了对口管理部门的管理权；二是凸显党委领导下的校长负责制，充分扩大了办学自主权，提升所属二级学院等职能部门的管理权限。

就转设为公办性质、本科层次的职业技术大学而言，由于此类转设院校涉及公办性质的高职院校和民办性质的独立学院重组为本科层次、公办性质的职业技术大学，其新组建大学的内部治理结构和利益关系相对复杂。再加之，本科层次的职业技术大学在我国高等职业教育办学实践中还正处于探索期，因此此类转设高校备受关注。如：贵州师范大学求是学院和贵阳护理职业学院合并转设为贵阳康养职业大学，甘肃能源化工职业学院、兰州石化职业技术学院和西北师范大学知行学院三家高校合并转设为兰州石化职业技术大学等。从以上转设院校经验可见，一方面转设合并后的独立学院的学科专业特色发生较大的变化，基本上是以公办高职院校的特色为主，所属二级学院面临新的调整和融合问题；另一方面，合并后的职业技术大学内部会形成两类管理的并行阶段，一类是有事业编制的公办高职院校教职工，另一类是暂无事业编制的独立学院并入的教职工。

（二）转设为民办性质的高校

根据新修订的《民办教育促进法》，作为民办性质的独立学院，必须在转设过程中明确选择是营利性办学还是非营利性办学。从现有已转设院校来看，独立学院无一例外地选择了非营利性民办高校，但是也有部分独立学院举办者变更的情况，产生了较为突出的"教育集团化"

办学现象，如中教控股、民生教育、宇华教育等民办高教集团纷纷选择赴港上市，迎来了新一轮的民办高校市场化运作热潮。所谓民办教育集团化办学，是指民办教育集团通过兼并收购、连锁经营、协议控制等方式扩张，由民办教育集团母公司、自办学校、合并学校、并购学校等成员单位共同组成的法人联合体。[①] 显然，随着民办高教集团介入部分独立学院转设，其集团化办学思维必然会重构院校内部治理结构。当然，还涉及民办高教集团的关联交易问题，因此规范办学防止被境外资本变相控制成为关注的焦点。

就独立学院转设后的集团化办学而言，现有不少独立学院在转设过程中变更了举办主体，如：贵州财经大学商务学院转设为贵州黔南经济学院后，其举办主体由贵州财经大学变更为四川希望教育产业集团有限公司；桂林电子科技大学信息科技学院转设为桂林信息科技学院后，其举办主体由桂林信息科技学院变更为东莞市新弘电实业投资有限公司。综合来看，此类独立学院转设后的内部治理结构具有典型的"公司化"管理特征。从一般意义而言，此类转设院校内部会建立学校董事会/理事会（决策机构）、学校基层党组织（监督机构）以及学校校长（行政管理）等组织架构，显然"公司＋学校"的并行运行模式成为集团化办学的主要特征。此外，变更举办者的公司是否上市对其独立学院转设后的办学方向及治理结构亦会产生影响，特别是上市民办高教集团与院校的内部治理具有直接的捆绑关系，院校的发展规划、人事管理和财务管理等均会受到集团业绩和股市行情的影响，无疑会触及转设院校治理及办学稳定性。

随着各地独立学院转设以及民办高校分类管理工作的推进，独立学院转设成为营利性民办高校也将成为可能的路径选择，特别是那些上市民办高教集团很有可能在资本的作用下最终选择营利性办学。尽管目前还未有明确的独立学院转设案例，但是已有民办高校选择营利性办学的先例。如上海建桥学院于 2020 年正式注册成为营利性民办学校，全称为上海建桥学院有限责任公司。该校举办者为上海建桥（集团）有限公司和上海建桥投资发展有限公司，登记机关为上海市市场监督管理

---

① 张家勇、朱玉华：《民办教育集团化办学的风险与对策研究》，《华东师范大学学报》（教育科学版）2022 年第 10 期。

局，注册资本为 5000 万元人民币，形成了董事长、校长、党委书记和监事长为主的学校内部治理结构。显然，此类院校在其内部治理中必然会按照现代企业治理的逻辑和模式运转学校活动，如上海建桥学院在全国高校中较早引入 ISO9001 质量管理体系认证，在一定意义上建立了基于"成本—收益"的办学模式和机制，为"投资—回报"的办学运行机制奠定了操作基础。当然，如何平衡资本逻辑与教育逻辑间的矛盾关系无疑是营利性高校可持续发展的关键性问题。

三　顶层治理机制

（一）法人属性

对于大多数独立学院而言，其转设后紧接着面临的就是民办高校分类管理，就此国家已经为此类独立学院转设构建了基于不同类型法人属性的顶层设计框架，并根据办学登记制度予以严格区分，形成了"两类法人"和"三种登记"的办学选择模式。基于此，独立学院转设的法人分类无非都涉及非营利性法人和营利性法人两大类，其中第一类是指为公益目的或其他非营利目的而成立的，不向出资人、设立人或者会员主体分配所得利润的法人，称为非营利性法人。因此，选择非营利性法人的独立学院是指独立学院转设为公办高校或非营利性民办高校后，其法人为事业单位法人或民办非企业法人登记办学；第二类是指以取得利润并分配给股东等出资人为目的而成立的法人，称为营利性法人。营利性法人的独立学院是指独立学院转设为营利性民办高校后，其法人为营利性法人中的企业法人。

一是选择转设为公办高校的独立学院，必须登记为事业单位法人，如由公办本科院校独资申办，或不符合国家对独立学院"七个独立"要求的独立学院，只能转设为公办院校。[①] 当一些独立学院选择与职业技术学院合并为公办性质的职业技术大学时，转设为公办院校的独立学院不能再由社会资本成为办学主体，且需要得到地方政府的支持；二是转设为民办非营利高校的独立学院，可以登记为民办非企业法人或事业单位法人，在《教育类民办非企业单位登记办法（试行）》中明确规

---

① 徐绪卿：《关于部分独立学院转设为地方公有民办普通高校的思考——以浙江省内生型独立学院转设为例》，《教育发展研究》2020 年第 5 期。

定，民办学校被界定为"民办非企业"性质，独立学院法人也默认为民办非企业法人。但随着分类管理的落实，《民办学校分类登记实施细则》中要求非营利性民办高校登记为民办非企业法人或者事业单位法人。在满足一定条件的情况下，浙江、江苏等省份均已经出现了登记为事业单位法人的民办高校；三是转设为民办营利性高校的独立学院，必须登记为企业法人。一般来讲，由于教育本身具有天然的公益性，因此营利性高校的法人具有公益类营利法人的属性，既是营利法人，也是公益法人。① 总之，营利性民办高校必须按照《公司法》等相关法规办学。

（二）产权制度

独立学院产权，本质上是独立学院与政府、母体高校、投资合作主体之间的社会关系。② 独立学院的产权制度，是指既定产权关系和产权规则结合而成的且能对产权关系实现有效的组合、调节和保护的制度安排。③ 在近二十年的发展中，独立学院受到利益各方的相互制约和多重因素影响，办学属性相对复杂。但由于创办初期规范性不足，导致独立学院的举办者、管理者和监管者之间容易发生财产所有权以及经营权之间的冲突，甚至滋生了教育不公、教育腐败等问题。我国现行的教育产权法制度体系并不太健全，相关法律法规对产权的界定和规范并没有适应现实中客观存在的产权关系，④ 特别是有关独立学院产权制度的法律法规仍存在缺位的现象。因此，要解决独立学院的产权问题，最重要的是必须明确独立学院的法律地位，让独立学院成为真正意义上的"独立"。

独立学院的资产包括房屋土地、教学设备、师资力量等，利益关系复杂，资产和产权分离存在较大的分歧。一是无形资产的产权问题，独立学院无形资产包括学校的管理体系、学校社会声誉等。独立学院投资

---

① 张彦颖：《营利性民办高校法人治理结构研究》，《黄河科技学院学报》2021 年第 3 期。

② 阙海宝、陈志琼：《独立学院转设产权及利益关系分析——基于公共政策的执行博弈理论模式》，《现代教育管理》2020 年第 3 期。

③ 李道先、罗昆、阙海宝：《转设背景下独立学院产权制度的困境与对策》，《中国高教研究》2012 年第 10 期。

④ 阙海宝、罗昆：《独立学院转设的困境及其出路》，《教育发展研究》2015 年第 5 期。

者与母体高校之间对学校的管理权属复杂，部分独立学院由母体高校负责管理，母体高校的党委代行董事会职能，办学并未实现真正的独立。① 独立学院转设后，必须与母体高校间实现无形资产的分割，建立自身的教学管理和文化体系。二是有形资产的产权问题，独立学院的有形资产包括教学设备、教学场地等方面。独立学院与母体高校之间在有形资产上可能存在共用和交叉，因此难以实现资产的完全分割，同时有形资产分割的过户及变更登记涉及土地、房产、财税、教育等多个部门，过户费用较高。② 因此，独立学院转设需要满足办学的基本要求，明确与母体高校的产权分割。三是流动资产的产权问题，独立学院的流动资产主要为学校的师资力量，原独立学院部分教师来自于母体高校，独立后此类教师应当回到母体高校从事教学工作。

（三）治理结构

鉴于独立学院法人属性和产权制度的多样性，其治理结构亦会根据独立学院办学类型的不同而具有一定的差异性。作为民办性质的独立学院，其高校法人治理结构在类型化的过程中必须注意两个前提条件：一是所有权与经营权的分离，二是法律对治理结构的规范。③ 因此，我国独立学院的法人治理结构因股东成分、投资方式的不同而复杂多样，应保障法人权益，区分法人与举办者、投资者的权益是我国独立学院转设为公办或民办高校进程中不可忽视的重要问题。

一是登记为事业单位法人的独立学院，此类独立学院多为公办高校。公办高校的治理结构以《高等教育法》的法律规制为导向，遵循"党委领导下的校长负责制"。在这一制度下，民办高校董事会和校长要接受党委领导，监督民办高校教学、科学研究与行政管理工作。此外，还设立学术委员会，负责高校学术性事务的管理职责。同时，还要以教师为主体成立教职工代表大会，依法保障教职工的基本权利并对校长及学术委员会的工作开展民主监督等。一是登记为事业单位法人的民办高校一般具有公益性、非营利性和国有资产成分三大特征，这些独立

---

① 林杨芳：《独立学院的产权问题研究》，《经济研究导刊》2017 年第 23 期。

② 李道先、罗昆、阚海宝：《转设背景下独立学院产权制度的困境与对策》，《中国高教研究》2012 年第 10 期。

③ 张彦颖：《营利性民办高校法人治理结构研究》，《黄河科技学院学报》2021 年第 3 期。

学院由高校或政府直接投资管理，法人结构相对简单，治理体系与公办高校的体系基本一致。

二是登记为民办非企业法人或企业法人的独立学院，此类独立学院多为民办高校。民办高校对作为高校举办主体意志代表的决策机构（一般为学校理事会或董事会）负责。民办高校决策机构一般被称为学校理事会、董事会等，其性质类似于企业的股东会。民办学校的校长由股东大会产生，并对其负责。① 此类独立学院由企业投资创办，治理结构需要考虑投资者的要求，其下多设置董事会、股东会和监事会，学校经理人和执行董事等人员的安排均在一定程度上受到投资人影响。尽管一部分独立学院的高层管理人员由母体高校人员所担任，但是投资方和出资人具有较高的话语权，决策权基本由其掌握。总体来说，投资人、出资方对独立学院有更大的管理权限。即便如此，登记为企业法人的营利性独立学院在教学活动中也必须要符合国家和社会的公共利益，仍然要保持教育的公益性。

四 基层治理机制

（一）财税风险

独立学院转设为公办高校抑或民办高校，都将会触及资产处置、财务清算等问题，同时也可能会涉及举办者变更、投资并购以及协议终止等事宜，其中财务管理又是民办学校管理中最薄弱的环节。因此，无论是对转设中的独立学院还是已经转设完成的民办高校，都应明确产权主体和出资（捐资）合作者，明确其责任和权利范围，建立规范健全的财务管理制度，合理进行财务管理和利益分配，妥当处理好各方利益关系。从独立学院转设以及伴随的民办高校分类登记来看，民办高校在税务方面存在三重困境：一是经历从"零监管"到"强稽查"的阵痛；二是民办学校税收征管政策体系与行业管理法律的不一致；三是民办学校自身发展与行业管理法律规定不一致而带来财务困局。② 如：独立学

---

① 刘冰：《我国高校内部治理结构的缺陷与法制改进》，《武汉理工大学学报》（社会科学版）2017 年第 6 期。

② 此观点为中国教育发展战略学会民办教育专业委员会与苏州大学民办教育研究中心于 2022 年 9 月 25 日联合举办的"民办教育可持续发展：合规管理与权益保障研讨会"中京洲联信（湖南）税务师事务所所长杨玉萍提出。

院转设与投资方之间的资产划分、管理费用，以及与公办高校之间的"分手费"等纠纷问题还缺乏最直接的法律支撑，从而为转设带来财税管理风险。[①]

面对转设后的独立学院，首先要尽可能规避财务风险。从规避风险的角度来看，转设后的公办高校或非营利性民办高校，有必要在转设初期引入政府或者第三方专业机构参与规范学校财务管理工作，主要起到监督和保障作用。一旦进入转设后的运行阶段，各类院校须着力以下工作：一是健全财务管理机制，优化财务管理结构；二是增强财务管理监督力度，做好内部审计工作；三是制定包括编制、执行、考评等科学预算管理制度，控制好财务管理的预算、方法、考评等薄弱环节，提升资金利用效率。特别是对于转设为民办高校，必然会迎来更为激烈的市场竞争。因此，多元化的筹资渠道和资本合理利用对独立学院转设后的财务管理有着积极作用，因此独立学院转设后必须建立符合自身的融资和财务管理模式，提高自身抗风险能力，实现有序稳步的发展。在不影响日常运行情况下，独立学院转设必须不断缩小自身的负债规模，减小融资风险，降低学校财务管理风险。

（二）筹资渠道

无论是选择营利性办学还是非营利性办学，大部分转设为民办高校的独立学院都会面临办学经费的问题。尽管非营利性民办高校会得到政府的财政扶持，但从其他国家经验来看，此类院校与公办高校在财政支持方面仍有较大的差异性，而营利性民办高校的运转更是完全要靠自力更生来维持，因此合法合规地拓展筹资渠道和增加办学经费仍然是独立学院转设成为民办高校所必须考虑的工作。由于独立学院本身是政府、投资者和母体高校结合的产物，其运作与发展受到多重资源的限制。根据资源依赖理论（Resource dependence theory），组织生存不仅要求其能进行积极有效的内部调整，还要能很好地适应和处理环境。[②] 显然，转设为民办高校后，原来的母体高校资源必然需要有新的外部资源予以替

---

① 阙明坤：《"十四五"时期稳妥推进独立学院转设的思考——基于教育风险防范的视角》，《河北师范大学学报》（教育科学版）2022 年第 5 期。

② ［美］杰弗里·菲佛、杰勒尔德·R. 萨兰基克：《组织的外部控制：对组织资源依赖的分析》，闫蕊译，东方出版社 2006 年版，第 23 页。

代，市场无疑是新的最重要的参与办学主体，这可以包括作为"投入"的生源市场、作为"产出"的劳动力市场以及其他社会力量参与办学的合作市场等，从而形成新的三角协调模型。① 不难想象，此类学校在很大程度上会越来越受到来自市场的影响。

从这一变化看，新的出资主体以及办学经费构成无疑会影响转设后民办高校的内部治理结构及运作机制，建立开源节流型的院校内部治理机制将会是未来发展的趋势。事实上，目前国外一些私立非营利性高校早已就此来规划和管理院校发展，如美国一所私立非营利性精英文理学院——希拉姆学院在 2017 年就开始建立了基于特拉华成本研究模型（The Delaware Cost Study）的院校管理模式，② 就是应对院校外部资源变化而导致其内部治理变化的结果。从一定意义而言，转设后的民办高校亟须从院校战略层面重新考虑筹"资"的内涵，主要包括两个方面：一是实施开源型治理，如适当调整学生学费、主动联结校友关系、积极强化校企合作以及拓展社会培训项目；二是实施节流型治理，如加强预算编制和经费管理，建立基于预算的绩效考核指标体系，加强完善经费监管制度和规章体系等，提高资金使用效率。总之，坚持"开源"和"节流"并举的院校治理机制是转设后的民办高校筹资的必然选择，从一定角度而言也体现了规范办学的内在要求。

（三）档案归属

随着独立学院转设工作的推进，学校原有档案管理，特别是人事档案变更和归属成为一项重要工作。档案作为独立学院建立和发展最原始的记录和依据，在学校文化、管理经验、情报凭证等方面都具有其独特的价值和意义。高校综合档案包括党群类、基础建设类、教学类、教师类、学生（学籍）类等，而档案所有权是高校管理权的象征，是学校乃至师生的身份体现，也是独立学院的重要资产。独立学院转设情况较为复杂，在不同的转设路径下，原独立学院的档案归属也存在一定的差异。转设前独立学院是独立的民事主体，具有独立的档案全宗，由于独

① 阙海宝、苏婷：《资源依赖理论下独立学院转设后的困境分析与战略抉择》，《教育与职业》2020 年第 22 期。
② 陈涛、袁梦：《美国希拉姆学院新文科教育的组织再造设计》，《高等教育评论》2023 年第 1 期。

立学院转设前后的办学性质、举办方等发生变化，独立学院转设后的档案所有权归属也会发生相应变化。

一是学校档案。根据不同的转设路径，独立学院转设后学校档案所有权归属可分为四类：其一，对于转设为公办高校的独立学院，在档案中对转设的过程、资产划分、校名变更等重大事件进行详细的记录，确保学校档案的连续性和完备性，其档案所有权将完全归属于转设后的公办高校；其二，对于转设为民办高校的独立学院，若转设为非营利性民办高校，其档案所有权与转设为公办高校类似，由转设后的民办高校保管原档案，并确保档案全宗的完整和延续；若转设为营利性民办高校，应将原独立学院的档案所有权移交给母体高校或所在地的国家综合档案馆；其三，对于合并转设的独立学院，原档案无需并入新的办学主体，应继续保持原档案的独立性，将原档案交由合并后新的办学主体代管或移交给同级的国家综合档案馆；其四，对于终止办学的独立学院，若原独立学院无社会力量举办方，其档案应交由母体高校保管，母体高校无法接受档案可交由所在地综合档案馆进行保管；若原独立学院存在社会力量举办方，应在终止办学时将其档案处置纳入财产清算和清偿范围，将不同档案归属按实际情况进行划分。①

二是师生档案。教师档案的存放地同样会受到学校性质、是否具有编制、招聘方式等因素的影响。其一，独立学院转设为公办高校后，具有编制的教师档案一般存放于所在学校中进行管理，由于公办高校属于事业单位，因此教师编制亦属于事业编制，编制内教师档案也可由当地人力资源和社会保障局保管；不具有编制的教师档案存放于当地教育局或人才中心进行统一保管；其二，独立学院转设为民办高校后，教师大多为聘用合同制，无论长期聘用或短期聘用，其档案一般由人才中心进行统一保管。对于学生来说，具有正规办学资质的高校，无论公办或是民办，学生的学籍档案均由就读高校直接保管。完成转设后，以原独立学院的名义招收的学生，毕业后学籍等资料应由独立学院原来举办高校进行保管。

---

① 刘言：《独立学院转设中高校档案所有权问题研究》，《档案管理》2022 年第 4 期。

第二节　高职混合所有制办学治理机制

高职混合所有制办学机构类型多样，其办学以产权结构多元化、运行机制市场化、治理方式协同化为特征，仅按单一的治理结构恐难以进行有效治理。在宏观层面，混合所有制办学外部治理理念要从公共行政转变为新公共管理，外部治理结构要实现市场与政府管理的优化组合，兼备"效率"与"公平"治理，兼顾利益主体，构建政府、院校和社会力量的多层面协同治理体系。[①] 在微观层面，市场介入混合所有制高职院校办学，公共财政承担主要投入的同时，高职院校要引入社会资本，多元资本共同参与办学，院校要建立完整的内部治理架构。综上，根据外部主体与内部权力分配，混合所有制办学的治理问题可分为政府、社会力量对院校的外部监管问题以及内部治理机制设计，包括资本引入、运行机制、利益分配等方面，而混合所有制办学内部权力运行和管理机制可分为顶层治理与基层治理。

一　外部治理机制

高职混合所有制办学是政府、市场与高校结合的结果。因此，混合所有制高职院校的外部治理结构一般指向外部规制和干预，通常包括政府、企事业单位、行业协会以及社会利益相关者。为此，高职混合所有制办学须建立政府和社会资本合作参与多层次、多途径的治理体系，合法合规是混合所有制办学的基本要求。

（一）政策法规

作为公共高等教育事业的高职混合所有制办学，必然会受到来自法律规制和政府监管。从国家层面来看，党的十八大以来，支持和规范职业教育领域混合所有制办学的"国家政策"逐渐增多，其政策监管体系也逐渐明晰，为办学营造了良好的外部环境。2013 年，国务院发布《关于政府向社会力量购买服务的指导意见》中提出建立政府主导、社会参与、公民并举的公共服务供给模式，将逐步实现公共服务提供主体

---

① 姚翔、刘亚荣:《混合所有制高等院校发展的宏观治理结构探索》,《中国高教研究》2016 年第 7 期。

和提供方式的多元化；2014 年，国务院发布《关于加快发展现代职业教育的决定》中首次明确"股份制、混合所有制职业院校"的办学形式，并提出"允许以资本、知识技术、管理等要素参与办学并享有相应权利"的观点；2017 年，国务院出台《关于鼓励社会力量兴办教育促进民办教育健康发展的若干意见》，又一次强调要大力支持"股份制"和"混合所有制"高职院校的发展；同年，国务院发布的《关于深化产教融合的若干意见》中提出，要扩大企业参与举办职业教育的途径，鼓励各地积极对高职院校进行股份制、混合所有制改革；2018年，教育部等六部门印发的《职业学校校企合作促进办法》提出，鼓励政府与社会资本合作，共建校企合作实训基地、创新创业基地等，支持企业参与职业院校的建设和发展。

从地方层面来看，自 2014 年国务院出台《关于加快现代职业教育的决定》后，各省市相继出台了相关的地方性政策并开展高职院校"混改"试点。但这些政策主要集中在我国东部和沿海地区，而我国中西部地区发展相对落后，有关混合所有制办学的政策出台也较为滞后。如：山东省人民政府于 2015 年出台的《关于进一步完善现代职业教育政策体系的意见》提出基于国家相关政策结合社会力量对公办高职院校进行混合所有制改革，鼓励企业和公办高职院校合作举办混合所有制二级学院，拓宽健全民办职业院校融资机制。随后，山东省教育厅先后发布了《关于公布职业院校混合所有制试点项目通知》《关于在全省职业教育领域征集政府和社会资本合作办学模式典型案例的通知》等文件，对全省参与改革的院校数量进行调查，并筛选出成功的办学案例，探索高职混合所有制办学新模式。又如：江苏省教育厅于 2014 年出台的《关于教育现代化示范区建设的指导意见》指出，要深化办学体制改革，加快推进多种形态的公办学校办学，完善健全产教融合的职业教育体系，促进高职教育与行业企业合作，共同举办、发展职业院校。之后，江苏省人民政府发布的《关于加快推进现代职业教育体系建设的实施意见》《江苏省"十三五"教育发展规划》中提出要探索股份制、发展混合所有制等多元办学模式，鼓励和支持民办教育、混合所有制、高水平中外合作办学，为促进高职教育发展提供有力政策支持。此外，上海、辽宁、安徽、浙江、广东、吉林、湖南、河南、海南、广西壮族自治区、内蒙古自治区等各省（自治区直辖市）均积极响应国家政策，纷纷出台适应当地高职院校混合所有制改革发展的地方性政策，为高职院校办学体制改革创造规范性的发展环境。

（二）社会监督

高校外部治理结构是指高校与政府、当地经济社会及其他外部利益相关者之间的关系结构，是高校治理的重要组成部分。由于市场经济发展的需要，社会力量参与办学成为高校外部治理的必然要求。[1] 在高校外部治理中，采取多元化的监管机制不可或缺，高校治理需重点解决三个问题，即政府依法管理、高校自主办学与社会参与监督。[2] 基于此，高职混合所有制办学是除政府监督外，必须融入社会监督，这有助于促使高职院校提升院校治理水平。一般而言，社会监督主体包括社会团体、家长、用人单位以及公共媒体等。党的十九大和二十大报告中指出，要"完善党委领导、政府负责、社会协同、公众参与、法治保障的社会治理体制，打造共治共享的社会治理格局"，把"共建共治共享的社会治理制度进一步健全"。作为非政府部门的社会力量具有外部的间接监督的治理功能。

从第三方机构来看，社会上的第三方机构对混合所有制高职院校开展认证和评估，以评估机构、咨询机构等形式介入高校的决策和治理，如资产评估公司、办学资质认定机构等。此类社会团体和组织逐渐成为政府规范办学的补充方式，实现对院校咨询、评估、监督等功能；从家庭家长来看，混合所有制院校与一般院校不同之处在于，需要更高的家庭高等教育投资，以山东海事职业学院为例，2022 年普通专业学费每年 5900—6900 元，校企合作专业学费每年则为 9800—10000 元。因此，家庭教育期待与信任决定了对其办学质量的认可度；从合作企业来看，混合所有制高职院校人才培养的"出口"主要是合作企业，这些用人单位在混合所有制办学中亦承担着重要的监督作用，如人才培养环节中的专业和课程设置、教学方式、实习实训等都要受到质量检验和评价。因此，用人单位的社会监督有助于促使职业院校在办学模式和教育方式上做出优化；从大众媒体来看，目前对混合所有制办学的社会关注度较

---

① 许慧清：《大学外部治理视野中的社会监督》，《中国高教研究》2013 年第 1 期。

② 严文清：《中国大学治理结构研究》，人民出版社 2011 年版，第 16—17 页。

低，发挥大众媒体和社会舆论的作用，报道混合所有制办学的不规范行为，能够加大对混合所有制办学的社会监督。

二　内部治理机制

（一）根据不同办学类型

混合所有制高职院校的办学类型多样，一般包括公办或民办学校层面的"混改"、公办高职二级学院层面的"混改"以及校企合作产业学院等，其内部治理结构及机制也有所差异，因此必须根据其办学类型和产权组织方式进行分类讨论。

一是在学校整体层面，主要包括公办高职托管民办高职、民办高职托管弱势公办高职、政企和名校共同创建、企业及国内高职院校和外资开展中外合作办学等多种模式，大多数院校探索以共同投资、股份制模式组建的混合所有制办学。在这些院校中，股东会和监事会一般是院校的最高权力机构，同时也是院校监督机构，而董事会则是院校大多决策机构或者是权力机构，校长则是通过董事会选聘产生，负责日常管理。如：苏州工业园区职业技术学院采用董事会领导下的"院长负责制"，其内部治理将举办、决策、管理、监督等权能分离开来。其中，股东会主要负责投资和重大建设，董事会负责运行管理决策，校长负责教育教学及行政事务，监事会负责规范治理和制度保障。苏州工业园区职业技术学院历经多次股权交易和变更，最终形成现有民办性质的混合所有制办学模式。

二是在二级学院层面，此类不具有独立法人资格，由于运行操作相对简便，也是众多高职院校的办学类型。此类办学由公办院校和企业共同投入、共分股权，一般不涉及复杂的产权，但在治理结构上会设立二级学院理（董）事会架构，采取股份制拓展办学资源，分担办学风险，设立监事会并聘用第三方机构对校企双方投入进行评估。如：山东交通职业学院所属的航海学院就是公办高职下设的混合所有制二级学院，该校与山东通达国际船舶管理有限公司合作成立了航海学院，并在此基础上开设了航海技术、轮机工程技术及船舶电子电气技术三个专业和33个实训室等。其中在产权分配上，山东交通职业学院占51%，而企业拥有49%的股权。此外，二级学院与母体院校之间常伴有隐藏的关联交易，因此须加强对二级学院资金动向和财务行为的督查。

三是在产业学院层面，混合所有制产业学院拥有多元化办学主体，其办学资本由国有资本、私营企业、境外资本、民间金融等构成，形成了产权结构多元的办学格局。[①] 高职混合所有制产业学院的内部治理也呈现出多元主体办学特征，但未建立独立法人资格。在办学实践中设立股东会、董事会、党委等顶层决策机构，由理事会、监事会、校长及其他职能部门负责日常管理。[②] 产业学院采用"双元制"和"学徒制"的人才培养模式，追求校企双方互利共赢。因此，相较校企共建实训基地，产业学院的产教融合程度会更高，企业提供资金、生产场地、设施、物资、技术、人员及其他产业资源参与办学，公办高职院校提供办学场地、教师等资源，校企双方共同拥有产业学院产权。[③] 如：广州轻工职业技术学院联合政府、企业和研究院等，实施引企入校、下放人财事权，实行理事会下的院长负责制，依托二级学院专业群，与雷诺公司、SGS 公司、白天鹅酒店等共建雷诺钟表学院、SGS 测试学院、白天鹅学院等多个产业学院，形成多元投资治理体制。[④]

（二）根据不同资本属性

我国高职院校主要为公办性质，其办学资金主要来自财政拨款。但为了鼓励社会力量参与办学，以及促进校企合作与产教融合，引入社会资本参与混合所有制办学成为职业教育领域的重要选择。与此同时，当不同性质的资本参与办学，必然会引入相关资本的管理理念、运作机制以及人才资源等进入院校建设中。一是以社会资本为主体参与混合所有制办学。引入社会资本参与的高职混合所有制院校，必须保证人才培养的任务优先于取得办学收益及利益分配。但由于资本的逐利性，企业以

① 朱跃东：《高职混合所有制二级产业学院建设的实践之惑与应对之策》，《中国职业技术教育》2019 年第 1 期。

② 李曾辉：《混合所有制下高职院校"企业学院"治理结构及运行机制分析》，《教育与职业》2017 年第 5 期。

③ 张羽、王伟：《高职混合所有制产业学院建设的关键点、运行机制与实施路径》，《教育与职业》2022 年第 9 期。

④ 卢坤建、周红莉、李作为：《产业学院推进产教深度融合的实践探索——以广东轻工职业技术学院为例》，《职业技术教育》2017 年第 23 期。

追求利益最大化为目标。为了保证教育公益性的特性，需要对社会资本的办学实践加以规范和约束。如：在股权制下允许校方持有高比例股权或绝对持股，形成对社会资本的有效制衡。[①] 但同时也要注意避免院校的话语权过大，致使院校管理过度行政化，从而束缚和限制了校企合作的公平性和有效性。

二是以国有资本为主体参与混合所有制办学。对"混改"条件尚不成熟的高职院校来说，通常会引入国有资本、集体资本等办学主体，形成多元持股的股份制办学模式，探索完善院校法人结构。[②] 对于有国有资本参与的混合所有制高职院校，如何妥善处置、管理国有资产以及如何确保国有资产保值增值的要求，是混合所有制高职院校治理的关键所在。从产权归属而言，高职院校资产应归国家所有，院校在办学过程中只是具有使用权。其中，国有资产包括有形资产（土地、建筑、教学仪器设备等）和无形资产（社会声誉、专有技术、土地使用权、特许经营权等）能够以货币计量的各种经济资源总和。高职混合所有制办学中各类资产之间的比例，以及各项资产占总资产之间的比重，关系着高校的资产价值结构，也涉及各类办学主体的话语权。因此，高职混合所有制办学涉及国有资产占办学资产主体时，院校相较企业在办学和人才培养上享有"强制性"话语权。[③]

三是公有资本和社会资本共同合作办学。高职院校混合所有制办学的过程必然涉及公有资本和社会资本之间的利益联结。[④] 从办学现实来看，高职院校与社会力量多在二级学院层面开展混合所有制办学。一些公办高职院校为整合办学资源和拓宽筹资渠道，引入合作企业共建不具有独立法人资格的二级学院。这种合作办学虽不涉及复杂的产权关系，但其背后的利益关系则更为复杂。由于操作上的便利性，往往会伴随着

① 朱鸿翔：《社会资本与混合所有制高职院校内部治理结构》，《河北职业教育》2022年第3期。

② 赵章彬：《高等职业院校混合所有制改革研究——从治理体系角度》，《中国职业技术教育》2019年第4期。

③ 潘海生、韩喜梅、何一清：《竞争与规制：职业院校混合所有制办学的治理逻辑》，《教育发展研究》2019年第9期。

④ 陈丽婷：《高职院校混合所有制办学现实困境与发展路径研究》，《中国高教研究》2017年第1期。

一些隐性的关联交易行为。在高等教育领域，关联交易的本质不是"关联"而是"交易"。在经济运行和实际经营中，关联交易在所难免，实际上就是一种利益冲突交易，法律上对"关联交易"也秉持相对中立的态度，但其需要公平公正公开且不损害集体利益。① 对此，引入社会资本参与高职院校办学后，院校应提高对社会资本运作的监管能力，完善院校内部治理结构和监管体系，促进社会资本的可持续投入，方能有效破解高职院校办学经费筹措难题。

三　顶层治理机制

（一）法人属性

《中华人民共和国民法典》于 2021 年 1 月 1 日正式施行，该法将法人划分为营利法人、非营利法人（事业单位、社会团体、基金会、社会服务机构等）和特别法人三种类型，并对营利法人和非营利法人进行了界定。高职混合所有制办学可选择设立"两类法人"和"三种登记"方式。对于营利法人，可登记为企业法人；对于非营利法人，可以登记为事业单位法人或民办非企业法人。高职混合所有制办学具有自由选择法人属性和登记方式的权利，但两类法人在登记条件、财务制度、税费优惠和退出机制上有所差别，办学时仍需根据组织目的、准入资质、法人待遇等合理选择。② 不难发现，法人属性的确定是高职混合所有制办学顶层治理的根本，但目前还未有相关法律法规对混合所有制高职院校法人属性进行明确规定，这在很大程度上限制了混合所有制高职院校办学体制改革的合法性。

尽管在法理上还没有配套的明文规定，但在学理上有学者已根据"教育的公益性"和混合所有制院校中"国有资本参与"两个条件，推断出混合所有制高职院校可以确定为非营利性的事业单位法人属性。③ 具体而言，事业单位法人是指从事非营利性的各项社会公益事业拥有独立财产或经费的各类法人，包括从事文化、教育、卫生、体育、新闻出

---

① 施天涛、杜晶：《我国公司法上关联交易的皈依及其法律规制——一个利益冲突交易法则的中国版本》，《中国法学》2007 年第 6 期。

② 李增军、李建广、张露颖：《高职院校混合所有制办学探析》，《教育与职业》2021年第 24 期。

③ 雷世平、卢竹：《我国混合所有制职业院校法人属性研究》，《职教论坛》2017 年第 7 期。

版等公益事业的单位。① 另据《中华人民共和国民法通则》和《事业单位登记管理暂行条例》中有关规定，公办高等职业院校属于事业单位法人。混合所有制高职院校虽然是由不同性质的资本交叉混合形成的院校，但其办学的根本目标是公共性和实现办学效益最大化，因此这一类院校应具备事业单位公益性和非营利性要求，符合事业单位的法人属性特征。随着民办学校分类管理的落实，具有营利性的企业法人可能是混合所有制办学另一类轨道选择。

（二）产权制度

教育产权是混合所有制办学的关键性制度安排，决定着院校的治理结构、运行机制和发展方式，以产权为核心的"混改"是构建现代职业院校制度的根本。基于产权的混合所有制院校有三类：一是涉及实质性产权划分的混合所有制院校，出资者根据各自投入的性质和出资额比例，形成多元支配权力组合，享有相应的股东权利。该类办学模式产权较为明晰，政企校三方利益共享、风险共担；二是处于半产权状态的混合所有制院校，如公办混合所有制院校二级学院，通常没有具有独立法人资格，但其资产构成较为复杂。社会资本一般以资金、生产设备、人员投入等为主。在产权配置上需要对产权进行归类，通过产权估值机构、会计审计机构、法律机构等第三方机构对校企双方投资价值进行认定和评估；② 三是不涉及产权的特殊形式的混合所有制院校，政企、校企合作没有涉及所有制的混合，体现在不改变产权形态下的经营管理权的受让，不同办学主体之间资源融合，以广泛的政府与社会资本合作模式（PPP）和公办民办院校间合作为主。③

明确混合所有制高职院校的产权制度，有助于厘清其办学的股权结构、激励机制及运行体系。混合所有制办学主体包括国有单位出资者、集体组织出资者、民营企业、外资机构和个人出资者等。混合所有制高职院校是由多元产权主体共同出资举办，产权结构具有多元化的特点。

---

① 雷世平、姜群英：《混合所有制职业院校与公办职业院校法人治理结构之比较》，《职教论坛》2016 年第 34 期。

② 羌毅：《职业院校二级学院混合所有制办学模式下的产权配置与费用分成机制研究》，《中国职业技术教育》2020 年第 19 期。

③ 郭盛煌：《职业教育混合所有制办学的典型业态、实践之惑与治理路向》，《教育与职业》2018 年第 7 期。

如果能实现产权流动，可以推动企业资金自由融资，从而激发混合所有制投资办学者的积极性。但必须明确的是，在混合所有制院校涉及国有资产的情况下，要依法保障学校法人财产权，确保国有资产不流失。出资方权益的确权还须由国有资产管理部门介入，由外部机构加以评估和审计。明晰产权归属的主体和产权内容，界定其权利的量度和范围。举办者对投入的财产拥有所有权，而政府直接或间接出资的财产仍属于国家。在学校存续期间，院校法人对校内资产享有使用权，校产的增值部分则归院校所有。

（三）治理结构

高职混合所有制院校打破了公办、民办的二元划分。在分类管理下，其法人治理结构也可采取营利性法人与非营利法人的分类方法，在办学实际中内部监管呈现出不同特征。就非营利性法人而言，法人治理结构更加凸显教育的公益性，治理结构强调权力相互制衡。一是由公办高职院校发展而来的混合所有制院校，一般会选择登记为事业单位法人。由于财政拨款的支持，此类院校治理结构包括决策层与管理层。理事会或董事会是决策层的主要组织形式，一般由政府以及各举办方代表组成，理事会成员包括党组织领导人、行政负责人，以保证理事会决策与党的方针路线保持一致；二是非营利性民办院校引入国有资本组成混合所有制院校是以公益性为目的的法人组织，登记为民办非企业单位法人。此类办学财政性经费占比较小，大多设立董事会作为最高权力机构。董事会一般是由投资企业的董事长或企业高管担任院校的院长或董事长，举办者往往会通过较高产权比例获取对院校的控制，干涉董事会成员掌控关键岗位，垄断院校的决策权。[①]

就营利性法人而言，院校登记为企业法人，其院校治理结构无疑是借鉴公司法人治理。营利性法人受市场监督管理部门主管，院校的日常管理具有商业管理特征。但营利性高职院校不同于企业，须兼顾教育的公益性，治理过程要符合公共利益，强化权力运行的内外部监督。《中华人民共和国教育法》规定"以财政性经费、捐赠资产举办或者参与举办的学校及其他教育机构不得设立为营利性组织。"因此，混合所有

---

① 张宏博：《中国私立大学有效经营的制度研究》，人民出版社 2009 年版，第 111 页。

制高职院校登记为营利性法人还取决于其办学资本的组成和产权结构。① 此外，混合所有制办学的院校在治理结构的顶层设计中，无论营利与否都应协调处理好党组织与院校其他治理机构之间的关系，根据法人属性分别确定好各机构与党群组织的职责。党组织嵌入高职混合所有制办学的治理，有利于高职院校的公共社会价值导向，推动参与办学的民营企业自觉承担社会责任。② 总之，必须重视混合所有制高职院校的基层党群组织建设，强调党委对混合所有制高职院校的领导，维护好办学的公益性和公共性，把握院校组织成员意识形态的正确方向。

四 基层治理机制

（一）财会制度

从实务层面来看，高职混合所有制办学从一开始就面临着较突出的财务和会计问题，因为其办学经费有较强的"混合型"特征，既有来自财政拨款，又有来自企业或个人等社会资本投入，如何合法合规合理地使用办学经费必然需要混合所有制高职院校构建基层财会治理机制。加强混合所有制高职院校财会工作管理，有助于对资金筹集、配置和使用进行有效控制和监管，协调好国有资产和社会资本的关系，提高资本资金使用效率。根据 2018 年修订的《中华人民共和国预算法》，发现全口径部门预算管理成为经费体制改革的必然趋势，项目预算及最终决算要求越来越高，财政预算也会越来越细。混合所有制高职院校尤为要重视财政拨款的部分，必须按照项目预算及最终决算的要求，进行科学合理的预算编制，这就给混合所有制高职院校的预算编制和决算执行带来了新的挑战。

2022 年，财政部和教育部联合印发的《高等学校财务制度》第 71 条规定"高等学校财务监督应当实行事前监督、事中监督、事后监督相结合，日常监督与专项检查相结合。"高职混合所有制办学的办学主体多元，资金来源多样，混合所有制办学过程中对办学资产的财务处理

---

① 赵小东：《营利何以正当：混合所有制职业院校法人属性再探》，《职业技术教育》2018 年第 13 期。

② 肖红军、阳镇：《共益企业：社会责任实践的合意性组织范式》，《中国工业经济》2018 年第 7 期。

要特别注意事前、事中、事后的管理。首先，事前监督包括编制混合所有制高职院校经营、资本、财务的总体计划，实现业财融合，提前编制院校教育经费的支出和收入预算，建立财务管理制度和监督制度，推行全面预算管理；其次，事中监督是在混合所有制办学过程中对实际发生的财务活动做到实时监督和控制，监督预算计划实施情况，以便及时修正偏差，动态分析院校财务运营状况；最后，事后监督是要构建健全的财务评价指标体系，制定出有效的激励机制，进一步完善财务管理体制，充分调动参与单位的积极性。

（二）激励制度

开展高职混合所有制办学就是为了激发社会力量参与办学的积极性，为此院校必须要有一套内部激励策略和手段。主要包括三个方面：一是职业校长制度。在院校的内部治理结构中，校长具有承上启下的作用，是所有权和经营权分离的关键推动者。由于混合所有制办学模式的特殊性，职业校长制度以产权为基础，以绩效为手段，实际上是产权激励机制下的特殊管理体制。职业校长制度有效破解混合所有制办学中的委托代理问题，不同所有制属性的资产所有者将资产委托给职业校长管理运营，职业校长制度对高职混合所有制办学过程中的各类风险承担责任。要使职业校长和委托人利益一致，必须建立恰当的制度设计，在实现院校和社会利益的同时保障职业校长的合理回报，以此形成激励与约束校长的机制。

二是股权激励制度。借鉴国企混合所有制改革中员工持股激励方案的实践经验，将教职工的利益与集体利益协调整合起来，使其成为院校的管理者。在混合所有制高职院校中，对教职工进行股权激励，有助于激发教职工参与工作的活力和积极性。同时，教职工持股参与学校重大决策，可以对资本主导的权力机构作出的决策予以合法合规的监督，维护混合所有制高职院校的教育性和公益性。[1]

三是教师激励制度。对教师的激励制度除股权激励，还包括薪酬激励、绩效评估、教师教育和职业发展四个方面，制定出行之有效的教师激励制度是混合所有制高职院校内部治理的逻辑起点。第一，薪酬奖励

---

[1] 潘奇：《混合所有制办学的理论探讨与实现策略》，华东师范大学出版社 2021 年版，第 75 页。

不仅包括奖金、福利等外在奖励，还包括培训、管理、工作条件、工作环境等内在奖励；第二，混合所有制办学的教师奖酬与教师的努力挂钩，量化教师的工作目标，实行奖励性绩效工资分配和专业办学成效评价机制；第三，混合所有制高职院校中有一部分的"双师型"教师，单纯的金钱等物质激励不能满足这类教师的成就需求，院校还要加强教师培训的质量，增强培训内容的吸引力来培养"双师型"教师，提高教师的荣誉感和使命感；第四，混合所有制高职院校应以教师特征为基础，构建相应的教师岗位聘任与晋升激励制度，引进高水平教师，给评级高的专业更多的职称晋升和岗位分配比例，提升对教师群体的激励效果，促进教师职业发展。①

（三）控险制度

职业教育混合所有制改革的本质是职业院校通过产权的重组来提高院校治理的效率。② 当前，高职混合所有制办学面临的风险主要有财务债务风险、法律风险、质量风险、廉政风险、市场风险和学生管理风险等。风险是混合所有制办学无法避免的变化，建立完善的风险控制制度有利于混合所有制高职院校降低风险对办学的影响，有利于混合所有制办学的健康发展。一方面，混合所有制办学亟需明确的法律法规体系，以便对具体的办学行为加以规范，为混合所有制办学实践制定普适性的实施条例和实施举措，为高职混合所有制办学提供政策保障。另一方面，混合所有制高职院校要建立质量保障制度，对院校的专业课程、教师队伍、培养模式等定期开展质量评估。此外，混合所有制高职院校要完善内部治理结构，确保权力制衡，加强对财务和办学资产的管理，从而降低财务债务风险。

第一，随着高校资金筹集、经费使用、财务管理等方面自主权扩大，财务债务风险在高校风险管理中尤为突出。③ 混合所有制高职院校与企业之间资金往来较为密切，若没有较好的资金监管，则院校的运营

---

① 唐宁：《高职院校如何将管理对象转变为治理主体？——基于高职院校内部治理逻辑的专业评价激励制度设计》，《职教论坛》2020 年第 9 期。

② 万卫、张帆：《混合所有制职业院校的风险及其控制》，《教育与职业》2020 年第 3 期。

③ 黄金玲：《中国高校债务危机的形成原因及制度"解锁"》，《当代经济研究》2009 年第 11 期。

资金易受到企业经营状况的影响，面临资金链断裂、陷入债务危机的风险；第二，混合所有制高职院校和企业的合作缺少法律制度层面的规范，没有明确的法律法规来划分合作中院校和企业的权责，利益相关者的角色定位不清晰，混合所有制办学实践也缺乏相应的实施细则；第三，混合所有制高职院校办学质量存在不确定性，受教师资源、培养模式、办学保障等条件的影响，教师质量和流失等因素导致教师资源不确定，或者由于合作企业的用人需求变化，院校培养人才的模式相应调整都会增加混合所有制高职院校的办学质量风险；[①] 第四，职业院校人才输出面对的是劳动力市场，混合所有制高职院校的学生面临与公办院校、民办院校以及中外合办院校等院校的竞争，市场的变化给混合所有制高职院校的生源和就业带来了巨大挑战。

第三节　中外合作大学的创新治理机制

一　外部治理机制

（一）政府监管

中外合作大学办学的政府监管主要源自《中外合作办学条例》《中外合作办学条例实施办法》，涉及对办学主体、领导制度、办学质量、招生对象、申办流程以及终止标准等具体要求。一是办学主体要求。针对实施本科及其以上高等学历教育的中外合作办学机构的设立、分立、合并、变更以及终止等办学行为有着非常明确而清晰的要求和规定。从准入阶段来看，提出"申请设立实施本科以上高等学历教育的中外合作办学机构的，申请人应当为具有法人资格及实施本科以上高等学历教育资格的中国高等教育机构"。[②] 这说明在现有制度框架下创办中外合作大学必须由中方牵头，这就是必须明确中方在合作办学中的主导地位。二是领导体制要求。在申请设立本科及以上层次的中外合作办学机构时，需要提交中外合作办学机构章程，以及首届理事会、董事会或联

---

① 万卫、张帆：《混合所有制职业院校的风险及其控制》，《教育与职业》2020 年第 3 期。

② 中华人民共和国教育部：《中华人民共和国中外合作办学条例实施办法》（2004 - 06 - 02）［2023 - 02 - 13］，http：// www. moe. gov. cn/srcsite/A02/s5911/moe_ 621/200406/t20040602_ 180471. html。

合管理委员会组成人员的名单。可见，教育行政部门对本科及以上层次的中外合作办学机构，主要是中外合作大学的领导制度默认采用学校理（董）事会集体领导下的校长负责制度。三是办学质量要求。在创办准入阶段，申请设立本科及以上中外合作办学机构时，申请人须提交师资引进情况一览表，聘任的外籍教师和外籍管理人员的相关资格证明文件，教育教学计划，培养方案以及颁发的外国教育机构学历学位证书实样等。在培养出口阶段，中外合作办学机构和项目颁发外国教育机构的学历和学位证书，以及课程设置、教学内容应当不低于该外国教育机构在其所属国的标准和要求。四是招生对象要求。中外合作大学主要招生对象是中国公民，也可依据中国政府有关规定招收外国或者香港特别行政区、澳门特别行政区和台湾地区的学生。中方在中外合作大学招生环节乃至运行过程中居于主导地位，同时明确了引进境外优质教育资源，为本国高等教育事业服务的大原则。五是申办流程要求。实施本科以上高等学历教育的中外合作办学机构，也就是中外合作大学的申办流程。首先向省厅提交材料，在省级人民政府形成初审意见后，移交教育部国际司涉外办学处。涉外办学处接件后必须作出审查决定，若符合法定要求，则进行初审。在初审完成后，征求司局意见并实地考察和集中评议，最终由主管部领导及相关部领导审签批准。六是终止标准要求。中外合作大学的终止标准主要涉及《中外合作办学条例实施办法》规定的八种"需要实施退出机制的情形"，涵盖了合作大学的公益属性要求、合作主体的办学能力要求、合作办学的合法性要求、申请办学文件的真实性要求、客观办学条件要求、人员构成合法要求、章程合法要求、法律规定的其他情形要求共八款内容。有关中外合作大学终止标准的规定侧重强调合作大学的公益办学属性及合作主体在合法性前提下具有客观的办学能力，同时在终止流程中，确立了政府审批部门的主导性地位，以确保中外合作大学的终止在维护我国公共利益的前提下展开。

（二）社会监督

社会监督是指由政府机关以外的社会组织或公民对各种法律活动的合法性进行的不具有直接法律效力的监督。而社会监督的对象可以是抽象的法律、行政活动，也可以是具体的组织、单位或个人。中外合作大学作为从事高等教育活动的具有独立法人资格的社会性组织，其社会监督环节具有十分重要的意义。从社会监督的主体来看，主要有行业评价机构、外方合作院校等。由于大部分中外合作大学创办的时间较晚，相关社会监督机制尚未成熟，本书以较早办学的三所中外合作大学为例，即宁波诺丁汉大学、西交利物浦大学以及温州肯恩大学。

第一，专业评价机构。中外合作大学办学接受国际专业评价机构的评估。以中英合作兴办的宁波诺丁汉大学、西交利物浦大学两所大学为例，作为授予英国学位的高等教育机构必须定期接受英国高等教育质量保障署（QAA）质量评估。① 对英国本土以及海外具有学历授予资格的高等教育机构，QAA 评估原则及程序都是相同的，主要采用同行评审和基于证据的评估方式，此外还会包括实地访问。需要强调的是，QAA 对类似合作大学的评估并不是以具体的某所院校为单位，而是以合作的国家为单位，这意味着 QAA 的评估并不仅仅是针对个别合作大学的质量评估，而是对合作国家的整体合作情况进行评估。除英国 QAA 以外，美国参与的中外合作大学也通常会接受美国相关外部专业认证机构的外部质量评估。以我国温州大学与美国肯恩大学合作兴办的温州肯恩大学为例，美国肯恩大学作为美国中州高等教育委员会（MSCHE）认证的美国大学，如果要与国外的大学进行合作办学，必须向 MSCHE 提交一份大学的运营计划，包括开设专业、资金情况以及运行管理等信息。当 MSCHE 评估了大学办学计划，并确定其在教育、财政、运行和管理等多个方面符合标准后，才能将对美国大学的认证拓展到新创办的大学上。此外，MSCHE 还要在新大学建成并开始招生的 6 个月内对其进行实地访问，以对其真实办学情况进行现场确认和核查。②

第二，外方合作院校。虽然中外合作大学是具有独立法人资格的高等教育机构，但由于其创办目标是具有同外方合作院校同等质量的教育水准，因此一般情况下外方合作高校亦承担了社会监督的作用，且监督力度更大。如：英国大学根据本校相关标准，定期考察中外合作大学学生的学习情况，检查学生学习成果，了解学生的学习体验等。基于此，

---

① 林金辉：《中外合作办学发展报告 2010—2015》，厦门大学出版社 2016 年版，第 80 页。

② 孙珂：《中外合作大学三维质量保证体系的国际导向探析》，《比较教育研究》2013 年第 8 期。

英国利物浦大学、诺丁汉大学等高校每年会对各自参与合作的西交利物浦大学和宁波诺丁汉大学进行院校评估，主要涉及教学质量、科研发展、英语教学情况及研究生学位设置等方面。在实地考察的过程中，英国利物浦大学还会与西交利物浦大学的管理团队、教学委员会、科研委员会、教师委员会和学生代表们进行会谈以了解合作办学情况；又如：英国诺丁汉大学对宁波诺丁汉大学的外部监督主要表现在各个二级学院层面。英国诺丁汉大学的二级学院为宁波诺丁汉大学对应的关联学院制定质量保证规则，在赋予后者一定自治权的同时仍具有监管权。在教师聘任方面，诺丁汉大学的二级学院保留对宁波诺丁汉大学关联学院教师的聘任权，具体程序由中英双方共同协商决定；在课程设置方面，宁波诺丁汉大学制定新的课程计划或对现有课程计划调整时，必须向英国诺丁汉大学的关联学院提出申请，并根据学校的具体程序进行审批，保证宁波诺丁汉大学的教学质量与英国诺丁汉大学保持一致。[①]

　　总的来看，社会监督侧重专业评价机构及外方合作院校对合作大学运行阶段的办学活动质量的监督，其目的主要是保证合作大学的教学质量与外方合作高校保持一致，从而确保中外合作大学作为能够授予外方学位的高等教育机构，其外方学历授予过程能够具备实质等效性。尽管政府监管和社会监督环节的推动主体各不相同，内容也各有侧重，但这也表现出中外合作大学对接国际办学标准，吸收境外办学资源，在我国境内开展办学活动必须明确我国公共高等教育事业的办学定位。

二　内部治理机制

　　现有的 10 所中外合作大学都是由我国地方政府或我国公办大学主持创办的，是公共财产的管理者，也是公共教育资源的提供者。除运用已有的公共资源，如财政资金、基础设施等之外，中外合作大学还可以吸收来自第三方企业或私人基金会组织的资本、人员和管理经验等社会性资源，促进中外合作大学人才培养和科学研究工作的开展。从参与办学及融资实践的主体来看，中外合作大学可分为政府与高校合作办学、第三方企业参与办学、基金会组织参与办学三种类型。

[①]　孙珂：《中外合作大学三维质量保证体系的国际导向探析》，《比较教育研究》2013年第 8 期。

（一）政府参与合作办学

从中外合作大学的办学主体来看，我国地方政府始终是参与这一办学类型的重要主体，主要承担了提供用地、校园建设以及财政经费等支持性工作。譬如：宁波诺丁汉大学创办初期就接受了宁波市政府1.5亿的财政拨款；北京师范大学—香港浸会大学联合国际学院受到了珠海市政府在土地和资金上的大力支持，2014年珠海市人民政府无偿提供300亩土地用于建设新校区，2020年珠海市人民政府再次提供550亩土地用于校园建设。此外，珠海市政府每年还为该校提供500万元人民币的财政拨款；上海纽约大学办学用地则是由上海市浦东新区政府无偿提供，而且上海市政府还为其提供了开办费支持；温州肯恩大学的校园建设以及学校收支平衡前的费用均来自温州市政府，并且温州市政府还提出了为学校兜底的财力支持；昆山杜克大学的校园建设费用亦是由昆山市政府承担，并且还投入了50%的校园运营费用；在深圳举办的两所中外合作大学——香港中文大学（深圳）和深圳北理莫斯科大学均得到地方政府在校园建设和收支平衡前的校园运营费用；近年来，在广东汕头举办的广东以色列理工学院和广州举办的香港科技大学（广州）均得到地方政府的大力支持。

以2022年开始招生的香港科技大学（广州）为例，该校是典型的地方政府参与创办的中外合作大学，由香港科技大学、广州市人民政府以及广州大学三方主体合作共建，并由广东省人民政府进行管理。作为广州市南沙科学城的重点项目，广州市人民政府成立了南沙开发区管委会项目建设推进工作领导小组，设立香港科技大学（广州）校园建设指挥部并开设审批"绿色通道"，香港科技大学（广州）在政策批示、校园建设等方面都得到了广州市人民政府的大力支持。同时，广州市人民政府同意提供大学校区所有的建设费用，并将参照香港教育资助委员会对本地院校的资助模式，承担新校未来的基本营运经费。相较之，香港科技大学主要负责新校的教学标准与相关政策的制定，并引入港科大的管理模式与教研文化，确保新校与港科大具有同等教学质量的同时，基础设施的规划和设计也能符合国际标准。作为参与合作办学的内地高校，广州大学将调整优化学科布局，依托优势学科，包括与香港科技大学（广州）共同筹建"减震防灾与安全"全国重点实验室等，同时进行联合培养研究生及开展深度科研合作的规划。2020 年，广州大学与香港科技大学达成协议，决定共同出资设立联合科研种子基金，用于支持两校的不同学院和科研机构联合开展科学研究，促进学术交流。

（二）企业参与合作办学

除了地方政府参与创办以外，可以发现地方性企业在中外合作大学中亦发挥着重要的主体作用。如：我国第一家具有独立法人资格的中外合作大学——宁波诺丁汉大学的参与办学主体中就涉及企业，浙江万里教育集团亦成为我国首家引进国外优质高等教育资源的全民事业制教育集团。2004 年，新创办的宁波诺丁汉大学实行理事会领导下的校长负责制，而理事会又由中英合作方的高管组成。学校的高管成员除学校自主聘请以外，还吸收了中方合作院校、英方合作院校以及第三方企业的高层管理人员。其中，浙江万里教育集团董事长应雄兼任宁波诺丁汉大学党委书记一职。不仅如此，这一企业参与办学的机制已经延伸到二级学院层面。2013 年，宁波市政府、英国诺丁汉大学、浙江万里教育集团和宁波诺丁汉大学四方签约，共建海洋经济技术研究院。据协议，各方将共同出资 2.5 亿元用于研究院的第一个五年周期建设。除校企合作之外，校园建设任务主要由浙江万里教育集团旗下的浙江万里学院负责，集团覆盖了从小学、中学到大学的投资办学实践范围，集团旗下学校的建设极少用到地方政府的资金。从整体来看，浙江万里教育集团是社会力量参与办学的典型代表，主动将多年积累的财富无偿贡献给国家，[①] 这与浙江万里教育集团投资办学的经验与精神是密不可分的。

其他中外合作大学也突出企业参与办学的主体作用。如：西交利物浦大学校园基础设施建设是由苏州市教育投资有限公司负责的；上海纽约大学的校舍建设则是由上海陆家嘴金融贸易区开发公司承担的，可供大学免费使用七年；北京师范大学—香港浸会大学联合国际学院与 10 家珠澳地区企业共建实习实践基地以提高人才培养质量；但与此同时，不难发现已有企业参与中外合作大学还主要处于学校硬件建设方面，还较少涉及中外合作大学融资、管理等实质性的办学体制机制改革之中，而中外合作大学对企业资源利用也仅限于特定环节的资金、技术和管理

---

① 金淑琴：《以宁波诺丁汉大学为例探索中外合作高校的融资渠道》，硕士学位论文，复旦大学，2008 年。

经验等方面，未能触碰到社会资本内化为学校办学自身的资源。而像是宁波诺丁汉大学将来自于企业的社会资本运用贯穿于整个学校建立、运行乃至治理结构的还不多见，有必要突出企业参与中外合作办学的主体作用。

（三）其他主体参与合作办学

除地方政府、企业以外，其他社会主体同样可以参与中外合作大学的办学过程并发挥重要作用。在我国中外合作大学办学案例中，广东以色列理工学院就是其中由私人基金会参与办学的典型。广东以色列理工学院（简称"广以"）是在香港李嘉诚基金会的大力推动下，由以色列理工学院与我国汕头大学合作举办的中外合作大学。私人基金会组织作为社会主体参与办学的资金雄厚、经验丰富等优势在推动"广以"兴办的过程中得以充分彰显，李嘉诚基金会除了直接对"广以"进行大额的资金捐赠以外，还利用其丰富的公益活动经验，深入参与了从大学落地到大学管理的多个环节，促进"广以"高质量发展。

另一个涉及其他社会组织参与办学的案例是香港中文大学（深圳）（简称"港中深"）。"港中深"在香港邵氏基金的捐助下成立了第一所书院——逸夫书院。在后续的办学过程中，学校又陆续接收了正中公益慈善基金会、深圳岁宝集团、鸿荣源集团、百合集团等社会主体的捐赠，利用这些社会办学资本兴办了学校下属的不同书院，同时吸收这些社会主体的代表人员进入学校的书院管理体系。此外，与大部分普通高校一样，中外合作大学也可以由社会主体直接进行捐赠办学，而不涉及相关的管理过程。如昆山杜克大学成立了学校教育发展基金会以吸收不同社会主体的捐赠资金。这种吸收社会捐赠的模式与我国高校传统的捐赠接收模式一致。由学校教育基金会负责接收社会主体的捐赠资金或资产，并将其转化为学校开展办学活动所需的经费或资产。在这一过程中，社会主体不参与学校的任何决策、管理环节，也不干涉学校基金会对捐赠资金资产的使用。

除了以上几个案例外，从其他中外合作办学形式的实践中也可以对社会主体参与合作大学办学进行展望。如我国唯一一所由中外政府联合创办的商学院——中欧国际工商学院（CEIBS）在办学过程中得到了我国政府与欧洲联盟（EU）这一国际性组织的大力支持；再如同济大学中德学院（CDHK）由我国同济大学与德意志学术交流中心（Deutscher Akademischer Austrauschdienst，Germany）这一教育交流机构共同创办。从以上案例中可见，除了地方政府及企业以外，其他不同类型的社会主体可以通过多种方式参与中外合作大学办学。

从不同社会主体参与中外合作大学融资与办学实践来看，无论是否有第三方企业或基金会组织的参与，地方政府与合作院校都是中外合作大学所依靠的重要力量。目前，我国中外合作大学普遍存在对地方政府的财政力量依赖较强的特点，需要地方政府投入大量的资金等公共资源。地方政府及中方合作院校提供的大量公共资源决定了中外合作大学的公共高等教育属性，而采用政府与社会资本合作模式（PPP），吸收其他社会资本力量参与中外合作大学的融资，不但有利于减轻财政压力，促进合作大学自身发展，还将极大地激励社会力量参与办学的热情，推动高质量教育资源供给。在当前我国推动高等教育高质量发展的背景下，具有十分重要的社会意义。

三 顶层治理机制

（一）法人制度

《中华人民共和国民法典》将我国的法人类型分为营利法人、非营利法人和特别法人，确定了以营利法人和非营利法人为主的基本形式 。从我国中外合作大学法人登记的实际情况来看，中外合作大学法人制度存在"一类法人"和"两种登记"的特点（见表4）。具体而言，中外合作大学的"一类法人"指非营利的法人属性，"两种登记"则指"事业单位"和"民办非企业"两种登记类型，其区别主要体现在举办主体和资金来源两个方面。"民办非企业"由企业事业单位、社会团体和其他社会力量以及公民个人利用非国有资产举办；而事业单位一般由国家机关或其他组织利用国有资产举办。我国现有的 10 所中外合作大学中，采用"事业单位"注册类型的有 7 所，说明当前中外合作大学主要采用事业单位的法人注册类型。从整体来看，两种不同的登记类型都属于非营利法人，说明中外合作大学为非营利目的而成立，不存在向出资、设立主体或会员分配利润的情况，确定中外合作大学的公益办学属性。

中外合作大学的法人注册登记机关存在层次多样的特征，涵盖了中央、省、市三个层级（见表 4-1）。虽然现有的法律法规并无有关合作大学法人注册机关的明确规定，但从中不难看出中外合作大学的法人注册机关与其国内合作院校的注册机关等级存在一定关系。不同等级的法人注册机关势必牵涉不同层面的政策规定、办学支持及治理保障，但是否会对中外合作大学的发展造成影响仍有待进一步研究。

表 4-1　　　　　　我国中外合作大学的法人登记与经营情况

院校名称	登记机关	国内合作院校登记机关	类型
宁波诺丁汉大学	浙江省事业单位登记管理局	浙江省事业单位登记管理局	事业单位营业
北京师范大学—香港浸会大学联合国际学院	中华人民共和国民政部	国家事业单位登记管理局	民办非企业单位
西交利物浦大学	江苏省民政厅	江苏省事业单位登记管理局	民办非企业单位
上海纽约大学	上海市民政局	上海市事业单位登记管理局	民办非企业单位
温州肯恩大学	温州市事业单位登记管理局	温州市事业单位登记管理局	事业单位营业
昆山杜克大学	江苏省事业单位登记管理局	江苏省事业单位登记管理局	事业单位营业
香港中文大学（深圳）	深圳市事业单位登记管理局	深圳市事业单位登记管理局	事业单位营业
深圳北理莫斯科大学	深圳市事业单位登记管理局	深圳市事业单位登记管理局	事业单位营业
广东以色列理工学院	广东省事业单位登记管理局	广东省事业单位登记管理局	事业单位营业
香港科技大学（广州）	广州市事业单位登记管理局	广州市事业单位登记管理局	事业单位营业

资料来源：笔者根据各校注册信息整理。

（二）产权制度

中外合作大学是大学层面的公民合作办学形式，其产权制度在治理体系中具有重要作用。中外合作大学以公有办学资本为主，吸收非公属性的办学资本进行办学。具有独立的法人资格，享有对应的独立法人财产权，属于不涉及产权的特殊形式院校。这一特征在中外合作大学设立、运行以及终止三个阶段都有所体现。

一是在设立阶段。中外合作大学产权制度依赖于合作大学办学协议的规定。尽管大部分合作办学协议未向社会公开，但仍可通过合作大学的独立法人资格特征总结出设立阶段的产权制度特点。在独立法人制度下，不同社会主体为中外合作大学提供了土地、设施、资金等办学资源后，这些资源作为大学财产直接归属大学自身所有，与原有主体脱离关系。同时，中外合作大学设立学校教育基金会负责社会捐赠的接收工作。一旦合作大学获得捐赠，其捐资便属于学校基金会所有，成为学校的办学资产，这表明了中外合作大学自设立起便享有独立的产权。

二是在运行阶段。《中外合作办学条例》规定，中外合作办学机构存续期间，所有资产由中外合作办学机构依法享有法人财产权，任何组织和个人不得侵占。这说明我国中外合作大学在运行期间享有不受其他主体干预的独立的法人财产权。同时，《中外合作办学条例实施办法》规定，中外合作办学机构存续期间，中外合作办学者不得抽逃办学资金，不得挪用办学经费，这为合作大学的独立产权制度提供了政策保障。此外，中外合作大学有权在合法的范围内独立进行财会制度安排，不受其他合作主体干涉，有权独立支配其经费及办学收入。同时，合作大学所属资产的增值部分也归大学自身所有，这都表明了合作大学的独立产权不受第三方干预的特征。

三是在终止阶段。中外合作大学属于从事公益活动的非营利性法人（亦称为公益法人），而公益法人从产权角度出发又可以被划分为会员制的公益法人与非会员制的公益法人。其中，会员制公益法人是为成员提供利益或服务的互益性社会组织，而非会员制公益法人的资金提供者在完成资金转移后即失去原有资金的所有权、控制权以及组织终止后的剩余财产分配请求权。[①] 从中外合作大学办学特征来看，非会员制的公益法人更贴近合作大学的实际情况，这与合作大学有关非营利法人终止

---

① 税兵：《非营利法人解释》，《法学研究》2007 年第 5 期。

的规定相一致，即《民法典》规定"为公益目的成立的非营利法人终止时，不得向出资人、设立人或者会员分配剩余财产"。这表明中外合作大学在终止阶段不具有对原出资方进行剩余财产清偿的义务，具有独立的产权地位。

中外合作大学享有独立法人财产权的特性体现在合作大学设立、运行与终止的各个阶段，贯穿合作大学办学活动的始终。尽管中外合作大学的独立产权制度不受其他主体的干涉，但由于其公有属性特点，从严格意义上来说其产权归属应为我国政府，这也是中外合作大学开展办学活动的根本保证，中外合作大学在资产登记时选择将学校财产登记为国有财产也印证了这一原则。① 在此基础上，中外合作大学凭借其独立的产权制度属性，吸收不同社会主体提供的不同类型的办学资本，自主安排办学资源的使用。

（三）治理结构

中外合作大学在法人属性上的"一类法人""两种登记"决定了不同登记类型下的中外合作大学在治理结构方面既存在共同点也存在不同点。一是就中外合作大学均为非营利性法人的共性而言，无论是事业单位法人还是民办非企业法人，中外合作大学属于非营利性法人的共性要求合作大学的治理结构需要凸显其作为公共教育的公益性，具体体现在中外合作大学理（董）事会领导的校长负责制度下各主体决策权利的平衡与管理的科学化上。中外合作大学的理（董）事会成员包括中方合作高校、前政府部门任职人员以及外方合作高校的代表人员，呈现出多元治理的特征，这确保了合作大学在决策制定的过程中，各方主体的利益都能得到一定的保证，且不会偏离公益性办学的初衷。同时，中外合作大学的校长一般由具备一流大学管理层任职经验的人员担任。这种多元治理、专业管理的治理结构不但有效地保障了中外合作大学的有效运转，而且有力地促进了合作大学公共高等教育供给这一办学目的的实现。

二是就中外合作大学的两种登记类型的差异性而言，登记为事业单位法人与登记为民办非企业法人的中外合作大学在治理结构上表现出一

---

① 易凌：《中外合作办学的新模式及相关法律问题——以宁波诺丁汉大学为例》，《世界教育信息》2012 年第 Z1 期。

定程度的差异。首先，事业单位一般由政府部门设立，其对于政府财政经费的依赖程度较强。事业单位的领导人员由政府进行任命，其决策和管理也受到政府的监管和控制。因此，政府部门在登记为这一类型的中外合作大学的治理结构中发挥主导性作用，表现为地方政府派人员出席合作大学的理事会议以及对合作大学建设过程中招标信息的公开等。其次，民办非企业一般由企事业单位、社会团体或其他社会力量以及公民个人设立，对财政经费的依赖程度一般低于事业单位。民办非企业无需由政府部门进行直接控制，反之，非政府的社会组织（个人）在民办非企业中扮演主导性的角色，从而造成了登记为这一类型的中外合作大学的治理结构中非政府性社会组织（个人）的地位更为凸显的情况，如部分合作大学的高级领导由外方高校派员担任或合作企业的代表在管理层中任职等。最后，这两类治理机制在中外合作大学的治理实践中的划分并不显著，一定程度上与中外合作大学自身办学属性的定位不清有关，需要在实践中根据具体情况进行甄别。

四　基层治理机制

（一）管理模式

一是建立理（董）事会领导下的校长负责制。这一治理架构是中外合作大学治理架构的基础，避免内部权力结构的失衡。理（董）事会作为学校的最高决策机构，对大学的重要事项具有决定性的作用。中外合作大学采用此种制度，并通过理（董）事会来任命校长等高级领导人员。校长作为中外合作大学的法定代表人和主要行政负责人，对学校理（董）事会负责，拥有管理大学日常工作的职责。理（董）事会则允许校长在规定范围内独立行使职权，理（董）事会对校长等高级领导具有直接任免权。由于高校自身的公共属性，其设立的理（董）事会与传统经济领域的以"追求利益最大化"为目标的理（董）事会制度并不相同。再加上多元主体参与办学要求，理（董）事会在决策时不但要最大程度地追求学校整体的利益，更要考虑多元主体的不同需求。中外合作大学管理模式不能因为其外方参与合作办学的特殊性便弱化我国高校办学体制要求。如深圳北理莫斯科大学按规定组织中国籍教职员工和学生建立中国共产党领导的基层组织及工会、共青团、学生会等群众组织。①

二是建立以学生为中心的管理和服务制度。中外合作大学针对学生群体的基层管理同样存在借鉴外方合作高校学生管理的特点，注重以学生为本，进行多元化管理，体现为学生管理体系涉及的范围广而全面，包括学生的学习、生活的各个基本环节。在具体的管理模式上，采用多举并进的管理模式，即由学校进行统一管理，并在基层管理部门完成管理职能的分化。更为重要的是，学生被赋予了参与决策和管理的权利，并使之成为"机制"。如：宁波诺丁汉大学面向学生的德育活动都由学生自主设计并负责管理，学校相关部门发挥引导性作用，使得学生能够充分发挥"我决策，我负责"的权利与义务一体化的基层治理参与作用；② 西交利物浦大学在各院系层面建立了由学生群体和教师群体代表共同组成的师生联络委员会，学生群体将对于学校日常教学活动中出现的有关问题进行汇报并反馈学生的相关意见，由委员会的学生代表同教师代表一道商讨解决方案，以此推动学校日常教学事务的高效管理。③ 综合来看，树立以学生为中心的管理理念，建构让学生参与决策和管理的机制是中外合作大学基层治理的创新表现，反映出学生作为参与办学主体的重要作用。

（二）培养模式

中外合作大学的院系设置不同于国内其他高校，其组织架构带有较为明显的国（境）外办学特征，如英国高校的住宿学院制度、美国高校的跨学科人才培养制度等，这些组织特征必然会对学校的基层治理和决策环节建立新的范式。一是"书院＋导师"制度，中外合作大学育人组织不仅包括传统建制的院系和研究所等学术组织，而且还沿袭了外方母体院校的书院制度，就是要打破学院和专业的界限，促进不同学科和文化背景的师生开展合作交流。其中最典型的是香港中文大学（深圳），该校继承了香港中文大学独具特色的书院制和导师制人才培养传统，从2014—2022年期间先后建立了逸夫书院、学勤书院、思廷书院、

---

① 王嘉慧：《中外合作办学独立法人机构的治理模式研究——以深圳北理莫斯科大学为例》，《教育教学论坛》2019年第13期。

② 林金辉：《中外合作办学质量建设研究》，厦门大学出版社2014年版，第41页。

③ 李梅、赵璐：《多元共治下中外合作办学机构的质量保障体系——以西交利物浦大学为例》，《大学教育科学》2019年第2期。

祥波书院和道扬书院。以上 5 个书院的建立得益于邵氏基金（香港）有限公司捐赠支持、正中公益慈善基金会、鸿荣集团、岁宝集团和深圳市百合控股集团有限公司的捐赠，各大书院都设立了董事会，并将捐赠企业负责人列为董事会成员，参与书院基层治理。追溯到香港中文大学书院治理相关规定，各书院拥有自己的董事会，其职权主要是管理书院的资产，并协助开展相关的学术及文化活动。① 总之，第三方企业或私人基金会参与基层治理已成为中外合作大学办学的新机制。

二是"枢纽＋学域"制度，指向了香港科技大学（广州）就其基层学术架构方面的治理创新和建设亮点。按照香港科技大学（广州）的表述，该校需要进一步提升跨学科平台发展和推进融合学科学术合作精神，以香港科技大学下设的理学院、工学院、工商管理学院和人文社会科学学院等 4 大二级学院为基础，组建 4 个连接多个学科的"枢纽"，旨在打破学科间的壁垒及界限，促进不同学科间的互动并形成协同效应，每个"枢纽"设置有 4 个新兴研究领域的"学域"，即功能枢纽（先进材料、地球与海洋大气科学、微电子和可持续能源与环境）；信息枢纽（人工智能、计算媒体与艺术、数据科学与分析和物联网）；系统枢纽（生命科学与生物医学工程、智能交通、机器人与自主系统和智能制造）；社会枢纽（金融科技、创新创业与公共政策、城市治理与设计和 MBA＋）。从整体来看，香港科技大学（广州）学术组织创新是中外合作大学基层治理机制革新的体现。这一创新制度扩大了基层学术组织的办学自主权，教师和学生有更多的跨学科交往合作机会，建立基于知识生产模式 Ⅱ 的学术组织架构，形成了以问题为目标、以探索为导向，面向业界和社会现实的合作大学治理模式。

---

① 宋琦琳：《香港中文大学书院制度的思考》，《文化学刊》2016 年第 1 期。

第五章　社会资本参与公共高等教育供给的分类发展困境

第一节　公民合作办学的资本风险及宏观性问题

社会资本本身具有流动性、扩张性和逐利性等特征，其进入高等教育领域后很可能会产生资本无序扩张，出现寻租、垄断市场等不当竞争，与教育的公共价值形成冲突，造成师生权益受损，甚至会导致重大金融风险事件出现。随着民办教育分类管理工作的推进与落实，我们不仅要关注社会资本参与非营利性高校办学的合规性问题，而且更要警惕社会资本进入营利性高校带来的资本风险和教育公共性的冲突，为此有必要从宏观层面探讨公民合作办学可能存在的问题。

一　不正当性竞争

社会资本参与办学可能会触发不正当竞争，最为常见的就是寻租行为和垄断行为。第一，寻租行为破坏教育公平。一旦参与高等教育的社会资本处于无序扩张状态，就容易出现高等教育市场的寻租、腐败等问题，如高等教育办学过程中会牵涉到土地使用、税务征收等方面，都可能会出现通过寻租方式从政府部门获取便利的情况。通常，"寻租"不能单独出现，它的产生还需要有对应的"设租"方，设租者是拥有更多权力的一方，权力的来源可以是主动的也可以是被动的。相应的权力是设租者拥有的对某种资源的影响力，甚至能够对其进行垄断。① 因此，社会资本参与办学可能存在"外部寻租"和"内

---

① 张晓明：《高等教育寻租及其规制——兼论我国大学治理改革》，《中国成人教育》2015 年第 3 期。

部寻租"两种情形：一是高校和一些地方政府为了各取所需，可能会形成寻租关系。如营利性高校依法享有办学利润获得，同时也承担着较高的税费，若地方政府从中"设租"，亦会获得更高的经济利益；二是无论是选择非营利性办学，还是营利性办学，高校内部利益相关者之间也可能在招生、培养、评价及基建等环节形成内部寻租。总之，教育寻租使得教育资源得不到合理配置，寻租高校会挤占公共高等教育资源，破坏教育公平和教育秩序。

第二，垄断行为扰乱市场。随着营利性高校的出现，社会资本参与办学可能会形成高等教育集团的市场垄断。营利性高等教育领域内部垄断的表现是教育集团通过资本并购的方式占领高等教育市场，比如部分民办高校通过上市的方式获得股权融资的机会，能够进一步扩大资本规模，稳固寡头地位，挤占了与之同区域的其他民办高校的生存空间，也阻止了有实力的资本进入高等教育领域。高等教育集团在金融市场上的垄断来源于高等教育资本，市场垄断能够为资本带来超额的收益，垄断权力获得来源于资本对市场较高的控制能力。资本在其所处市场中的影响力越大，就能够获得越高的利润，其资本规模也得到进一步扩大。教育集团能够利用垄断地位获取超额利润时，其自主创新动力会受到负面影响，对整个高等教育行业乃至经济社会发展都会产生负面作用。社会资本参与高等教育领域意味着资本对社会有着更大的影响力，但因为资本的逐利性和扩张性的特征，很有可能会扰乱市场稳定。

二　教育价值异化

公共高等教育价值的冲突主要表现在：政府和社会资本之间、高校和企业之间、中资和外资之间。一是在政府和社会资本之间，尽管二者都是作为高等教育的举办者，但是政府举办高等教育的目的体现出公益性，是为了促进高等教育事业发展和办人民群众满意的教育。相较之，社会资本参与办学的目的则更加多元化，并不纯粹体现为公益性。从成本和收益的角度看，社会资本投资办学必然考虑到投资的综合成本、回报额度和周期等情况从而做出教育投资决策。由此，不难看出社会资本参与办学与公共高等教育的本质属性存在一定的冲突和矛盾。

二是高校和企业之间，非营利性高校是我国高等教育事业的主体，而企业又是参与办学的重要社会资本主体，特别是在校企合作和产教融合的发展背景下，高校与企业的"联姻"是大势所趋。然而，二者的组织属性、价值观念和行为准则存在较大的差异。非营利性高校具有较高的公益性，而企业则具有较为浓厚的逐利性文化，以企业利润的最大化为发展目的。企业意图与非营利高校的合作并不完全是以公益为目的，更主要的是实现其扩张和营利目的，因此公民合作办学对企业而言只是实现其营利性目标的手段之一。因此，必须认识到公民合作办学中企业的资本逐利性追求可能会削弱高等教育的公益性。

三是中资和外资之间，随着高等教育国际化以及跨境高等教育的兴起，中外合作办学成为中资与外资合作的重要办学形式。但在办学过程中，可能会出现一些政治经济文化等方面的冲突，包括在教育主权、意识形态、市场准入、制度监管等方面。一般而言，中外合作办学的价值冲突往往是被遮蔽的，但又是长期存在的，最终可能会导致严重的价值隐患。① 究其原因，境外高等教育的引入必然会带来不同的文化价值观和理念模式，这很可能与我国高等教育意识形态和价值导向形成反差。因此，必须警惕境外资本可能会采取各种方式来实现文化渗透等侵蚀我国高等教育意识形态，如教材选用、课程编制、校园文化以及学术交流等。

三 师生权益受损

从根本上而言，分类管理有助于提升民办高等教育办学质量。但在现实办学中，非营利性和营利性民办高校均面临着不同程度的办学质量降低的风险。一是非营利性民办高校，由于此类学校获得的财政资金支持水平以及社会捐资、学费收入等资金的稳定性等相对较低，远不及公办高校能够依靠较大规模财政资金维持运转，再加之在高等教育市场上不具有明显的竞争优势。因此，非营利性民办高校办学质量仍是一个较为突出的问题，尤其是部分省市还未切实落实民办高等教育发展专项资金的情况下，必然会影响其办学质量；二是营利性民办高校，此类高校属于企业法人性质，"投入小、回报大"是其办学的基本思路，但这也

---

① 王剑波、宋燕、刘媞：《中外合作办学引入国际教育资本的研究》，《现代大学教育》2020 年第 2 期。

就很可能是以损害教育质量为代价的。当资本在已投资高校不能获得满意的利润回报时，甚至可能会采取终止办学、变更举办者等方式以避免进一步亏损，从而损害了高等教育的办学质量和效益。综合来看，尽快落实民办高等教育分类管理，使得两类民办高校有序进入各自的发展轨道，办学质量的"假性"降低问题亟待解决。

无论是非营利性民办高校，还是营利性民办高校都是人才培养单位。如果民办高校办学不能加以规范，必然会致使其办学质量的降低，实际上是直接侵害了学生的受教育权。从民办高校与学生之间的权利关系来看，二者存在一种"平权型"的契约关系，因此作为"消费者"的学生应享有比公办高校学生更可靠的学费安全权。但从现实层面看，民办高校的学费安全性反而比公办高校低，[①] 这无疑削弱了民办高校学生的受教育权。此外，非营利性高校就读的学生能够获得与公立高校就读学生相当的助学贷款、奖学金等，而在营利性高校就读的学生则难以获得相应的助学贷款和奖学金。[②] 同时，作用于人才培养的另一主体——教师的教学和科研活动都会影响对受教育者的培养质量。如果民办高校不能保障教师的劳动权益，包括不给员工配置应有的社会保险和购买商业保险等，或者民办高校为追求短期回报，很可能限制教师的自我发展机会，如对教师的科研项目申请、交流机会等方面的支持不足。特别是在营利性高校中，如果教师在其高校的话语权不足，则该校办学质量、持续经营能力以及师生权益保障都会出现较大的问题。

四　违法关联交易

在民办教育分类管理的背景下，国家为非营利性和营利性民办高校已经制定了清晰、明确的发展路径。但由于我国民办高等教育具有投资办学的特殊性，以及在这一特殊性的长期影响下已经形成了观念、制度和行为等多个层面的惯性。由此，可以发现民办高校不仅在选择办学路

---

① 徐磊：《民办高校学生权利法律问题研究》，《上海法学研究》集刊（2019 年第 22 卷 总第 22 卷）——上海市法学会金融孚律师事务所文集 2019 年，第 54—59 页。

② 方建锋：《推进民办学校分类管理中面临的瓶颈问题分析》，《复旦教育论坛》2018 年第 2 期。

径方面迟迟难以抉择，即便是选择了非营利性办学，其办学过程中亦可能产生违法违规的关联交易行为。"关联交易"概念多存在于企业管理领域，这一概念本身是中性的，但是关联人如果滥用权力就会损害公司利益，进而构成违法行为。因此，我国在《公司法》《民法典》《企业会计准则》等相关法律法规中对"关联关系"和"关联交易"进行了明确要求和信息披露。在高等教育领域，违规违法的关联交易能够使非营利高校投资人规避非营利高校不能分红的限制，使其既能够获得举办非营利高校的税收优惠等财政支持，以及公众对其办学的信任度，又能从中获取更高的投资收益，导致非营利高校成为只是名义上的非营利，但实际上仍然是"营利性"高校。[①]

具体而言：一是在法人模式上，部分高等教育集团可能会采取双法人模式，即以非营利性办学为名义上的建校法人，实际法人则是营利性集团，采用明债实投模式、虚构出资等违规操作，从而转移非营利办学收益和避税；[②] 二是在基建贷款上，一些民办高校可能会采取将基础设施抵押给银行等金融机构以获得更多贷款，以借款形式对高校进行投资，使学校的负债增加。将学校的基础设施等租借给校外机构用以开展盈利性商业活动等；三是在转移方式上，还有部分的非营利民办高校可能会给予部分关联交易人高额的工资、价值不菲的物品等，转移办学收入。如在高职混合所有制办学中，合作院校为了吸引企业参与办学很可能会建立基于违规的关联交易，实现办学利益的转移性分配，甚至可能会导致国有资产流失。综合来看，一旦高校建立了违法违规的办学关联交易行为，不仅使办学成本提高，办学收益不能充分地投入到提高办学能力中去，被非法转移从而流失，而且也会由此影响教职工工资发放、办学运行学校基础设施建设以及学校可持续发展等。

五 触发金融风险

社会资本进入高等教育领域开展公民合作办学，很可能会因为资

---

① 潘奇、董圣足：《VIE 架构在教育领域的应用、问题及其对策》，《教育发展研究》2018 年第 5 期。

② 张家勇、朱玉华：《民办教育集团化办学的风险与对策研究》，《华东师范大学学报》（教育科学版）2022 年第 10 期。

本的无序扩张导致系统性金融风险，从而影响到国家公共高等教育教育安全。特别是营利性高校及其此类高校的教育集团化及上市发展倾向，更是有触发金融风险的可能性。一般而言，重大金融风险主要来自于四个方面：经济主体间深入关联、监管的有效性较弱、存在市场垄断现象和高杠杆的使用。① 前两个方面在上文问题中有所涉及，这里主要结合营利性民办高校办学分析后两种可能存在的金融风险。一是在市场垄断现象方面，如果高等教育资本在不断地扩大和汇集之后若获得了垄断地位，或者是形成了高等教育集团，对市场有着更高的操控能力，其行为对市场产生巨大的影响，由此可能会引发重大的教育企业金融风险。譬如：部分教育集团能够通过违规关联交易、合并报表、非法挪用、瞒报套现等方式卷走大量办学资金。一旦当过高比例资金用于投资高风险的领域时，在资金链断裂后也会影响学校的办学质量和可持续性。②

二是在高杠杆的使用方面，公民合作办学既有国有资本也有社会资本，因此过度运用杠杆造成的高杠杆问题既会发生在政府层面，也会发生在高校、企业等微观经济主体中。一般而言，地方政府和微观经济主体的高杠杆行为会带来较大的金融风险，会导致地方政府债务不断积累并形成债务违约等风险在多主体间传导，从而对教育金融市场产生影响。如上市的营利性民办高校资本为了能进一步实现规模扩张，急需资金支持，就会利用更多样化的金融工具加大杠杆率。一旦部分营利性高校投资资本存在风险偏好较大、现金流较低、杠杆较高等现象，由此更容易出现资金链条断裂、债务违约等风险。教育金融风险具有一定的隐蔽性，一旦触发危险性极大，可能出现威胁到国家安全的情况。在金融市场手段与工具不断创新升级的背景下，金融市场的复杂性也在不断增加，高等教育资本在金融市场中的流动以及金融工具的运用也因此更加难以控制，更易导致重大金融风险事故的发生。如：中外合作办学中必然会涉及境外资本，境外金融环境及发展局势的稳定性也会影响到我国境内的金融状况，从而影响中外合作办学成效。

---

① 郑联盛：《防止我国资本无序扩张的监管对策》，《人民论坛》2022 年第 6 期。
② 钟秉林、周海涛、景安磊：《民办高校集团化办学的发展态势、利弊分析及治理路径》，《中国高教研究》2020 年第 2 期。

第二节 独立学院转设后的分类选择困境与阻滞

回望独立学院的发展历程，独立学院起初是由公办高等教育吸引社会力量自发探索的一种合作办学新模式，其先天发展制度就较为缺失，缺乏有效监管。① 因此，在独立学院转设的过程中，有许多遗留的问题以及转设过程中凸显的新问题亟待解决。

一 政策执行失范

当前，我国独立学院转设工作尚未完成，显然这与先前要求在2018 年全部完成转设的截止时间要求形成了较为严重的工作滞后性。一方面，由于独立学院转设工作十分复杂，牵涉到地方政府、母体公办高校、投资者以及合并职业院校等多个办学主体，在转设后又面临非营利和营利性办学的选择问题，因此在转设过程中容易引发管理费支付、合理回报获得、产权分割等法律纠纷，这就导致有关独立学院转设的政策难以有效执行。特别是针对转设为营利性民办高校的独立学院，国家应当尽早出台相应的法律法规进行规范化管理，② 避免政策执行失范。2008 年《独立学院设置与管理办法》等政策的出台，只是管理性的规范文件而非强制性的法律规定，不存在法律约束，在很多法律纠纷判决中无法认定。即便有一些与独立学院直接相关的政策文件、部门规章等对现存问题也无法起到实质性的支撑作用，这也成为了一些独立学院转设过程中许多问题迟迟未得到解决的原因之一，对独立学院转设工作的执行缓慢问题埋下了伏笔。

另一方面，国家政策的规定执行时间与当地政策、独立学院解决问题所需的时间上也存在一定的冲突。由于转设工作较为复杂，牵涉各方利益，转设前所需要的解决问题、沟通协调的时间有较大的不确定性。部分独立学院想选择登记为营利性民办高校，但转设过程中的问题尚未

---

① 阙明坤：《我国独立学院转设区域分布现象、归因及对策》，《教育发展研究》2015年第 7 期。

② 阙明坤、郑育琛：《我国独立学院转设法律纠纷探微——基于三个典型案例文本的分析》，《教育发展研究》2021 年第 5 期。

完全解决、还未成功完成转设时，当地登记选择的时间却已经结束。以湖北为例，按照相关要求湖北所有符合要求且有意愿选择转设为营利性高校的独立学院必须在 2020 年 9 月以前全部转设成功，再进行办学属性选择。但过渡期结束后对于未能成功转设的独立学院分类明确规定，这对独立学院转设工作缺乏约束，默认为非营利性学校，导致一些举办者失去登记营利性学校的资格，对转设的积极性降低。独立学院转设为营利性高校在政策上存在着诸多不完善之处，导致有意转设为营利性高校的独立学院仍处于观望态度。由于政策时间冲突导致的问题会严重阻断社会资本进入教育领域，特别是影响营利性高校选择，一定程度上阻碍独立学院转设后发展。①

二　多方利益冲突

在独立学院转设过程中，政策制定者、执行者和接受者之间极易产生利益冲突，其根本在于随着学校的进一步发展，举办者、管理者和投资者之间往往容易出现财产所有权、经营权和管理权等方面的一系列纠纷。尽管独立学院在办学初期拥有共同的目标，但由于资本投入形式多样，其利益关系日益复杂，且不同地区举办主体对转设的认知也存在差异和分歧。② 一是就转设院校而言，母体高校与独立学院之间会存在"管理费"的冲突。独立学院转设后，由于以往支付给母体高校的费用以及两者之间存在的利益关联等不明晰，即便转设后也可能会出现不必要的纠纷。③ 无论是母体公办高校还是社会力量，如果投资方利益难以得到保障，这也会使得独立学院资产过户难以实现。④ 二是就退出院校而言，由于我国大部分独立学院的主要收益来源于学生学费，一旦停止招生，其债务很难在短期内清偿甚至无法清偿。再加之，近年来出现了

① 雷承波：《分类管理制度视域下独立学院现实困境分析与破解之道》，《教育与职业》2020 年第 7 期。

② 阙明坤：《我国独立学院转设区域分布现象、归因及对策》，《教育发展研究》2015 年第 7 期。

③ 杨新春、张万红、张立鹏：《独立学院转设的动因、困境及对策再探析——以江苏为例》，《中国高教研究》2021 年第 4 期。

④ 孙豫峰、郝晓璐、王晋丽：《独立学院在分类管理下的路径和法规问题研究》，《中北大学学报》（社会科学版）2018 年第 5 期。

大量教育集团交易并购独立学院的现象，此类院校与地方政府、银行、并购企业等相关者亦会存有利益冲突。

独立学院无论是转设为公办、民办或是停止办学，都必须考虑师生的安置问题。按照《普通高等学校设置暂行条例》的设置标准，独立学院转设后需要达到在校生 5000 人以上，专任教师 280 人以上，校园占地 500 亩以上，生师比不高于 18∶1 等相关标准。一方面对教师来说，独立学院的师资队伍结构类型多样，不仅有本校聘任的教师，还有来自母体高校的教师、兼职教师等，这些教师在是否具有编制、社会地位、工资待遇等方面都存在极大的差异。转设后，无论是选择合并办学、民转公或公转民哪种方式，教师之间的待遇可能是一个最大的变量，甚至会出现歧视现象，导致办学质量下降和人才流失。① 另一方面对学生来说，转设后的学校在知名度、教育资源等方面都会受到较大的影响，因此当在转设方案中提出整合优质的高职高专学校成为本科层次职业学校的转设路径，在社会上引起了较大的争议，学生和家长担心学校更名为职业学校会使其学历认可度大打折扣。如此看来，教师和学生作为独立学院的重要利益主体，无论是转设后的师资内部的利益，还是学生与院校的利益关系都会影响其转设进展。

目前，仍有相当数量的独立学院存在所有权与经营权分离不到位的问题。独立学院董事会属于决策机构，部分学校虽然设置了董事会，但董事会成员构成不合理、权力不明晰、议事不规范、机制不健全，导致其作用发挥受到限制，从而影响独立学院的发展和其转设的进程。此外，部分独立学院一味追求学校的扩张，忽略了财务管理体制中存在的问题，如财务管理的规范性、财务责任的归属问题、财务管理模式与学校管理模式不适应等。同时，独立学院运行治理结构不规范也可能导致其分配收益无法与投资者期待达到平衡，与公办高校无法达成共识，这些问题均是独立学院成立初期存在的历史遗留问题。从一定程度上而言，这也是独立学院办学体制的"缺陷"所导致的，即由于产权制度设计上的不明晰，使得独立学院公民合作办学主体的利益关系异常复杂。简言之，如果要推进独立学院转设，就必须处理好独立学院内部和

---

① 阙明坤、耿菊萍、雷承波：《国有民办型独立学院转设的困境与对策》，《高校教育管理》2021 年第 1 期。

外部的多重利益关系。

三　营利设计缺失

民办高校分类管理在制度设计上的创新性成果之一，就是营利性民办高校将以合法身份进入高等教育领域，但这一前所未有的办学体制充满了诸多未知。[①]

一般而言，营利性民办高校的资金来源大部分来自于投资方的社会资本，投资方的办学实力对营利性办学选择和发展有着不可或缺的作用。当前，独立学院转设工作尚未完成，已有部分独立学院的举办方公司选择了上市，因为公司上市能为公司投资办学提供更多的资金选择，为独立学院转设为营利性民办高校提供一定的经济基础。不难想象，由于前期缺乏规范管理，一些上市企业直接或变相控制民办学校，在运行和管理中难免出现失范乃至违规的做法，学校法人结构失衡、财务管理制度失效等问题也将直接损害多方利益主体的合法权益。转设后，非营利性民办高校的办学制度、优惠政策等都能够参照公办高校，但若转设为营利性民办高校，其在办学政策上即会存在一定的缺失，政府对学校的专项资金支持、税收优惠政策等力度减弱，配套设施、员工待遇等都将与前者形成鲜明的对比，此外，学校的学费定价、市场状况等亦存在诸多的不确定性。[②]

分类管理后，部分独立学院和转设后的民办高校都开始出现了异化的并购行为，通过并购、转让举办者收益权、退出办学等方式获得巨额收益，民办教育出现了集团化的办学趋势，极大地扰乱了教育领域的正常办学秩序。[③] 一是忽略了教育的公益性。营利性高校投资办学的本质与教育的公益性之间构成了尖锐的冲突，教育的公益性是不容置疑的，其作为教育最基本的属性，是营利性高校办学必须坚守的价值取向和基

[①] 王诺斯、张德祥：《制度创新视域下民办高校分类管理的现实困境分析》，《中国高教研究》2017 年第 2 期。

[②] 王鲁刚：《我国发展营利性民办高校的困境及其策略》，《教育发展研究》2017 年第 Z1 期。

[③] 石猛、阙明坤：《资本并购：民办高校营利性异化及其应对》，《复旦教育论坛》2023 年第 1 期。

本准则。① 在资本并购的过程中，民办高校出现集团化办学的趋势，"经济化"使得学校的理念和行为都产生巨大的改变，在一定程度上违背了教育的公益性原则，办学方执着于如何收获的巨额利益，学校办学质量始终停滞不前。② 二是逃避政策的监管。在此前的法律要求中，我国民办高校均属于非营利性办学，难以达到境内的上市要求。因此，不少上市公司选择在港股上市，以此获得几倍甚至十几倍的巨大收益，也不断吸引着越来越多的其他公司介入教育股，推动上市公司控制民办高校。③ 我国现行的法律与政策之间存在着强烈的冲突，这也进一步导致了民办教育的举办方通过法律与政策之间的漏洞寻求营利，在某种程度上使分类管理失去了其本身的意义。④

当下，独立学院转设已经进入了关键时期，民办高校的分类管理登记也迫在眉睫，针对营利性办学存在的诸多问题，更需要不断加强针对营利性民办高校的监督监管。反观美国，针对营利性高校设置了州和联邦政府的监管，以及国家与区域机构认证的双重保障对营利性高校办学的规范性予以监督，保障办学质量，进一步提高了民众对学校的认可度。当下，我国在政策监管和社会监督上对营利性高校的约束力都相对较弱。一是政府监管。针对民办教育集团上市和资本的并购行为，我国在政策和法律上都缺乏对此类问题的约束，营利性高校的补偿和奖励如何实现、办学如何约束和规范、办学"合理回报"与办学质量之间如何平衡，均缺乏明确的政策导向和相关规定，对于上市的民办教育集团虚增成本、降低投入等问题缺乏及时进行控制和监管；二是社会监督。营利性办学的合理性和当下社会对民办高校的认可度上仍存在较大的冲突，民众对营利性办学知之甚少，充满了不确定感和不信任感，政府和学校应该及时向社会公开学校的办学条件、办学模式以及其余可公开的相关信息，使学校接受社会和民众的监督。

---

① 李宏波：《浅论民办高校公益性与营利性特征》，《教育现代化》2019 年第 56 期。

② 马健生、刘云华：《教育中的资本扩张：危害与治理》，《清华大学教育研究》2021 年第 4 期。

③ 石猛、阚明坤：《资本并购：民办高校营利性异化及其应对》，《复旦教育论坛》2023 年第 1 期。

④ 潘奇、董圣足：《VIE 架构在教育领域的应用、问题及其对策》，《教育发展研究》2018 年第 5 期。

第三节　高职混合所有制办学类型
与路径模糊化

高职教育混合所有制改革发展至今，以现代企业"混改"为蓝本，在政策和办学实践上已有了较大的进展，但教育领域的特殊性使其具体做法与企业存在区别，高职领域混合所有制办学模式仍然受到争议。目前，高职院校吸引不同性质资本参与混合所有制办学，在实践中形式不断创新，内容不断扩展，成效不断显现，且一部分院校已尝试探索出一些示范性成果可供借鉴。但对于高职领域混合所有制改革中校企合作的有效性和可持续性，社会上还存在怀疑和顾虑。不可置否地是，高职混合所有制办学是一项具有前瞻性的尝试，然而由于制度保障、教育资源、治理结构的不充分、不完善，高职混合所有制办学实际操作和治理机制还面临着不少问题与阻滞，主要表现在以下四个方面。

一　办学类型复杂化

当前，高职混合所有制办学面临外部和内部诸多治理困境，其根本就在于办学类型和合作模式多样而复杂。为此，有必要对其复杂性进行分析。首先，从办学层级来看，主要涉及院校整体层面的混合所有制、校企共建混合所有制二级学院、产业学院以及校企共设生产性实训基地。公办高职院校引入行业企业参与二级学院层面的混合所有制办学，不具有独立法人资格，因此院校的法人属性不受影响，但这类合作往往不涉及严格的产权问题，但其背后的利益关系较为复杂，如何处理多元主体的权责分配，形成完善的治理结构成为急需突破的桎梏。

其次，从办学属性来看，高职混合所有制办学主要形式涉及公办高职院校寻求社会资本（非公资源）和民办高职院校接受公有资本两个层面，即采取"公有民营"或"民办公助"的方式。对于公办高职院校的混合所有制办学的资本融合程度并不是很深，大部分企业与学校都是以投资运营资产方式进行合作办学，并采用合同方式来规范合作资源的运用，尚未达到"混合"办学的水平。特别是在公办高职用国有资产出资的情况下，对国有资产的控制非常严格，而且有保值增值的要求，如果办学过程中出现了亏损，资产管理就会产生风险。①

再次，从利益参与主体来看，高职混合所有制办学由于参与主体的所有制属性不同，因此混合所有制办学的不同利益主体的目标不完全一致，形成了多元化的利益格局，涉及政府、院校、行业、单个或多个企业等。政府、院校、企业以及个人都会基于自身利益追求，出于对利益的考虑，不同的主体之间会产生一定的博弈行为，甚至会违背合作的规则和条件，采取各种手段和措施来谋求自身利益的最大化。② 若利益分配不当易导致企业掌握学校办学的主要话语权，学校丧失主体作用；若企业主导利益分配，使高职院校履行社会责任，培养技能型人才的公益性功能丧失，学校成为资本逐利的工具，势必将被强制叫停办学。

最后，从资本类型来看，高职混合所有制办学通常涉及多种性质的资本，主要体现在资金、土地、设备、技术、管理、人力资源等多种形式，可分为有形资本和无形资本。各类投资主体投入实体或无形资本的价值评估显得尤为重要。在办学实践中，这一类非资金性的资本能否通过估价转化成股份，如何处理固定资产折旧、国有资产流失等问题也成为高职混合所有制办学的考验。综上分析，从不同角度观察高职混合所有制办学，存在的问题各有其特点，混合所有制办学所遇到的阻碍复杂多样，很难总结出一个具有普适性的规律。显然，混合所有制办学比国企混改还要复杂，探索高职混合所有办学务必要充分考虑各个层面的多种影响因素。

二 外部供给滞后化

高职混合所有制办学面临"软性"和"硬性"的双重束缚。第一，混合所有制办学存在顾虑与观念障碍。受长期以来高等教育公民二分的传统认知惯性、政府主导高等教育发展的理念影响，社会上对混合所有

---

① 王志伟：《高职教育混合所有制办学存在的问题及对策》，《教育与职业》2019 年第 2 期。

② 孔珊：《职业教育校企合作的多维度博弈、冲突与治理》，《职业技术教育》2018 年第 24 期。

制办学存在认知上的缺失。一是来自不同性质投资者的顾虑。公办高职主要出资者是政府，依靠财政拨款办学，能够保证办学的公益性。然而，不同性质的资本交叉融合、共同办学，资本的逐利性使得投资者关心参与高职混合所有制办学，能否拥有合规合理的方式实现利益分配。如何保证混合所有制办学非营利性的同时，还能获得与投资比例相符合的收益，是投资者参与混合所有制办学首要考虑的问题；二是来自政府部门的顾虑。高职混合所有制办学的有效施行离不开政府出台的各类政策及配套措施。目前，中央的多份文件都明确指出鼓励支持职业教育混合所有制办学的发展，但由于各地区产业发展、政府财力的差异，地方政府如何发展、如何管理高职混合所有制办学成为地方政府部门需要研究的问题。三是来自学生家长的顾虑。高职教育具有"跨界性"，实现了高等教育与职业生涯的连接，连通了学校和企业两个场域。[①] 职业教育的目标和任务就是培养符合社会及市场需求的高技能型人才，高职混合所有制办学通过校企合作、产教融合的培养方式，一定程度上优化了高职院校学生的学习和实训条件。但学生和家长对混合所有制办学仍存在顾虑。如：高昂的学费是否能够学有所值；混合所有制高职院校的文凭在就业市场认可度如何。

第二，已有政策法规缺乏针对性与实操性。目前，《高等教育法》《职业教育法》以及《民办教育促进法》等一系列与高职教育有关的法律规范还有失针对高职混合所有制办学的具体操作方式。2014 年，国务院发布的《关于加快发展现代职业教育的决定》等文件也只是发挥指导性作用。针对高职混合所有制办学的具体制度与规定，尚处于院校、社会和政府关系中的"模糊地带"，在具体院校实践上缺乏指导作用。一是对公办高职院校发展的混合所有制院校而言，院校的自主权运行易出现"泛行政化"和"过度市场化"。政府对学校的监管占据主导地位，社会力量参与院校治理的权力较弱。二是对国有资本参与民办高职院校而言，由于资本逐利性与教育公益性矛盾，似乎社会力量参与办学的自主性难以达到一个持久的平衡。因此，在放宽民办高职院校限制的同时，还需要政府参与到混合所有制办学的过程

---

① 姜大源：《中国职业教育发展与改革：经验与规律》，《职业技术教育》2011 年第 19 期。

中，以拨正高职教育公共性属性方向。如前所述，高职混合所有制办学主体具有多元性，教育行政部门制定相应政策时还需与其他部门共同协商才能保证政策执行的效力。高职混合所有制办学受财税、土地和编制等多种因素的制约，涉及的利益相关者众多，教育行政部门单独制定的政策往往得不到跨部门的认同和执行，其他部门在处理混合所有制高职院校问题时，因缺少政策依据而选择刚性刻板的方案或是"一刀切"，高职混合所有制办学政策法规存在迟滞性问题，处于一纸空文、无法操作的尴尬境地。①

三　内部建制趋同化

尽管高职混合所有制办学类型多元复杂，但是其院校内部建制正朝着同质化的方向发展。一是组织和治理结构固化，高等教育作为准公共产品具有和资本逐利性的矛盾冲突。从利益相关者来看，出资者和院校内部治理结构的管理权和职责权利不够明晰，且学校法人财产权和经营权在出资人层面无法分清，导致出资人和校长的办学理念和办学目的出现分歧，从而产生管理风险。② 高职混合所有制办学的院校大部分都实行董事会领导下的院长负责制，董事会、监事会成员构成涉及多元主体，这一模式基本借鉴了企业组织架构，但仍存在着许多未解决的问题，如：只关注股东利益，忽略其他利益相关者权益，高职混合所有制办学特色不明显等。高职院校管理人员是以混合所有制的形式聘请的，他们与学校的所有者之间是一种"委托—代理"的关系。院长作为院校的主要管理者，负责院校运行和日常事务的管理，受董事会的领导。院长的权力和利益偏好倾向决定了在"委托—代理"关系中的"理性选择"是怎样的，这对院校整体管理体系和管理者的角色定位和利益导向都会产生一定的影响。

二是教师发展及晋升路径阻塞。如果混合所有制高职院校在师资队伍建设上出现问题会导致其办学质量无法保证的重大风险。现在，不少

---

① 黄文伟：《政策决策的体制阻滞与体制创新的政策撬动——兼论国家、省级示范性高职院校培育政策》，《职教论坛》2013 年第 9 期。

② 费坚、李斯明、魏训鹏：《基于复杂性范式的非营利性民办高校风险治理》，《教育发展研究》2018 年第 23 期。

高职院校提倡"双师型"教师队伍建设，教师具有工程师、工艺师等技术职务的人员，取得教师资格并从事职业教育教学工作。一方面，兼职教师队伍缺乏稳定性，难以保证教学时间和内容的连续性，跟进也很困难，对学生的发展情况缺少了解，需要花费大量精力适应混合所有制高职院校的培养模式。[①] 另一方面，教师队伍人事管理体制不通畅，教师利益能否妥善处理关系着高职院校混合所有制办学的进程。在人们的传统观念里，公办院校教师拥有事业单位编制，被认为是"铁饭碗"，因此在吸引人才方面有独特的优势。混合所有制高职院校能否拥有公办院校教师的同等待遇是教师们选择就业单位时必须重点考虑的因素。有的公办院校采取混合所有制办学前后对教师的分类管理，混合前的教师享有事业单位编制及其待遇，混合后的教师则按照非公有制聘用人员的办法进行管理和考核。如此，对新旧教师做了人为的分类管理，造成教师间收入、晋升等方面存在诸多差异，进一步增加了教师人事管理的难度，混合所有制高职院校也因此缺少了对高质量人才的吸引力，从而影响混合所有制办学的总体质量。

三是学生权益保障的结构性缺席。人才培养始终是高等职业教育的根本目标和首要职能，因此学生生源是学校的立身之本。混合所有制高职院校的不确定性引发了学生权益保障机制的缺席，其中包括长期权益和短期权益的保障。从短期发展来看，直接关系到学生培养质量的是院校的人才培养制度和体系。然而，高职混合所有制办学体系尚处于探索发展阶段，还没有形成一套系统完整的培育模式，其方案的制定、课程资源的建设、学生技能考核的方式、教学团队的组建、实训基地的投设等方面还缺乏相应的内部管理制度。[②] 从长期发展来看，混合所有制办学的可持续性是影响学生权益的重要因素，其中经费保障是否充足是关键问题。确保混合所有制高职院校管理和教学质量合法合规，政府对混合所有制高职院校加强监管，需要政校企等多方合作，从而保证学生正当的受教育权。尤其是当学校经费筹措不足导致办学难以维系，在读学

① 夏秀莉、李乃义：《高职院校师资队伍建设中存在的问题与对策思考》，《教育与职业》2003 年第 13 期。

② 李明富、刘引涛：《高职院校混合所有制办学背景下校企协同育人探索》，《教育与职业》2022 年第 24 期。

生的去路问题以及办学资金退出机制应当具有明确的方案和承诺。学生权益应当是高等教育发展的重要内容，忽视生源质量和学生权益，容易破坏高职院校培育人才的宗旨。

四　分类路径线性化

通过借鉴国企分类改革的思路，高职混合所有制办学制度创新也采取了分类管理的方法，构建更加多元的教育体系。政府、企业以及其他社会力量合作办学是高职混合所有制改革的重要经验。一是从所有制属性分类管理的角度来看，高职教育办学实践初步形成了以产权混合化为特点的多元办学格局，打破了传统高等教育"公民二分"的局面。即以政府为办学主体的公办院校及社会资本投资办学的民办院校，公办院校办学资金主要来源于财政经费以及国有资产；或者是以民办学校办学资金作为举办者初始投资和自主筹措，其办学经费来源和资本属性都呈现单一性，公办和民办之间的划分较为清晰。但随着经济领域混合所有制改革的纵深发展，教育事业也开始探索混合所有制办学机制和模式，鼓励不同所有制属性的办学主体通过独资、合资等多种形式举办混合所有制职业院校，传统公民二分的界线逐渐模糊，呈现出混合化趋势。

二是以营利性分类管理的角度来看，目前对民办教育已有清晰明确的营利性和非营利性的划分办法。与民办教育遇到的困难相似，混合所有制办学在营利和非营利的"两分法"上同样遭遇选择的困境。法人属性的选择和确定决定了高职院校混合所有制设立模式和办学权责的法律边界。根据对法人的有关规定，混合所有制办学的高职院校可以自主选择设立"营利"和"非营利"两种法人属性。非营利性法人不得取得办学收益，办学结余需要全部用于办学；营利性法人可以取得办学收益，取得的办学结余需要按照有关法律和行政法规处理，但却很难根据出资人的投入比例进行分配。尤其是公有资本的参与，营利性法人会遇到与法律政策矛盾冲突的风险，并且可能会违背教育公益性的特性。根据以上分析，混合所有制办学在已有的办学体制框架下缺乏发展路径，在公办和民办、营利和非营利二分体系的夹缝中生存。这种"粗线条"式的分类使得公办院校和社会资本往往持观望态度，亟需依据高职混合所有制办学的特点，界定混合所有制办学的归属和范围。显然，"非公即民"的二元分类标准过于笼统和宽泛，对于很多办学实践中具体的情况难以参考，在实际案例的监管和操作上也难免会产生部门和层级之间互相推诿的问题，不利于高职教育多元化发展。

第四节　中外合作大学主权风险与资本参与挑战

一　教育主权风险

教育主权是国家主权的重要组成部分，体现的是一国境外办学主体合作时的独立自主权和主导权。因此，中外合作大学首先面临的是教育主权问题，尽管《中外合作办学条例》明确规定："中外合作办学必须遵守中国法律，贯彻中国的教育方针，符合中国的公共道德，不得损害中国的国家主权、安全和社会公共利益"。但是随着高等教育国际化持续推进和跨境高等教育的深入发展，无疑我国在中外合作办学实践面临观念和制度层面的冲击。加入 WTO 后，我国所面临的教育主权问题表现出以下特征：一是教育所属类型面临重新划分。加入 WTO 后，教育被划归为服务贸易类型，一定程度上意味着教育是商品贸易，这说明高等教育交流与合作需要遵守 WTO 制定的最惠国待遇原则、国民待遇原则、市场准入原则等规定；二是全球范围内教育主权面临让渡趋势。主权让渡是指一些主权国家为了促进国际合作与交往，自愿将国家部分主权权能转让给他国政府或国际组织、个人，并保留这些权能的随时的收回权力的一种主权行使方式。[①]　其中，教育主权让渡在高等教育全球化发展的背景下已成为一种在跨境教育合作中越来越普遍的主权行使方式，这要求国际教育合作主体重新对办学合作的机制进行审视；三是现代性教育背景下面临文化主权侵入问题。当前国际高等教育呈现出越来越强的同质化特征，集中表现为教学内容、教学方法和教学要求的标准化和同质化。在不同国家高等教育资源看似一致的背后，实则存在着无法排除的不同意识形态的影响。如国际学生评估项目（PISA）正在深刻影响参与国背离国别教育实际需要以及教育发展的自主性和多样性，

---

①　刘凯：《全球化时代国家主权让渡的必然与必要性》，《国际关系学院学报》2010 年第 5 期。

形成了一种去地域化和依附化倾向。① 在同质化的教育发展背景下，这种"标准化"的意识形态对教育文化主权亦存在侵扰风险。

综上，面临当前复杂多变的国际政治经济环境，我国在推动新时代教育对外开放更高水平发展的过程中，不得不面临协调不同原则规定，把握教育主权让渡尺度，以及预防文化主权侵扰等多重教育主权问题的挑战。中外合作大学是全球跨境高等教育的重要组成部分，也是吸收境外教育资源在我国开展办学活动的高等教育办学形式之一。中外合作大学涉及跨境高等教育资源流动的特征必然关系到我国高等教育领域的办学主权问题，具体涉及办学属性的界定、合作主体的准入、办学运行的监管以及办学终止的标准等。同时，跨境公私合作的办学特征使得中外合作大学的教育主权问题相比其他办学形式更为复杂。党的二十大报告提出新时代高质量高等教育的发展目标，对我国处理有关对外合作中教育主权的问题提出了新的要求。因此，随着跨境高等教育不断发展，特别是高等教育全球化程度日益加强，如何处理中外合作大学的教育主权问题，成为我国迈向高等教育高质量发展目标所必须要处理的重大问题。

二 资本参与挑战

我国社会资本参与中外合作大学办学的现状可以分为参与方式和参与规模两个层面。首先，参与方式包括涉及社会主体参与治理的"合作共建型"，如宁波诺丁汉大学和广东以色列理工学院，以及不涉及社会主体参与治理的"社会捐赠型"，如西交利物浦大学、上海纽约大学等。目前，在中外合作大学办学过程中更为常见的是不涉及社会主体参与治理的"社会捐赠型"。从社会资本参与中外合作大学办学的规模来看，可以使用年度社会捐赠收入来衡量这一指标（表5-1）。我国现有的十所中外合作大学中，仅有两所采用了"合作共建型"的社会资本参与方式，而其他八所合作大学均采用和国内大部分普通高校一致的"社会捐赠型"的社会资本参与方式。相比"合作共建型"的参与方式，"社会捐赠型"难以充分吸收社会合作主体

---

① 刘骥、张晋：《国际学生评估项目（PISA）衍生品：全球教育治理的功利化挑战》，《华东师范大学学报》（教育科学版）2023年第2期。

的办学力量，也较难形成包含社会主体的多元共治模式，难以发挥中外合作大学的公私合作办学优势，在一定程度上阻碍了中外合作大学公私合作和发展。

中外合作大学吸收社会资本的规模相对较小，直接体现在合作大学吸收的社会捐赠金额上。通过 2016—2020 年的社会捐赠总收入数据（表 5-1），可以发现虽然部分中外合作大学的五年社会捐赠总收入达到了亿元人民币的水平，但相比中外合作大学整体乃至中外合作办学全体而言，仍有着巨大的空间。此外，中外合作大学社会捐赠收入与国内高校还存在着一定的差距。以昆山杜克大学的中方合作院校武汉大学为例，2016—2020 年五年武汉大学的社会捐赠总收入达到了 88410.42 万元，约为昆山杜克大学的 24 倍，这反映出当前我国社会资本参与中外合作大学的规模相对较小，社会资本参与办学的空间和范围还不足。

表 5-1   社会资本参与中外合作大学办学的方式及实践概况

院校名称	参与方式	2016—2020 年社会捐赠总收入（万元）	概况
宁波诺丁汉大学	合作共建型	16463.39	万里教育集团出资 7 亿元人民币；与大学进行创新研究合作；集团人员有在大学管理层任职
北京师范大学—香港浸会大学联合国际学院	社会捐赠型	2723.35	设立有北师港浸大教育基金会，主要吸收广东省地方企业、个人的社会捐赠
西交利物浦大学	社会捐赠型	14471.55	设立有西交利物浦大学教育发展基金会，以吸收社会捐赠
上海纽约大学	社会捐赠型	17253.02	设立有上海纽约大学教育发展基金会，下设年度基金会与助学基金两个子项目

续表

院校名称	参与方式	2016—2020 年社会捐赠总收入（万元）	概况
温州肯恩大学	社会捐赠型	6786.67	设立有温州肯恩大学教育发展基金会，在帮助学校发展的同时也开展了部分公益性活动
昆山杜克大学	社会捐赠型	3644.97	设立有昆山杜克大学教育发展基金会，下设奖学金、家长基金等多个子项目
香港中文大学（深圳）	社会捐赠型	42464.97	设立有香港中文大学（深圳）基金会，下设功能项目和品牌项目，种类丰富
深圳北理莫斯科大学	社会捐赠型	暂无数据	设立有深圳北理莫斯科大学教育基金会，但未公开基金会项目及收支情况
广东以色列理工学院	合作共建型	930.5	李嘉诚基金会初始投入1.3亿美元，并派代表出席学校理事会议
香港科技大学（广州）	社会捐赠型	暂无数据	目前未成立学校下属的基金会；目前已收到广东省及香港地区若干企业的资金捐赠

资料来源：笔者根据各院校官网信息整理，高绩统计结果及各院校基金会公开数据。

　　除了社会资本参与办学不足问题以外，还面临一些制度性因素与非制度性因素。首先，制度性因素主要有法律法规因素和激励政策因素。当前，我国有关中外合作大学开展办学活动的政策法规的缺失，特别是高位阶法律法规的缺失，制约了社会资本参与中外合作大学办学活动的开展。现有的法律法规对于社会资本参与合作大学这一办学形式在实际操作层面的登记注册、内外协调、财会安排等内容都缺乏详细规定。由此，现阶段鼓励社会资本参与办学的激励政策也较为匮乏，特别是相关的税收政策亟待进一步完善。其次，我国还存在阻碍社会资本参与中外合作大学办学的非制度性因素，主要表现为社会对中外合作大学的办学属性认识不明和社会捐赠办学风气不强。中外合作大学是跨境高等教育背景下的公私合作的特殊办学形式，办学主体关系和办学机制的复杂特点导致社会整体对中外合作大学的办学属性认识不明，因此导致的"公私之争"在一定程度上影响了社会主体参与合作大学办学的积极性；最后，我国社会捐赠办学整体氛围不浓也影响了社会主体广泛地参与。据《中国慈善发展报告》的统计显示，2020 年我国慈善资源总量中的社会捐赠量仅为 1534 亿元人民币，[①] 这表明当前我国还未形成良好的社会捐赠参与办学的氛围。

三　办学规制紧张

尽管中外合作大学是具有独立法人资格的主体性组织，但必须认识到这一大学是境内外两类大学体制的结合体，因此其在制度建设上必然会体现出"中"与"外"的办学差异性，而正是这种差异性使得中外合作大学的办学规制处于"紧张"状态，简言之就是办学规制难以兼容，进而造成中外合作大学办学缺乏具有针对性的办学依据。一是办学属性规制紧张。中外合作大学作为跨境公私合作的高等教育办学形式，其融资渠道多样、治理主体多元的特征导致其办学属性问题也变得极为复杂。当前中外合作大学办学属性尚未形成明确的统一认识，而实践层面也反映出社会对中外合作大学办学属性的认识不明，如中外合作大学除了依照《中外合作办学条例》《中外合作办学条例实施办法》规定以外，更多是参照《民办教育促进法》的相关法律规定。但事实上，中外合作大学的办学主体又主要涉及地方政府，但在教育部公布的全国高等院校名单中，中外合作大学被单独列出，并未划入公办大学名单或民办大学之列。此外，中外合作大学的行政审批、法人注册等也存在"特事特办"的情况。这些都表明了当前中外合作大学缺乏办学属性依据的问题，形成了脱离公民二分的管理规制。

二是多元治理规制紧张。中外合作大学是由多元主体联合创办的

---

① 杨团、朱健刚：《中国慈善发展报告（2022）》，社会科学文献出版社 2022 年版。

高等教育机构，采用校理（董）事会领导下的校长负责制。从实践情况来看，中外合作大学的理（董）事会由校内代表与校外代表共同组成，具有多元治理的特点。尽管《中外合作办学条例实施办法》对理（董）事会等管理机构做了明确规定，但也提出了"国家机关工作人员不得担任中外合作办学机构理事会、董事会或联合管理委员会的成员"的要求，这对作为政府部门的参与主体进行有意限制。但事实上，部分中外合作大学存在政府部门前任职人员在董事会任职的情况。虽然这些人员与政府已无法律层面的契约关系，但这一现象仍然与现有法律法规有冲突的可能性。此外，部分中外合作大学还存在社会主体以非正式的方式派员参与大学决策过程的问题，这都表明了当前中外合作大学的多元治理缺乏相应的政策法律依据。

三是质量保障规制紧张。中外合作大学从属于国内和国际两个层面的质量保障体系。目前，我国对中外合作大学的评估和认证体系仍在探索之中，针对其不同质量保障体系的协调统一也未取得明显的成效，造成中外合作大学的质量保障依据缺位。一方面，国内针对中外合作大学的质量保障体系主要依靠合作大学准入阶段的法律法规，集中表现在对合作大学退出标准的规定上。如《中外合作办学条例》确定了合作办学机构终止的三种情形，包括主动型终止、被动型终止和客观不能型终止；《中外合作办学条例实施办法》确定了需要实施退出的八种情形等。另一方面，中外合作大学的国际质量保障体系主要由国际第三方机构和境外合作院校两大主体组成。首先，中外合作大学与国际教学标准相一致的特征决定了其需要接受国际第三方机构的监督。如英国工商管理硕士协会（AMBA）、欧洲质量改进体系（EQUIS）和国际精英商学院协会（AACSB）等。其次，中外合作大学是具有授予境外院校学位证书资格的教育机构，必然需要接受境外合作大学的监督与管理，这集中表现在合作大学的课程设置、教学考核、教师聘任等层面。但国内和国际两套质量保障体系并不兼容，如国内侧重于中外合作大学准入、准出等环节的原则性规定，而国际侧重于中外合作大学实际运行过程，特别是开展办学活动过程中的具体事项。显然，由于中外两套质量保障体系之间缺乏沟通渠道和机制衔接导致难以建立完整统一的质量保障体系。

第六章　社会资本参与公共高等教育供给的分类保障策略

第一节　分类管理下的民办高等教育资本"红绿灯"机制构建

2020 年中央经济工作会议提出"要强化反垄断和防止资本无序扩张"。2021 年中央经济工作会议中提出"要正确认识和把握资本的特性和行为规律。为资本设置"红绿灯",依法加强对资本的有效监管,防止资本野蛮生长……毫不动摇鼓励、支持、引导非公有制经济发展。"在我国教育领域,为了保障教育公益性的底线,更是要引导和规范社会资本参与办学。特别是在民办高等教育领域,分类管理已成为引导和规范办学的重要治理策略。但有必要从社会资本的角度,进一步完善分类管理,通过构建民办高等教育"红绿灯"机制,进而规范社会资本参与办学行为和引导社会资本有序发展。①

在民办高等教育领域建立资本"红绿灯"机制,就是要加强对资本的监管,对资本扩张的方向和目的进行引导,防止资本野蛮生长、防范系统性风险、确保国家经济和政治安全。② 民办高等教育领域"红绿灯"机制建立需要正确认识"资本的特性与规律"以及合理分析民办高等教育的特点。一是要采取适宜激励措施促进资本的高等教育事业发展的正面效应的发挥,即建立"绿灯"机制;二是要

---

① 张建刚:《科学设置资本"红绿灯",引导资本规范健康发展》,《学术探索》2022 年第 9 期。

② 魏明海、张芮杏:《以五重信号为资本及其扩张设置"红绿灯"》,《财务研究》2022 年第 3 期。

对资本的进入、扩张等方面行为进行限制，即建立"红灯"机制；三是要建立"绿灯"与"红灯"之间的协调机制，由此建立完整的资本"红绿灯"机制系统。总之，民办高等教育领域资本"红绿灯"机制的建构，是民办高等教育分类治理"精细化"的体现。

一 资本的特性与民办高等教育行为规律

社会资本参与公共高等教育服务供给重在"引导"和"规范"，其根本就在于社会资本具有二重性特征。在马克思主义政治经济学看来，资本从商品和货币关系中发展而来，继承了商品和劳动的二重性特征。一方面，资本具有物质形态的自然属性，作为生产要素具有积极作用。这也就是为什么要鼓励社会资本参与民办高等教育的重要原因，社会资本可以引入竞争机制，丰富参与办学主体及其供给方式，提升办学教育质量；但另一方面，资本又具有社会属性，即资本作为特定社会关系的承担者，表现出会不断获取剩余价值的行为，继而引发各种社会问题。这在民办高等教育领域较为突出，社会资本办学主体常常会选择减少教育投入，降低办学成本，通过学费的成本分担增加家庭和个人的教育支出，以谋求办学利润最大化，从而破坏教育公平、降低办学质量，最终造成教育生态危机。因此，必须先要正确认识资本的特性，在此基础上才能把握好民办高等教育办学的行为规律，进而对其进行具有针对性和适切性的激励与管控。

（一）教育资本特性

1. 资本的流动性

资本创造绝对剩余价值有一个条件，即流通范围要不断地扩大。在马克思看来，以资本为基础的生产，其条件是创造一个不断扩大的流通范围，不论是直接扩大这个范围，还是在这个范围内把更多的地点创造为生产地点。从这一角度而言，流通本身就表现为生产要素。[①] 由此，不难理解资本既可以在民办高等教育领域与其他领域之间流动，也可以在民办高等教育领域内部流动。一是资本跨领域流动。社会资本进入民办高等教育领域能带动高校管理方式和资源配置等方面的优化，为受教

---

① 《马克思恩格斯文集》，人民出版社 2009 年版，第 88 页。

育者提供更优质的教育服务，从而提高整个民办高等教育质量。适宜的资本流动能够带来市场的优化，但过量的社会资本涌入民办高等教育领域会导致高等教育性质的变化。二是资本内部流动。社会资本进入能够促进高等教育系统内部的良性竞争，资本能够根据各高校的盈利状况形成一定的流动，即从资本会从盈利能力差的高校流向盈利能力更强的高校，极易造成办学格局的非均衡化发展。特别是当资本过度集中在少数资源集聚的民办高校时，则会形成教育资本市场的垄断现象。

2. 资本的逐利性

资本的价值增殖是决定目的，是动机。我国资本有不同的类型和来源，包括国有资本、集体资本、民营资本、外国资本、混合资本等各种形态资本，其中国有资本、集体资本的逐利性相对较低；民营资本的逐利性相对较高。民办高等教育资本同样存在逐利的动机，而拥有多种类型资本投资的民办高校的逐利性会因不同类型资本占比差异而有所不同。目前，民办高等教育的办学资金主要来自学费，这也是社会资本投资回报的重要来源之一。[①] 在资本逐利性的驱使下，为追求更大的投资回报，社会资本会采取提高办学收入和降低办学成本的方法而增加办学利润，更有甚者为获得短期投资回报，可能会倾向于采取极端的甚至违法的行为来谋取办学利益。一是在提高办学收入方面，民办高校可能会进行虚假招生宣传，给出不会兑现的就业承诺等，以招收更多的学生和收取高昂学费。二是在降低办学成本方面，缺少必要的教学设施，降低教师的工资福利待遇和降低管理水平等，甚至可能会出现以公益性办学为名抽逃办学资金的违法犯罪行为。[②]

3. 资本的扩张性

资本具有追逐利润的天然属性，使得资本总是想千方百计地扩大规模，总是想渗透到经济社会的各个领域。正如马克思所说，资本只有一种生活本能，这就是增殖自身，创造剩余价值，用自己的不变部分即生

---

① 陈武元：《中国民办高校如何走出办学水平不高的困境——经费来源结构的视角》，《教育研究》2011 年第 7 期。

② 曾小军：《政府干预民办高等教育的经济学分析》，《教育发展研究》2012 年第 19 期。

产资料吮吸尽可能多的剩余劳动。① 最终，资本逐利的结果就导致了资本无序扩张，体现为资本的扩张性。② 一般而言，资本扩张可以分为资本有序扩张和资本无序扩张。一是资本的有序扩张，可以通过规模扩张促进高等教育大众化和普及化发展，满足人民上大学的教育期待；二是资本的无序扩张则是违背经济社会健康平稳发展要求，扰乱高等教育市场，破坏教育的公益性和公平性。资本在部分民办高校的快速地聚集和增长，占据垄断地位和获得操纵教育市场的权利，最终获得超额利润就是一种无序的表现。而这些优先占据垄断地位的民办高校会挤占其他高校的发展机会，降低其他高校发展的积极性，不利于教育公平市场环境的营造。因此，资本扩张必须被控制在合理限度内，保证有序发展。

（二）办学行为规律

1. 教育产业化

社会资本进入教育领域必然会带来教育产业化，并且在不同教育学段的表现也会有一定的差异性。譬如：在中小学阶段，特别是义务教育学段，必须要保证教育的公共产品属性。近年来，为了防止教育产业化问题，政府出台了针对校外教育的"双减"政策、"公民同招"政策以及"公参民"（名校办民校）政策等。但在高等教育和职业教育学段，教育属于准公共产品，社会资本更善于捕捉教育市场的需求状况，提供满足需求的高等和职业教育培训，其利润来源于学生学费，致使改革开放40多年来民办高等和职业院校大量兴起。再加之，我国加入WTO以后，作为国际服务贸易的教育实际上是一种商业形式存在，一大批跨境高等教育项目（或中外合作办学项目）不断涌进我国高等和职业教育领域，当然这些国际教育服务也逐渐在所谓优质教育服务供给的装扮下逐渐暴露"低质"问题，如一些学校的中外合作项目出现了"低分高价"现象。总之，我国高等和职业教育领域已经形成了国内和国际两个层面的教育产业化现象。

2. 教育集团化

教育集团是指以资本、品牌或协议等方式为纽带形成的具有法人

---

① 《马克思恩格斯文集》，人民出版社2009年版，第116、269页。

② 张建刚：《科学设置资本"红绿灯"，引导资本规范健康发展》，《学术探索》2022年第9期。

资格的教育联合体，通过资本并购、协议控制、连锁经营等方式迅速扩张，[①] 充分体现了教育资本的扩张特性。一旦民办教育集团化是以资本无序扩张为发展方式，那么必然会带来一系列风险，扰乱教育秩序，严重危害教育市场生态。特别是在分类管理背景下，一些企业对营利性办学选择跃跃欲试，希冀通过集团化方式控制民办高校，使其原有举办者转让办学收益权，从而获得巨额收益。但是，这种办学行为不仅使民办高校构成营利性异化，而且对推进民办教育分类管理制造了诸多潜在的治理风险。[②] 从外部来看，可能会涉及政校企利益捆绑，甚至在国外资本作用下损害教育主权；从内部来看，可能会造成人才培养质量降低，以及资金链断裂引发的学校财务运行危机等。但对于企业和教育集团而言，不断追求规模经营和收益使其资本迅速扩大是教育集团化的根本动机，因此必须要从治理体制机制入手，创新和丰富"治理工具箱"，有效应对民办教育集团化带来的各种治理困境和风险。

3. 教育金融化

随着近年来国家对房地产等产业的宏观调控，使得一些资本开始瞄准教育产业，并将教育作为投资新目标。以新东方教育集团为代表的教育公司纷纷在美国或者香港上市，形成境外直接上市、红筹模式上市以及境外借壳上市等途径，甚至一些跨境公司也通过基金或者并购的方式进入教育行业，特别是互联网教育的迅速发展以及疫情期间对在线教育的依赖，教育产业科技化进一步加速教育资本化运作，形成了教育产业的金融化高潮。显然，正是由于民办教育资本的逐利性和扩张性特征，使教育公司通过上市融资进一步扩大办学规模，实现资本增值，导致了民办教育金融化的办学行为。但是，随着教育公司的上市融资，实际上是重构了民办教育利益关系，一些"资本玩家"不惜违规关联交易，有意规避法律监管，造成民办学校被动承担股市动荡带来的风险，最终损害的还是教师和学生的权益。为此，教育资产上市是不可持续的，盲

---

① 张家勇、朱玉华：《民办教育集团化办学的风险与对策研究》，《华东师范大学学报》（教育科学版）2022 年第 10 期。

② 石猛、阚明坤：《资本并购：民办高校营利性异化及其应对》，《复旦教育论坛》2023 年第 1 期。

目扩张办学规模，必然会面临增长的极限。[①]

二 民办高等教育分类管理推进机制构建

（一）政策要求

推进民办高等教育分类管理，首先需要满足相关政策法规等政府层面的要求。2016 年《中华人民共和国民办教育促进法（修订案）》第十九条规定："民办学校的举办者可以自主选择设立非营利或者营利性民办学校。"选择设立非营利性民办高校的举办者不能从中获得办学收益，而选择设立营利性民办高校的举办者能够在符合《公司法》等有关法律的前提下获得办学收益。2016 年教育部等五部门印发《民办学校分类登记实施细则》，对民办学校转设所需手续、财务清算、税费补缴等方面进行了整体的规定，但落实的具体方案需要地方政府根据国家有关规定并结合地方实际制定，包括变更登记、过渡时间等。自此，在资本合法合规的情况下进入民办高等教育领域获得投资回报，2020 年中央经济工作会议提出"要强化反垄断和防止资本无序扩张"的要求，2021 年中央经济工作会议中提出"要正确认识和把握资本的特性和行为规律"，控制资本本身的逐利性和扩张性，发挥资本作为生产要素的积极作用，支持和引导资本规范发展。

从各级各地政府的角度来看，推进民办高校分类管理政策需要地方政府制定清晰的配套政策。民办高校分类管理需要地方政府在税收优惠、土地管理、社会力量办学准入、财政补贴、收费等多方面制定适宜的政策。[②] 在税收优惠方面，转设为营利性民办高校需补缴税费额度，会影响其利润情况；在土地管理方面，营利性民办高校土地获取方式由划拨到出让的转变也会提高办学成本；在社会力量办学准入方面，需要鼓励优质资本进但又需要限制其扩张速度和规模；在财政补贴方面，地方政府需要根据当地经济发展水平给予营非高校差异化财政补贴；在收费方面，过于严格的收费限制可能会导致其难以获得足够维持运转的经

---

① 董圣足：《论教育资产上市的不可持续性——基于香港联交所上市教育企业的情况分析》，《华东师范大学学报》（教育科学版）2020 年第 10 期。

② 王慧英、黄元维：《地方民办教育分类管理新政：现状、难点议题与治理策略——基于 25 个省（自治区、直辖市）民办教育新政实施意见的文本分析》，《现代教育管理》2019 年第 3 期。

营收入，缺乏限制则可能会导致受教育成本过高，损害受教育者权益。显然，"红绿灯"机制是完善分类管理政策的新思路。

（二）现实要求

从高校角度看，推进民办高等教育分类管理需要符合民办学校举办者的办学诉求。"营非选择"是需要校长、董事会等管理层共同做出的重大经营决策，会影响到办学成本、社会声誉、办学持续性等多个方面，且部分地区民办高校在"营非选择"之后的法人属性不能任意地变更，如重庆、贵州等省份规定民办高校只能选择从营利性办学转设为非营利性办学高校，非营利性办学高校不能转设为营利性办学高校。江西、江苏、陕西等省份则允许民办高校在营利性办学和非营利性办学之间相互转换，也有部分省份对此还未做出明确的规定。① 选择非营利性办学意味着其原有投资者不再获得投资回报的机会，且当前多地并没有明确规定民办高校转设资产清算方式，原投资人或举办者获得补偿的方式和比例，债权债务衔接方式等，民办高校较难做出"营非选择"决策。非营利办学后民办高校会在失去在职工招聘、招生名额、学费制定等方面的一定程度的办学自主权。而选择营利性办学会面临相对较高的政策不确定性，失去土地、税收等方面优惠政策。

从社会角度看，推进民办高校分类管理需要友好的社会环境。社会环境包括营非民办高校的社会认可程度、办学难易程度、营利机会等方面。企业对相应学校培养的学生的认可程度，受教育对其教育质量、学费额度、专业设置、企业认可度等多方面的评价，投资者、捐资者对进行投资或捐资意愿水平以及其他高校合作顺畅程度等构成了社会对民办高校的认可程度。为提高营利性办学民办高校的社会认可程度，需要完善社会支持配套体系。如建立客观、公正、独立且有高社会认可度的第三方认证机构，运用其具有的专业能力，对办学质量进行审查与认定并将结果对社会公开。② 降低公众与民办高校之间的信息不对称问题，从而有利于受教育者择校决策，降低虚假招生宣传的市场破坏力，避免

---

① 王帅、吴霓、郑程月：《民办教育分类管理的推进概况、突出问题与对策建议——基于对国家和地方 29 省相关政策的文本分析》，《当代教育论坛》2019 年第 6 期。

② 雷承波、阙明坤：《我国发展营利性民办高校若干难点分析及相关建议》，《教育与职业》2017 年第 7 期。

出现劣币驱逐良币的恶性循环，营造规范、健康和有序的民办教育生态。

（三）治理要求

推进民办高校分类管理治理亟须各级政府、高校、社会等多主体明确不同阶段的工作流程，做好从整体到细节的规划，以提高政策落实的效率和质量。政府和高校之间需要建立及时的协商机制，使政府能够对推进民办高校分类管理政策过程中的关键环节进行引导，使政策推进过程在政府掌控范围以内，促进政策落实过程中正面效用的发挥。民办高校治理要注重管理方式的法治化、科学化、民主化，[①] 在决策过程中考虑和尊重包括投资人、教职工、学生等民办高校内外利益相关者的意愿，建立科学的决策机制，提升治理效率与效能，提高民办高校治理的现代化水平。

三 民办高等教育资本的"绿灯"运行机制

（一）办学准入许可制度

鼓励和支持社会力量举办非营利性民办高等教育，首先必须从办学"入口"出发，依照新修订的《民办教育促进法》的规定，引导优质社会资本进入民办高等教育领域，政府不应当对其进行过多的行政干涉和限制。同时，政府必须制定适宜的法律法规对其办学行为进行规范、激励和有效约束。只要是没有违反相应的法律法规，且不会损害第三方利益、社会公共利益以及国家安全的前提下，应当允许社会资本能够畅通地进入民办高等教育领域。地方政府需要熟悉新法新规，制定准入负面清单制度，制定简洁合理的准入程序，明确民办高校前置审批范围等。总之，放宽非营利性民办高校的办学准入条件，实际上体现的是地方政府在教育"放管服"改革上的执行成效。此外，面对境外资本参与办学，必须要充分考虑其资本的品质和国际声誉，以及保证地方性配套政策的有效供给。

（二）财政分类扶持制度

高等教育是具有正外部性的准公共产品，在缺乏政府支持的情况下

---

① 张维维、夏菊萍：《高校治理体系和治理能力现代化：内涵与途径》，《北京航空航天大学学报》（社会科学版）2022 年第 4 期。

会出现投资不足的情况，因此需要相应的财政政策来促进资本更多地进入该领域。在实施分类管理后，亟须对非营利性和营利性民办高校建立分类扶持制度。除了土地和税收优惠以外，还必需建立两类相应的财政扶持制度。一是就非营利民办高校而言，地方政府必须设立民办教育专项资金，将专项资金列入政府预算，用于资助民办高校发展。同时，省级财政还要给予此类民办高校学生生均经费补贴和教职工补充养老保险；二是就营利性民办高校而言，尽管此类高校属于企业法人，可以享有投资回报制度，但还是要考虑到这里"公司"不同于一般意义上的公司，其依然带有教育公益特性，因此有条件的地方政府有必要对其接受高等学历教育的学生给予一定的生均经费补贴以及建立与政府合作的参与机制等。

（三）融资渠道创新制度

尽管地方政府按照《民促法》及其《实施条例》要求设立了民办高校专项资金，但是这一财政专项与公办高校财政显然还有所差距，因此非营利民办高校必须利用好自身的"民办"特性，拓宽其融资途径，突破以往"以学养学"的路径依赖。一是鼓励慈善和基金会等组织捐资办学，鼓励和支持社会组织开展公益性捐资办学，实现公司营利性和社会性的互动与共赢，这就需要地方政府为捐赠公司和个人建立税收优惠政策，促进捐赠教育的文化氛围形成，涵养新时代具有家国情怀和社会责任的企业家精神。二是鼓励金融和保险机构适当融资办学，允许金融机构开发适合民办高校特点的金融产品和服务，探索办理知识产权抵押款业务，而保险机构在民办高校探索建立行业互助保险机制，为师生权益提供风险保障。当然，在这一制度建设上，必须警惕营利性民办高校的过度融资问题，必须在风险可控的前提下进行合法合规的融资，防止融资办学异化。三是鼓励公民互购和政府购买服务办学，政府购买公共高等教育服务就是要通过发挥市场机制作用，把一部分属于政府承担的教育服务工作由社会力量或非公共部门承担，政府根据相应的合同约定向参与办学的社会力量支付费用。在高等教育领域，由于其属于准公共产品，因此所形成的成本分担、购买服务等教育公民合作模式会更为普遍，有助于社会资本参与公共高等教育服务供给，满足人民群众的多元化教育需求。

四 民办高等教育资本的"红灯"运行机制

（一）办学预警退出制度

民办高校的"退出"包括主动和被动两种情况，前者是基于投资回报等管理运营方面的考虑，而后者则是因为违法、资不抵债等原因被迫停止运营需要退出。为了防止民办高等教育资本特性的异化，必须建立来自教育行政部门的勒令停办的办法和机制，即民办高等教育资本的"红灯"制度，即围绕民办高校办学方向、人才培养质量、组织机构设置、法人财产权落实、财务管理、师资队伍建设、内部管理制度等建设进行系统性评估，对公众公开其办学状况评估结果，旨在让民办高校有进有出，形成优胜劣汰的良性机制。一是要建立预警机制，各地政府可以建立多样化的民办高校年检制度，可以分为"通过"、"基本通过"、"暂缓通过"和"不通过"四类。二是要建立退出机制，面对年审"不通过"的民办高校，要勒令停止办学，吊销《民办学校办学许可证》，不允许继续办理办学许可证的延续手续，不允许进行新生招生，并将其纳入到办学"黑名单"中，并向民众公示。

（二）收费标准核定制度

根据新修订的《民办教育促进法》，民办高校根据非营利和营利类型制定收费标准，即非营利性民办高校由所在地省级政府制定，营利性民办高校则是由学校根据市场情况自我决定。一是就非营利民办高校而言，首先要建立健全非营利民办学校会计核算制度，不收取学费、住宿费收入的企业所得税。该部分收入要全面用于教育教学活动，不能进行股东股利分配。二是就营利民办高校而言，首先必须区分学历和非学历教育收费标准。当前，我国营利民办高校主要以学历教育为主，因此还不能任意上涨学费，必须综合考虑物价上涨、城乡居民收入差距以及教育成本补偿等情况制定学费标准，还是要在一定范围内保证教育的公益性。一旦以"完全自由"的方式收取学费，那么此类学校必然会迅速扩张规模，但这也并不有利于市场的有序竞争。总之，民办高等教育资本在收费标准方面的"红灯"机制是对民办高校的学费订立自主权进行一定程度的限制，包括限制学费标准和收费跨度，禁止出现收取过于高昂的学费和一次性收取跨学年的学费等滥用学费定价权的情况发生，保证学费在一个合理的水平以及避免非法集资的情况发生，从而有利于维护公众的平等受教育权益和财产权益，维护社会稳定与公平正义。

（三）财务审计监管制度

为防止民办高等教育资本的异化，必须从财务审计的角度加强制度性监管，建立健全基于分类管理背景下的民办高等教育财务审计监管制度。一是建立独立的财务预算管理制度，以学校的名义在许可的银行开设账户，相应账户资金运用需要受到教育部门的监管，民办高校从不同渠道获得的办学资金，包括获得的投资、学费、贷款、财政补助等都应当受到严格监管，需要对民办高校的经营状况、负债情况，在股票、期货等证券市场投资的比例等进行严格监管和限制。政府部门应当建立相应的民办高校财务信息公开平台，让高校的财务违法行为得到社会公众的广泛监督，遏制非法关联交易等行为。建立对抽逃办学资金、转移办学收入、进行非法关联交易、违规借贷等违法违规使用办学资金行为的"红灯"机制。二是建立适宜的财务会计监管制度，结合具有更强的专业性的第三方财务审计机构的力量，对学校的财务制度建立、项目设计、资金运用、教职工工资额度、债权债务情况等进行审核并评定等级。由监管部门对触发"红灯"的民办高校采取一定的惩罚措施甚至追究刑事责任，对抽逃资金、偷税漏税、转移办学经费等行为进行严厉打击。对触发"红灯"的民办高校采取减少招生名额指标的分配、缩减财政支持力度等给予行政处罚措施。

（四）反垄断性竞争制度

从政策层面来看，国家鼓励民办高校拓宽融资渠道，但在这一过程中的民办高等教育资本很可能存在不正当的竞争，为此必须建立具有"红灯"警示和限制作用的反垄断性竞争制度。一是建立以教育政策合法化为主方向的民办教育资本反垄断的法律法规，对垄断的打击需要相应法律法规的出台和相应部门的重视，对于国有资本、非公有资本等不同种类资本，需要建立与之相适应的监管机制，避免出现非公有资本滥用市场支配地位、垄断竞争和脱实向虚的情况的发生。[1] 对于上市民办高校需要更多针对其股票市场的违法违规行为的监管。注重对市场竞

---

[1] 周海涛、郑淑超、景安磊：《民办高校上市的历程、影响及对策》，《中国高教研究》2021年第7期。

争中的弱势群体进行保护，对强势的资本方进行限制。二是建立以社会信用为主的民办教育监管体系，提高社会信用水平，使更广泛的公众形成信用社会的观念，运用法制理念提高社会信用水平，由此使社会资源配置效率提高和交易成本降低。捐资办学的社会慈善组织需要做好信息公开，维护其社会公信力。特别是营利性民办高校需要诚信纳税，突出对"使用未经备案的招生简章、发布虚假招生简章的民办学校依法依规予以处理""对非法颁发或者伪造学历证书、学位证书的营利性民办学校依法予以处理""应当通过实施审计、建立监管平台等措施对营利性民办学校财务资产状况进行监督"等方面的监管力度。

五　民办高等教育资本"红绿灯"协调机制

（一）办学主体协调制度

社会资本参与民办高等教育，本身就属于多元主体合作办学。但是在分类管理背景下，更要突出参与办学主体的公共性特征，就是要从第三方（而非利益当事方）的角度调和办学者的利害关系，探索对公民合作办学进行"绿灯"保障和"红灯"监管的协调机制。其中，要发挥好两支力量：一是要加强民办教育协会对民办高校普法和业务工作的指导，让两类民办高校认清各自的办学权利与责任，恪守办学的法律"红线"。同时，还要对拓宽融资渠道等具体业务和管理工作提供专业咨询、指导和帮助，突出协会的引导性治理；二是引入有资质的市场第三方组织负责民办高校的运营和评估，特别是对营利性民办高校的资本运营进行合规专业的管理，一定程度上这是资本"红灯"机制下的自我管控，避免营利性民办高校因为可能出现的不诚信办学行为而直接触碰"红灯"，导致被列入政府和行业"黑名单"。总之，公民合作办学须引入不同性质的"中介"组织起到"缓冲器"的作用，即在"红绿灯"机制中建立"黄灯"机制，减少社会资本参与办学的风险性。

（二）政府部门协调制度

从一定意义而言，民办高等教育资本"红绿灯"机制的建立实际上是对政府部门综合治理能力现代化的考验。对教育资本的管控，不仅属于教育行政部门的工作范畴，还涉及财政、市场监管、银保监和税收等多个政府部门，单一部门难以做好"红绿灯"机制的构建，需要各部门间的协调配合。民办高等教育资本"红绿灯"机制本身就是"协调"机制，建立民办教育工作部际联席会议制度，提升部门之间的协调合作，不同部门之间需要紧密地配合，联合完成工作的落实及情况的相互反馈。教育行政部门作为牵头单位做好部门间的统领规划工作；财政部门对民办高校财务制度进行监管，对违规行为进行处罚，合理制定对民办高校的财政补贴政策；市场监管部门需要对民办学校的学费、住宿费等额度的制定以及收费方式的合规性进行监管；银保监部门应对与银行、保险公司有业务往来的高校资金流转情况进行监管；税务部门需要对民办高校的税务缴纳合法性进行审查，防止偷税漏税等违法行为的出现，识别民办高校在办学过程中可能出现的资金风险。

（三）流程管控协调制度

民办高等教育资本"红绿灯"机制是一项全过程的监管机制，须采取事前、事中、事后的流程性管控机制，要对不同阶段的监管工作进行协调以形成监管闭环。一是在事前监管机制方面，要对社会资本进入民办高等教育市场时的准入等机制进行监管，把握好监管宽严程度；二是在事中监管机制方面，要对资金进入民办高校办学过程中的情况进行监管。事中监管涉及的内容较为广泛，需要多部门之间的合作监管，且要建立起社会监督机制，民办高校的利益相关者均能对其进行监督，使监督能够更加全面、及时和有效；三是在事后监管机制方面，要对已经发现的违法行为进行严厉的惩戒并对整改的行为进行监督，避免同样的行为再次出现。同时，还要运用新的技术方法以实现全过程监管，如运用大数据、人工智能的科技手段对潜在的违法违规风险进行提前识别，预防相应的风险事故发生和减少损失。

（四）区域流动协调制度

由于教育资本具有流动性的特点，不仅涉及跨领域，而且还会涉及跨区域。特别是在当前国家推行区域协调发展战略的背景下更显重要。因此，区域间的监管机制应做到一定程度的统一，使资本更容易进行跨区域的流动，带来更多的民办高等教育投资机会。同时，也要防范资本区域流动过程中引发重大金融风险的产生，对政府财政和社会资本运用都要做好统筹性监管。中央与地方的财政监管政策需要相互协调，共同抵御重大金融风险事故的发生。一方面，对政府和社会资本的杠杆行为进行有效的监管，对高杠杆的行为进行严厉打击，但也不过度限制有利于经济和教育事业发展的地区杠杆行为；另一方面，对不同类型和地区的民办高等教育资本的金融工具运用的监管，需要考虑到区域金融发展水平状况、区域政府信用状况以及区域政策变化风险等，且在遵循金融市场的客观规律下制定相应的监管政策，采取相应的监管措施。

第二节　独立学院转设为营利性高校的学历非学历二分路径

一　独立学院转设后的营利性选择

独立学院转设工作及其转设后的发展是"十四五"时期建设高质量高等教育体系的重要任务之一。然而，独立学院转设必然会遇到民办教育营利性与非营利性分类管理的选择问题。根据相关规定，营利性民办学校可以有偿用地，学校适用国家鼓励发展的相关产业政策，享受相应的税收政策；学校的收费标准实行市场调节，由学校自主决定。民办高校的分类选择各有利弊，一是对于登记为非营利性质的民办高校来说，其登记门槛符合国家导向，有更多的扶持政策，如优惠的用地成本，非营利性质拥有更高的社会认可度，在教师待遇和办学经费上也有一定的保障；二是对于登记为营利性质的民办高校来说，学校在管理、收费等方面更为自主，办学经费来源更为广泛，举办者也可以依法取得更高的收益。总的来说，非营利性民办高校拥有更多的政策和社会支持，而营利性民办高校则更具有采取市场手段的主动权，以便于更加灵活地解决学校融资难的问题。

（一）转设情况

独立学院转设期日益临近，但截至 2022 年底全国仍有 164 所独立学院尚未完成转设工作。① 其中，还未完全转设的前 6 的省（直辖市/自治区）依次是：江苏省（22 所）、浙江省（15 所）、湖南省（14 所）、湖北省（13 所）、河北省（12 所）以及陕西省（11 所）（如表 7 - 1）。从数量上来看，这与以上各省是高等教育大省有关，其公办高

---

① 中华人民共和国教育部：《新闻发布会：介绍 2022 年全国教育事业发展基本情况》（2023 - 3 - 26）[2023 - 3 - 23]，http：//www. moe. gov. cn/fbh/live/2023/55167/。

等教育资源较为丰富，因此其所属独立学院数量也相对较多。

表 7 - 1 各省份未转设独立学院数量统计

省份	未转设独立学院数量	省份	未转设独立学院数量
江苏省	22	浙江省	15
湖南省	14	湖北省	13
河北省	12	陕西省	11
辽宁省	8	天津市	7
江西省	7	四川省	6
福建省	5	广东省	5
山东省	4	云南省	4
安徽省	4	广西壮族自治区	4
北京市	4	吉林省	3
贵州省	3	山西省	3
上海市	2	内蒙古自治区	1
新疆维吾尔自治区	1	重庆市	1
河南省	1	青海省	1
海南省	1	黑龙江省	1
宁夏回族自治区	1	甘肃省	0
西藏自治区	无		

资料来源：笔者根据相关资料整理统计而得。

（二）上市情况

随着民办教育分类管理的逐步推进，各地一些包括独立学院在内的民办高校开始投靠上市教育公司名下，正默默地推动民办高等教育集团化发展。一是从上市公司来看，截至 2022 年 12 月，据不完全统计在港股和 A 股上市的独立学院投资方公司和集团共有 18 家（如表 7 - 2）。其中，这些教育投资集团大多选择在港股上市。如：希望教育集团有限公司、中国教育集团控股有限公司、民生教育集团有限公司、春来教育集团四家公司等，以上四家公司旗下的独立学院及其转设后的民办高校数量相对较多。不难推测，一旦各地启动民办高校"营非"选择议程，这些教育上市公司将会继续通过资本并购和集团化发展的方式成为独立学院转设为营利性办学选择的"幕后推手",进而推动民办高等教育的营利化。从教育的价值选择而言,各地政府及所辖独立学院都需要保持一定的警惕性。

表7-2　　　　公司上市情况及旗下民办高校数量统计

公司名称	集团旗下独立学院及(转设后民办高校)数量	上市场所
希望教育集团有限公司	5 所	港股上市
中国教育集团控股有限公司	4 所	港股上市
春来教育集团	4 所	港股上市
民生教育集团有限公司	3 所	港股上市
中国科培教育集团有限公司	2 所	港股上市
中国新华教育集团有限公司	2 所	港股上市
新高等教育集团	1 所	港股上市
宇华教育集团	1 所	港股上市
中汇集团控股有限公司	1 所	港股上市
中国职业教育控股有限公司	1 所	港股上市
嘉宏教育科技有限公司	1 所	港股上市
成实外教育	1 所	港股上市
立德教育股份有限公司	1 所	港股上市
21 世纪教育集团	1 所	港股上市
中国银杏教育集团有限公司	1 所	港股上市
华夏视听教育集团	1 所	港股上市
科大讯飞	1 所	A 股上市
山西金叶科教集团	1 所	A 股上市

数据来源:笔者通过相关资料整理统计

　　二是从独立学院转设来看,在上述 18 家教育上市集团公司旗下的独立学院共计 32 所(其中已完成转设有 24 所,尚未完成转设有 8 所)(如表 7-3)。就独立学院加入上市教育公司的分布来看,中部地区有 13 所,西部地区 12 所,东部地区有 7 所,其中中西部地区占比就高达 78%(25 所);就独立学院转设情况来看,大部分独立学院已经完成转设工作，但还未开始选择是营利性办学还是非营利性办学，一些学校可能暂时选择非营利性办学，但从上市教育公司的资本要求来看，这些独立学院无论是转设与否都很有可能最终选择成为营利性民办高校。如果独立学院转设后从"非营利"转向"营利"，其所属的上市教育公司、转设院校以及地方政府之间将会面临较大的利益博弈和财产分割问题。总之，独立学院转设后的营利性办学选择虽属合法行为，但很可能会造成较大的博弈内耗。

表7-3　　　　　　部分上市公司旗下独立学院及民办高校概况

现独立学院 （民办高校）名称	学校所在地	学校所在地 所属地区	转设进程
广州应用科技学院	广东省广州市	东部地区	转设完成
烟台科技学院	山东省烟台市	东部地区	转设完成
广州华商学院	广东省广州市	东部地区	转设完成
广州华立学院	广东省广州市	东部地区	转设完成
南京传媒学院	江苏省南京市	东部地区	转设完成
苏州科技大学天平学院	江苏省苏州市	东部地区	尚未完成转设
南京财经大学红山学院	江苏省镇江市	东部地区	尚未完成转设
商丘学院	河南省商丘市	中部地区	转设完成
安阳学院	河南省安阳市	中部地区	转设完成
荆州学院	湖北省荆州市	中部地区	转设完成
郑州工商学院	河南省郑州市	中部地区	转设完成
哈尔滨石油学院	黑龙江省哈尔滨市	中部地区	转设完成
淮北理工学院	安徽省淮北市	中部地区	转设完成
郑州经贸学院	河南省郑州市	中部地区	转设完成
黑龙江工商学院	黑龙江省哈尔滨市	中部地区	转设完成
安徽信息工程学院	安徽省芜湖市	中部地区	转设完成
山西医科大学晋祠学院	山西省太原市	中部地区	尚未完成转设
安徽医科大学临床医学院	安徽省合肥市	中部地区	尚未完成转设

现独立学院 （民办高校）名称	学校所在地	学校所在地 所属地区	转设进程
石家庄铁道大学四方学院	河北省石家庄市	中部地区	尚未完成转设
内蒙古大学创业学院	内蒙古自治区呼和浩特市	中部地区	尚未完成转设
贵州黔南经济学院	贵州省惠水县	西部地区	转设完成
贵州黔南科技学院	贵州省惠水县	西部地区	转设完成
成都锦城学院	四川省成都市	西部地区	转设完成
重庆外语外事学院	重庆市	西部地区	转设完成
重庆人文科技学院	重庆市	西部地区	转设完成
滇池学院	云南省昆明市	西部地区	转设完成
兰州信息科技学院	甘肃省兰州市	西部地区	转设完成
成都外国语学院	四川省成都市	西部地区	转设完成
成都银杏酒店管理学院	四川省成都市	西部地区	转设完成
西安明德理工学院	陕西省西安市	西部地区	转设完成
重庆工商大学派斯学院	重庆市	西部地区	尚未完成转设
西南交通大学希望学院	四川省成都市	西部地区	尚未完成转设

资料来源：笔者通过相关资料整理统计。

（三）转设类型

基于以上上市教育公司及其所属独立学院的情况，可以将其分为三种转设类型。一是原即为该上市公司参与投资创办。如：贵州财经大学商务学院为贵州大学与华西希望集团共同举办，转设后学校性质为四川希望教育产业集团有限公司举办的民办全日制普通高等学校；河南农业大学华豫学院和安阳师范学院人文管理学院均为母体院校和春来教育集团有限公司投资创办，转设后两所独立学院均隶属于春来教育集团有限公司旗下。显然，此类独立学院在转设后脱离公办母体高校，原投资公司仍继续参与办学。作为原独立学院的举办方之一，这些投资公司对学校的发展历史更为了解，对其未来发展也具有更加全局性的思考和规划。此外，作为主要举办方的上市教育公司能够为转设的独立学院提供较为稳定的资金支持，这也就为民办高校选择营利性办学提供了物质和经费等基础条件。

二是独立学院被上市公司所收购。如：苏州大学天平科技学院为苏州科技大学和苏州科技大学教育发展基金会所创办，2019 年学校通过招标的方式被春来教育集团有限公司收购，至此天平科技学院由春来教育集团有限公司拥有并独立经营；南京财经大学红山学院也通过招标的方式，将南京财经大学红山学院的举办者权益交由中国新华教育集团有限公司，成为新华教育集团在香港上市后首个落地的并购项目。此类独立学院原举办方多为公办高校及基金会，随着独立学院转设政策的出台以及对学校长远发展的考虑，学校通过招标的方式寻找更加合适的社会力量举办方，同时母体高校亦能获得一笔"分手费"。对于参与招标的上市教育公司来说，收购往往比创办新的高校更容易，他们希望通过收购高校放大自身的市值，占领更多的民办教育市场。此类独立学院转设后具有较好的发展前景，中标后通过持续的投资发展，亦能为投资方带来一定的经济回报。

三是原投资公司被上市公司所收购。如：四川大学锦城学院的举办方为四川大学和四川锦城实业发展有限公司，2019 年中国教育集团控股有限公司收购并间接持有成都锦城学院 51% 举办权的隆兴投资有限公司，成都锦城学院也由此隶属于中国教育集团控股有限公司旗下。如：2020 年，中国科培教育集团收购哈尔滨石油学院 100% 出资人权益及（重组完成后）目标公司的 100% 权益，哈尔滨石油学院至此隶属于中国科培教育集团旗下。显然，此类独立学院被新投资方教育公司收购后，在办学投入、学校管理方式上均会有所转变，后期的发展方向也可能与之前有较大的差异。收购方作为更加有经验的教育投资集团，能够为学校发展带来更先进的管理经验和更优质的教学品质。同时，收购方式也能够为教育公司进入新的领域带来更多的便利，有利于进一步拓宽教育公司的业务和发展空间。

四是由上市公司的子公司投资和控股。如：兰州理工大学技术工程学院原社会力量举办方北京爱因生教育投资有限责任公司为新高等教育集团旗下子公司，该校现隶属于新高等教育集团旗下。又如：原西南大学育才学院社会力量举办方为重庆利昂实业有限公司，该校为民生集团通过 VIE（协议控制）结构控制的三所高校之一，因此现转设的重庆人文科技学院也隶属于民生教育集团有限公司旗下。总之，此类独立学院的发展方向与实际控股的子公司以及隶属的母公司之间均有一定的关联性，其母公司大多为大型的教育集团公司，能够对学校进行直接或间接的控制和管理。母公司及其作为举办方的子公司均能为其在资金、管理上提供更多的支持。这些独立学院一旦转设为营利性民办高校，其在办学资金来源、软件和硬件方面都会得到更多的办学保障。

二　美国营利性高校的治理与反思

（一）美国营利性高校的发展态势

1. 历史形成

众所周知，营利性高校在美国高等教育体系中具有重要的位置，但这一办学类型的历史并不是很长，其合法性身份是 1972 年《高等教育法案》重新授权后才正式得以确立。半个世纪以来，美国营利性高校发展经历了三个重要阶段，逐步形成了营利性高校办学类型特色。一是20 世纪 80 年代进入迅速扩张期，在私有化浪潮的冲击下，营利性高校无论是在办学机构、招生人数还是市场份额都有大幅度的增长，[①] 特别是以阿波罗教育集团为首的机构在美国营利性高等教育中迅速崛起，为投资者和办学者带来了巨大了经济利益；二是 20 世纪 90 年代进入融资上市期，以阿波罗教育集团、戴维瑞教育集团以及教育管理公司等为代表的营利性教育机构纷纷采取上市和并购的方式扩大办学规模和市场份额，开创了营利性高等教育的华尔街时代；[②] 三是 21 世纪初进入特色类型时期，美国营利性高校的学历培养层次不断提高，既有本硕博的各级学历教育，[③] 也有致力于各行各业专技人才培养的非学历教育，且非学历教育面向社会群体也日益多样化。[④]

从上述三个发展阶段来看，美国营利性高校形成了以非学历教育和网络教育为主，以学生学费为主要收入来源，以及面向社会需求开设专业和课程，旨在提升学习者的就业技能和水平。从人力资本和教育公平的角度而言，美国营利性高校的出现，不仅有助于提高从业者的劳动职

---

① 张伟：《冲击与调试：美国营利性高等教育崛起现象探微》，《教育科学》2018 年第 5 期。

② Kinser K. , *From Main Street to Wall Street：For‐Profit Higher Education*, New York：John Wiley & Sons Ins, 2006.

③ David W. , Breneman, Brian Pusser, Sarah E. , Turner. *Earnings from Learning the Rise of For-Profit Universities*, State University of New York Press, 2006：8－12.

④ 陈春梅、阙明坤：《美国阿波罗教育集团内部治理体系及其启示》，《黑龙江高教研究》2022 年第 10 期。

业技能，而且还会改善弱势群体的教育不平等处境。鉴于营利性高校的公共性行为，美国政府对其给予了财力支持。根据 1972 年修订的美国联邦政府《高等教育法案》，明确规定符合条件的营利性高校学生可获得联邦政府提供的助学金，该项法律使那些处境不利的学习者具有更多接受高等教育的机会。同时，为了规范营利性高校办学和保证教育质量，构建了由第三方认证机构、州政府和联邦政府协作开展的"三合一"监管机制。[①] 综合看来，美国营利性高校发展始终是沿着一种规模扩张的路径前行，其中融资上市亦是其扩张的重要手段，为此美国采取政府和市场双重力量进行监管，其根本就是要保障高等教育质量，同时政府也须认识到办学的公共性，并给予政策支持。

2. 发展转折

历经 40 年的快速发展，美国营利性高校已经深度融入教育资本市场。从一定意义而言，营利性高校已成为"社会资本"的符号，其通过并购重组和融资上市等途径不断扩大其办学规模和利润回报。然而，2006—2007 年一场来自美国本土的次级房贷危机，造成了投资基金、商业银行以及贷款机构等破产和倒闭，引发了剧烈的股市震荡，并在很短的时间里席卷欧盟和日本等地区和国家的金融市场，最终演变成了世界金融风暴。在这一场金融危机中，上市的营利性高等教育公司必然遭受到了巨大的冲击。譬如，美国最大的营利性高等教育公司——阿波罗教育集团股价下跌、生源下降等办学问题日益凸显，为了保证自身利益，2010 年阿波罗教育集团决定退市，即采用私有化的方式主动退出证券市场交易。[②] 无疑，阿波罗教育集团退市不仅标志着美国营利性高等教育发展开始发生了重大的转折，而且这对全球营利性高等教育也发出了警示。显然，营利性高校上市是其发展的阶段性特征，从一定程度上反映了教育资本的不可持续性，且有损受教育权。

当然，阿波罗教育集团只是营利性高校发展的一个缩影，其退市行为虽然是其自身利益考量后的选择。但美国营利性高校发展还存在一些

---

① 陈春梅、阙明坤：《美国营利性高校"三合一"监管的路径、问题及启示》，《中国高教研究》2018 年第 9 期。

② 杨程：《阿波罗教育集团退市：历史、问题及展望》，《清华大学教育研究》2019 年第 3 期。

固有的办学困境。一方面是来自外部的政策影响，如学生的助学贷款，由于营利性高校办学缺乏财政拨款，因此其收入主要源自高昂的学费，学费又会增加学生助学贷款申请率。然而，问题在于一些营利性高校为了帮助学生获得贷款会采取欺诈手段，再加之就业困难和毕业率下降，使得毕业生难以偿还助学贷款，造成违约率不断增加，财政亏空不断扩大，继而影响新生就读营利性高校的意愿。[①] 另一方面，也有来自内部的管理影响，如兼职师资的聘用，为了降低办学成本，营利性高校往往给兼职教师较低的薪资，这不仅不能吸引名校教师兼职授课，而且还会影响教育教学质量。如：兼职教师与学校教学之间缺乏联系和沟通，教学方案和课程安排存在冲突，课程内容与学生就业的适配程度不断降低。显然，这与营利性高校内部过于公司化的管理方式相关，"成本—收益"导向的办学思维一定程度上影响办学质量。

3. 未来走势

自 2010 年以来，美国营利性高校发展面临较为严重的不确定性，最大的挑战来自美国两党执政理念和政策实施的反差。其中，最具争议的就是有酬就业规则（Gainful Employment，GE），即构建衡量大学毕业生的债务与其相对收入是否达成所要求比例的问责标准。如果毕业生平均债务收入比高于12%，就无法通过有酬就业规则，若某一专业项目连续两年未能达标，就会失去联邦政府的援助资格。面对 GE 问责标准，营利性高校可能会由于学生贷款压力而导致招生专业处于较高的关停风险。然而，这一影响营利性高校的重要政策却几经波折，其根本是美国两党就此政策执行中的严重分歧。如奥巴马政府试图通过有酬就业规则促使营利性高校证明其学位和证书课程物有所值，保证学生毕业能找到工作以偿还贷款。因此，这一时期的营利性高校招生人数在次贷危机和有酬就业规则的双重压力下，其招生人数始终处于萎缩状态。据美国教育统计中心数据显示，2010 年营利性高校招生为 200 多万学生，但到 2018 年其招生人数下降到不足百万。[②]

---

① 吴玫：《美国营利性高等教育的新危机》，《高等教育研究》2018 年第 4 期。

② Inside Higher ed., What Would a Second Term for Trump Mean?（2020 - 10 - 11）[2023 - 04 - 21]，https：//www.insidehighered.com/news/2020/10/12/what-second-trump-term-would-bring-higher-education.

2019 年特朗普上台执政后，便撤销了上一届政府对营利性高校的 GE 规则限制，给予营利性高校宽松的政策环境。这一时期迎来了营利性高校的反弹，学生人数有大幅度提升。但美国布鲁金斯学会（Brookings Institution）指出，营利性高校招生人数的增加令人担忧，因为一些学生正在为无法偿还的教育承担巨额债务。① 近年来，随着拜登政府开始执政，其在教育领域的重要工作就是重新恢复 GE 规则，加强对营利性高校的监管，此时营利性高校面临较为严重的失利问题。据 2022 年美国大学入学与成功研究所（Institute for College Access-Success）研究结果，营利性高校 40% 的专业可能都无法通过有酬就业规则，这意味着营利性高校近 70% 的本科专业项目或学位课程会失去招生资格。② 综合来看，暂且不论美国两党政府执政策略孰优孰劣，但不难发现营利性高校的确助长了美国大学生的债务问题，许多营利性项目被机构夸大宣传，并没有给学生带来高薪工作。因此，加强营利性高校项目和课程的监管无疑是其未来发展的重要治理策略。

4. 统计变化

根据美国国家学生信息交换研究中心（NSCRC）数据统计，2019—2021 年期间，四年制营利性高校增幅最为凸显，2021 年增幅高达 34.7%。尽管公立高校和私立非营利性高校注册人数高达 407356 人和 118872 人，但是从增幅来看非常微弱甚至有负增长的现象（如表 7-4）。③ 这充分反映了美国营利性高校在非学历教育项目方面存在较大的增长优势，特别是在疫情后这一增长趋势更加突出。同时，从以上三类高校学生学习性质看，2019—2021 年期间，四年制营利性高校注册兼职学习人数的比例基本保持在 38.9% 左右，平均高于公立高校（28% 左右）和私立非营利高校（22.5% 左右）10%—16%（如表 7-5），这说明在营利性高校学习的学生有更多是选择兼职学习，体现了

① 蒋观丽、文少保：《世界一流智库研究成果满足政府教育决策需求的过程机制及启示——以美国布鲁金斯学会布朗教育政策中心为例》，《高校教育管理》2021 年第 6 期。

② Institute for College Access-Success ［EB/OL］.（2022－06－09）［2023－04－21］，https：//www. insidehighered. com/news/2022/06/09/many-profits-would-fail-under-gainful-employment-rule-change.

③ Drerview：Spring 2021 Enrollment Estimates ［EB/OL］.（2021－01－01）［2023－04－22］，https：//nscresearchcenter. org/wp-content/uploads/CTEE_ Report_ Spring_ 2021. pdf.

其本科学历教育的"成人"特征。

表7-4　　　　不同学校类型非学历教育等项目人数及其增幅

项目类型	学校类型	2021年春季		2020年春季		2019年春季	
		注册人数	相比上年增幅	注册人数	相比上年增幅	注册人数	相比上年增幅
非学历等其他教育类型	四年制公立高校	407356	2.0%	399199	3.6%	385280	-2.7%
	四年制私立非营利高校	118872	-5.1%	125324	1.4%	123642	-2.8%
	四年制营利性高校	64117	34.7%	47599	5.3%	45199	-12.8%

资料来源：美国国家学生信息交换研究中心（NSCRC）数据统计整理而得。

表7-5　　　　不同学校类型学生学习性质人数及占比

学校类型	学习性质	2021年		2020年		2019年	
		注册人数	占比	注册人数	占比	注册人数	占比
四年制公立高校	全职	5368762	71.5%	5490661	72.7%	5496209	72.3%
	兼职	2137088	28.5%	2060583	27.3%	2102028	27.7%
四年制私立非营利高校	全职	2891253	77.1%	2942777	77.9%	2947262	77.5%
	兼职	856667	22.9%	833685	22.1%	856314	22.5%
四年制营利性高校	全职	438843	61.1%	445751	61.1%	457549	61.5%
	兼职	279714	38.9%	283612	38.9%	285987	38.5%

资料来源：美国国家学生信息交换研究中心（NSCRC）数据统计整理而得。

从三类学生年龄段的学习性质来看，2019—2021年期间，四年制营利性高校中有24岁以上的注册人数高达81%以上，而高等教育适龄青年人数只有不到20%。这与四年制公立高校和四年制私立非营利高校适龄人数比例和成年人数比例形成反差（如表7-6）。[①] 从不同类型学校年龄

① Overview：Spring 2021 Enrollment Estimates ［EB/OL］. （2021-01-01）［2023-04-23］, https：//nscresearchcenter. org/wp-content/uploads/CTEE_ Report_ Spring_ 2021. pdf.

段学习性质来看，2017—2021 年期间，四年制营利性高校全职和兼职注册人数年龄均高于前两类学校，其中全职学习者的年龄高出近 10 岁左右，平均年龄为 33 岁左右，呈现出"成人学习"和"职业教育"特征，而三类高校兼职学习者的年龄差距不是很大（如表 7 - 7）。①

表 7 - 6　　　　　　　　不同类型学校年龄段人数及占比

学校类型	年龄段	2021 年		2020 年		2019 年	
		注册人数	占比	注册人数	占比	注册人数	占比
四年制公立高校	18 岁以下	179389	2.4%	174741	2.3%	170982	2.3%
	18—24 岁	5140809	68.5%	5247834	69.5%	5264564	69.3%
	24 岁以上	2185652	29.1%	2128668	28.2%	2162691	28.4%
四年制私立非营利高校	18 岁以下	30340	0.8%	32423	0.9%	31110	0.8%
	18—24 岁	2140052	57.1%	2202483	58.3%	2210599	58.1%
	24 岁以上	1577529	42.1%	1541556	40.8%	1561866	41.1%
四年制营利性高校	18 岁以下	1243	0.2%	1101	0.2%	1163	0.1%
	18—24 岁	135294	18.8%	134264	18.4%	131385	17.7%
	24 岁以上	582020	81.0%	593999	81.4%	610988	82.2%

资料来源：美国国家学生信息交换研究中心（NSCRC）数据统计整理而得。

表 7 - 7　　　　　　　不同类型学校年龄段学习性质人数及占比

学校类型	2021 年		2020 年		2019 年		2018 年		2017 年	
	全职	兼职	全职	兼职	全职	兼职	全职	兼职	全职	兼职
四年制公立高校	21.83	27.19	21.76	27.44	21.79	27.52	21.86	27.64	21.94	27.83
四年制私立非营利高校	22.99	31.43	22.86	31.57	22.87	31.69	22.66	31.93	22.73	32.04
四年制营利性高校	32.66	33.80	32.54	34.12	32.54	34.22	32.75	34.17	32.83	34.18

数据来源：美国国家学生信息交换研究中心（NSCRC）数据统计整理而得。

---

① Overview：Spring 2021 Enrollment Estimates ［EB/OL］．（2021 - 01 - 01）［2023 - 04 - 22］，https：//nscresearchcenter. org/wp - content/uploads/CTEE_ Report_ Spring_ 2021. pdf.

（二）美国营利性高校的治理结构

1. 外部监管

自 1972 年《高等教育法案》修订以来，针对美国营利性高校形成了由联邦政府、州政府以及第三方认证机构共同构成的"三合一"监管体系。一是联邦政府监管。美国联邦政府对营利性高校的监管力度明显高于私立非营利性高校，为此政府设置了包括联邦贸易委员会（the Federal Trade Commission）、证券交易委员会（Securities and Exchange Commission）、教育部（Department of Education）等教育监管机构，下设置认证、跨州办学监管、有偿就业、学分监管等监管措施。① 特别是随着营利性高校迅速扩张以来，联邦政府相继发布《高等教育法修正案》以及"有酬就业"政策法规对营利性高校进行外部监管。② 同时，联邦政府层面还设有政府问责办公室（Government Accountability Office）、联邦贸易委员会（the Federal Trade Commission）、参议院常设调查小组（Permanent Subcommittee on Investigations）等进行监管审查。

二是州政府监管。历史上，州政府对境内教育活动负有审核责任，但对营利性高校的监管远不如公办高校，各州对营利性高校视为企业采取放任式管理。③ 直到 1972 年《高等教育法案》重新授权后，各州新成立的州委员会尤其要包括来自营利性高校的代表，至此各州开始将营利性高校作为教育机构来对待。④ 但各州对立法的反响并不积极，仍有许多州的规划中将营利性高校与公办高校和私立非营利性高校区别对待，将其交由不同的机构进行监管。⑤ 随着营利性高校逐渐融入各州

① Daniel L. Bennett et al. For-Profit Higher Education: Growth, Innovation and Regulation ［EB/OL］, http://files. eric. ed. gov/fulltext/ED536282. pdf.

② 陈春梅、阙明坤：《美国营利性高校"三合一"监管的路径、问题及启示》，《中国高教研究》2018 年第 9 期。

③ 丹尼尔·贝内特、亚当·卢凯西、理查德·维德等：《美国政府对营利性高校的管理历史分析》，《世界教育信息》2013 年第 23 期。

④ Kinser K. , From Main Street to Wall Street: For - Profit Higher Education, New York: John Wiley & Sons Ins, 2006.

⑤ BENNETT D L, LUCCHESI A R, VEDDER R K. For-profit higher education growth, innovation and regulation ［EB/OL］. （2017 - 10 - 24）［2023 - 3 - 24］, http://files. eric. ed. gov/fulltext/ED536282. pdf.

高等教育机构监管中，越来越多的州对营利性高校监管设立专门的提案。此外，一些州还设置了营利性高校的州办学许可证发放机构，如：克罗拉多州设置了克罗拉多州高等教育委员会；纽约州设置了高等教育办公室及州教育部职业办公室；华盛顿州设置了高等教育协调委员会学位认可处等。显然，由于各州法律和教育情况不同，州政府对营利性高校的管理呈现出多样化特征。

三是第三方认证机构监管。由第三方认证机构作为外部监管方是美国高等教育质量保障的重要组成方式，为此早在 20 世纪 60 年代，美国政府就开始推行国家或区域层面的营利性高校认证监管。但有趣的是，高校如果是受到区域层面机构认证被视为是教育质量和地位的指标，若是受到国家层面机构认证则被认为是高等教育的"二等公民"。[1] 显然，美国高等教育认证总体上更注重区域和行业层面。但对营利性高校而言，无论是获得国家层面认证还是区域层面的认证同等重要，因为公立大学和私立非营利性大学更多获得的是区域认证，而营利性高校大多获得的是国家认证。[2] 就营利性高校认证内容而言，主要关注的是投资办学是否合法，学校财务是否稳定，招生广告是否规范以及家长是否满意等。特别是随着美国高等教育认证文化深入人心，各类专业认证机构以及被认可的营利性高校越来越多，进而促使营利性高校也就越来越受到社会、家长和学生的认可。

2. 内部治理

营利性高校具有企业和学校的双重组织属性，营利性高校也建立了由双重组织属性以及相应的内部治理体系，其管理模式更贴近于企业的专业管理模式，而非传统大学的行政管理模式。美国营利性高等教育集团内部按照现代企业制度运行，一般设有股东会、董事会、经理等，具有典型的以效率为导向的企业科层制特点。因此，营利性高校是以商业模式建构内部治理体系，学校将学术领域和管理领域分开，教师不参与管理工作，而管理工作也由专业人员负责。一方面，校长和院长不需要

---

① KINSER K. , *Sources of Legitimacy in U. S. For-Profit Higher Education*, New York：Palgrave Macmillan, 2007, 257 – 276.

② 陈春梅、阙明坤：《美国营利性高校"三合一"监管的路径、问题及启示》，《中国高教研究》2018 年第 9 期。

关心教师的学术研究进展，而只是作为专职管理者，着重负责观察市场需求，以吸引和开发更大的生源市场；另一方面，营利性高校教师会拥有更大的自由，他们并不像公立和私立非营利大学设置终身教职，不需要按照"不出版就出局"（Publish or Perish）的规则进行科研活动，也不需要教师参与学校管理，而仅仅是作为行业和专业"从业者"在校任教，但是营利性高校教职工可以优先拥有认股权。①

从营利性高校的内部治理结构看：一是股东会。股东大会是学校最高的权力机构，由全体股东组成，通常每年召开一次会议，主要负责对候选董事、选任和聘用董事，以及集团员工薪酬、未来发展计划等相关事宜有直接的投票表决权和决定权。二是董事会。董事会及各委员会成员构成将直接影响到营利性高校运行和发展，董事会对股东会负责，主要是对集团事务进行决策和监督，其成员大多有丰富的管理经验，是集团发展中承上启下的中坚力量。三是委员会。委员会一般由营利性高校内部根据需要而设定，常见设有审计、薪酬等方面委员会，如审计委员会一般负责集团的季度和年度财务报表；薪酬委员会一般负责制定执行薪酬政策、分析薪酬各组成部分的合理性和竞争力等，这些委员会与董事会之间分工合作，共同保障营利性高校有序运行。② 总体来看，营利性高校内部治理结构基本上是按企业组织和管理模式建构的一种自上而下、对上负责的科层制体系。

三 营利性高校制度的构想与设计

（一）进一步规范学历教育

1. 强化并购监管

随着民办教育分类管理的落地，独立学院转设后首先面临的就是营利性和非营利性办学选择问题，然而"营非二分"还未正式开始选择，就已经被一些教育公司所操控，最为关键的是这些教育公司正采取资本并购、融资上市等方式加速规模扩张。可以说，这些涉"教"公司迎

---

① ［美］理查德·鲁克：《高等教育公司：营利性大学的崛起》，于培文译，北京大学出版社 2006 年版，第 154 页。

② 陈春梅、阙明坤：《美国阿波罗教育集团内部治理体系及其启示》，《黑龙江高教研究》2022 年第 10 期。

来了抢滩资本市场的"风口期"。① 鉴于美国阿波罗教育集团退市的教训，我国必须加强对民办高等教育资本并购行为的监管力度，特别是在营利性高校学历教育方面，因为一旦并购失败就会给参与学历教育的受教育者带来极大的风险。为此，一是要正确引导资本并购行为。民办高校投资者的办学动机是逐利的，营利性高等教育的资本属性易被放大，政府必须积极普法宣讲，引导社会资本正确认清并购风险，认识教育的公益性；二是要加强对并购公司和高校的监督。严格监督审查参与并购的企业和高校的投资、财务状况以及并购程序，确保并购企业和高校在转设发展中具有必备办学条件。当举办方存在大额资金流动、举办者变更时，应及时介入和审查，保障发展的合理性。②

2. 建立问责机制

从域外经验来看，必须就营利性高校举办学历教育的关键性问题，建立与之相对应的问责机制，如美国政府就营利性高校学生还款违约问题建立了"有酬就业"的问责机制，看似针对的是违约学生，实则指向营利性高校学历教育教学质量或者是毕业生就业质量。为此，我国营利性高校举办学历教育必须建立一套与其办学特征相符的人才培养质量问责机制。当前，我国举办营利性高等教育的主体源自一部分独立建制的民办高校和独立学院转设后的民办高校，这类高校能否得到社会认可，最重要的就是学生就业质量，因此建立毕业生就业反馈和追踪机制，以及与用人单位的合作机制是营利性高校举办学历教育的首要工作。如果学生就业成效不佳、用人单位不满，教育行政管理部门就有必要对营利性高校学历教育的专业设置进行问责干预，建立起就业和专业的预警机制，从而避免此类高校一味追求规模和效益扩张，而忽视了人才培养质量和教育公益性。总体来看，营利性高校举办学历教育更应该加强监管问责，采取慎之又慎的态度规范办学。

3. 调整办学策略

营利性高校应积极发挥灵活办学的优势，充分考虑学习者的学习特

---

① 潘奇、董圣足：《VIE 架构在教育领域的应用、问题及其对策》，《教育发展研究》2018 年第 5 期。

② 石猛、阙明坤：《资本并购：民办高校营利性异化及其应对》，《复旦教育论坛》2023 年第 1 期。

点，与公办和民办非营利性高校举办的学历教育形成优势互补。一是举办非全日制教育。随着劳动力市场对学历的重视程度与日俱增，专升本、本升硕都可以通过非全日制教育途径开展，特别是对已就业人员，非全日制教育有助于保持工学之间的平衡，使其在保证工作的同时提升自身学历。此外，非全日制教育的学费普遍高于全日制教育，且受众群体多为上班族，对年龄的限制较低，且此类群体对学费已具有一定支付能力，减少了负债求学的比例。二是举办高等职业教育。我国高等职业教育主要集中在专科层次，学历较低往往可能导致在就业市场中的不利竞争，专业的技术和能力无法得到有效的发挥。因此，独立学院转设为营利性民办高校后，应注重学生职业教育培养，突出自身办学特点。

（二）引导发展非学历教育

1. 引导办学方向

我国高等教育迈入普及化阶段，民众对高等学历教育的需求得到进一步的满足。随着我国出生人口比率下降和人口老龄化增长，这一人口结构变化必然影响整个教育系统构成和未来发展态势。换言之，高等教育适龄受教育群体结构的变化，无疑会重构高等学历教育和非学历教育的关系图景，营利性高校应着眼于未来教育结构变化，以长远的社会需求和当前的就业需求为导向，尽早尽快规划和布局非学历教育，这既是营利性高校办学的优势领域，也是其与公办和民办非营利高校形成差异化发展的关键。基于此，本书提出两条路径：一是高质量举办职业培训教育。营利性高校根据从业者的职业发展需求，可以通过线上和线下、同步和异步等多种途径提供有关职业技能提升和就业适应力方面的培训项目，充分考虑在职工作人员的阶段性发展需求；二是参与举办高校实习实训实践教育。营利性高校可以凭借其公司商业优势，为在校大学生实习实训提供咨询和实践服务，或以外包项目的方式承接高校创新创业大赛以及参赛指导等服务工作。

2. 引入社会评估

不同于非营利性办学，营利性高校实际上是以"企业"的运作方式寻求一种新的办学模式，这就是要依循市场的逻辑举办高等非学历教育。引入来自市场和社会的第三方专业评估机构无疑是保障营利性高校举办非学历教育的重要举措。一是引入具有公信力的第三方评估机构，如通过中国会计学会、中国民办教育协会以及相关专业委员会等组建各自领域的承担第三方专业评估的实体性机构，起到对营利性高校非学历教育的监管作用；二是保障营利性高校非学历教育质量，非学历教育虽不能获得学历教育证书，但可以获得相应的职业资格证书，这就首先要建构国家职业教育资格认证体系，依照认证体系对学习成果予以合法性认证，从而提高非学历教育的社会认可度和影响力；三是规范非学历教育教学体系，由于非学历教育面向的学员年龄、职业和需求等跨度较大，因此必须优化非学历教育教学模式，对线上教学、短期教学等教学模式形成严格的培训考核要求，搭建全国联网的统一教学和评价平台，杜绝证书作假和"水课"的出现。

3. 探索激励机制

营利性高校的资金来源主要是投资者和学生学费，对于非学历教育来说，其发展仍需要一个长期的过程。因此，为保障营利性高校非学历教育转向发展，必须积极探索内部激励机制。一是面向管理层的激励。管理层是学校发展、协调学校各部门过程中的中流砥柱，营利性高校向非学历教育发展后，必须有较为稳定的领导者和统一发展方向，可以根据学校的发展情况、前景趋势等，以现金激励、股权激励等方式留住人才，避免学校因为长期更换领导者导致发展方向不断变化，进而导致内部人员安全感降低。二是面向教师的激励。营利性民办高校的教师与公办高校、非营利性高校相比缺乏"编制"，这意味着缺乏稳定性。因此，学校内部可以根据学校实际制定针对教师的考核，为教师提供更加稳定的工作环境和保障。此外，非学历教育的教师科研压力相对低于学历教育，因此，也可以适当放宽对教师的科研要求，让教师将更多的精力投入到课程和实践中，采取给予优秀教师股份激励的方式促进教师留任，促进营利性高校特色发展。

第三节　高职混合所有制办学阶段性要求及分类治理再设计

一　高职混合所有制办学的阶段性要求

在分类治理背景下，高职混合所有制办学作为一项特殊的办学体制改革，呈现出较为明显的阶段性发展特征，从"筹备阶段"到"初始阶段"再到"运行阶段"。以上三个"阶段"面临的实质性问题各有侧重，体现混合所有制办学主体的多元化特征，揭示了高职混合所有制办学发展的内在逻辑。当前，混合所有制办学缺乏分类发展政策，无法适应传统的分类管理体系，高职混合所有制办学成为游离于公民属性二分法下的"第三种办学模式"。

（一）办学筹备阶段

1. 法律认可

构建符合混合所有制办学要求的制度性设计是分类发展的前提条件，但现有教育政策法规主要是从公民二元的类型框架下指导办学实践，使得高职混合所有制办学始终处在"亦公亦民"或"非公非民"的尴尬境地。因此，在办学实践中常常找不到适用的政策工具，只能借鉴经济领域国企混改经验以及民办教育政策法规来为混合所有制办学寻求合规性认可，但即便是借助有关民办教育的政策法规也只能解决一部分短暂、轻缓的问题，涉及关乎院校持续发展的关键环节，难以触及混合所有制办学痛点。[①] 一是从时间维度上来看，党的十八大以来，国家出台一系列鼓励职业教育混合所有制发展的政策法规，从 2014 年提出"积极探索"到 2019 年主张"鼓励发展"，再到 2021 年以立法形式明确"支持举办"，为高职混合所有制办学奠定了重要的政策基础。但现行政策缺乏可操作性的实施办法和具体举措，混合所有制办学面临实践困境。二是从层级维度上看，尽管国家从政策上鼓励支持高职混合所有制办学，但多数省份还处在驻足观望状态，未出台有关高职混合所有制办学的地方性实施办法。目前，仅山东、河北、江苏、江西、上海等省市提出混合所有制办学改革方案，混合所有制办学因缺乏法律认可而难以有效开展。总之，高职混合所有制办学总体缺少法律"可置信的承诺"，缺少解决办学合法性问题的行动认可，使其在办学初期难以选择，办学过程步履维艰。[②]

---

① 雷世平、乐乐、郭素森、李海燕：《职业教育混合所有制办学政策的现状、问题与对策》，《职业技术教育》2021 年第 19 期。

② 李立、杨张欣、乐乐、王超、郭素森：《职业院校混合所有制办学的法律现状及对策研究》，《中国职业技术教育》2021 年第 34 期。

2. 分类登记

分类治理是高等教育发展与改革的重要方法论。继公民二分之后，民办教育分类管理改革又将学校分为营利性和非营利性两类，在法人登记上实行"两类法人""三种登记"的操作方法。显然，分类登记是高职混合所有制办学的初始环节亦是最为关键的环节，因为法人属性的选择涉及适用的办学登记条件、税费优惠政策以及会计等资产管理制度等，对混合所有制院校税费缴纳与经费管理具有重要影响。以税费为例，选择营利性还是非营利性法人决定了税费优惠政策的适用范围。新修订的《民办教育促进法》规定"非营利性民办学校享受公办学校同等的税收优惠政策"，新修订的《民促法实施条例》规定"营利性民办院校适用国家鼓励发展的相关产业政策，享受相应的税收优惠"。然而，无论是《民法典》还是《民促法》，对混合所有制院校法人地位和性质都不甚明确，不能完全解决混合所有制院校对法人属性的选择。就目前情况而言，对应"两类法人"属性的混合所有制院校享受相关税收优惠办法，但尚未在法律层面形成规定，在实际操作上显得过于宽泛，尤其是企业参与使得混合所有制办学的税收合规化处理成为难点，给混合所有制院校税收缴纳带来了隐形困难，其问题根本还是法人属性不够明细。从法人的角度来看，主要涉及的是学校层面的混合所有制办学，但现有院校基本选择非营利性法人，以民办非企业法人登记为主，但这也就忽视了其办学特殊性。

3. 遴选伙伴

高职混合所有制办学源自国企混改经验。在国企混改实践中，只有充分了解各资本合作方的资质水平，才能更好地寻求与企业价值观相符且有实力的资本合作方。[①] 在职业教育领域，校企合作是混合所有制办学"混"的具体实现方式，混合所有制办学需要高度重视投资参与办学的企业资质。如重庆市《关于规范和加强高校校企合作办学管理的通知》提出要求"高校要选择资质好、诚实守信、社会责任感强、管理水平高的企业开展校企合作办学"，校企合作中高校要落实校企合

---

① 耿子恒：《关于国有企业混合所有制改革实践的思考》，《中国发展观察》2019 年第 5 期。

作办学的主体责任。因为一旦股权关系确立后，便难以再次优化架构，即使是机制改革的政策工具也很难实施。院校和企业之间共担责任与风险，企业文化与经营情况对院校的发展有重要影响，若企业经营不善或价值观与高职院校办学宗旨相违和，不仅打击企业投资办学积极性，还导致高职混合所有制院校筹资不足。因此，高职院校在筹备混合所有制办学时，首先是要对企业合作伙伴的发展背景、资金实力、关系网络、办学投入、参与学校管理的设想等进行综合对比，就长期合作的回报方式、管理模式、绩效评价、退出机制等与投资企业进行充分沟通，采用竞争性谈判、磋商等方式遴选匹配性高的合作伙伴。① 从根本上来说，高职院校所遴选的合作企业开展混合所有制办学模式，以人才培养为中心，就是要围绕学科专业、课程设置和师资队伍等为内核的合作选择。

（二）办学初始阶段

1. 质量保障

与公办和民办高职院校相比，混合所有制高职院校立足于劳动力市场的关键在于人才培养质量，包括实习实训设施、师资队伍、专业课程等基础性资源，这些既是高等职业教育的核心资源，也是混合所有制办学的优势资源，影响高职混合所有制办学质量的主要因素。以师资队伍建设为例，高职混合所有制办学"混双师"的师资结构建设体现了校企两类师资的融合，校企双方统一聘用管理教师，教师在企业任职同时也在校参与教学，身份管理与岗位管理分离，人事体制较为复杂。② 但由于在办学初期对混合所有制高职院校缺乏双师型教师的入职资质标准、培训体系和考核评价机制的设计，很可能会给混合所有制办学的教师队伍稳定和办学质量带来巨大风险。③ 2019 年，李克强总理在《政府工作报告》中提出，高职院校要大规模扩招 100 万人。自此，高职教育的生源数量和结构发生了巨变，继而也带来了

① 韩凤芹、岳文静、尤伯军、李婕：《积极稳妥推进职业教育 PPP 的思路与建议》，《财政科学》2016 年第 2 期。

② 王敬良、张成宽：《职业院校混合所有制办学体制的实践与研究——以山东海事职业学院为例》，《中国职业技术教育》2019 年第 34 期。

③ 王成荣、龙洋：《深化"三教"改革 提高职业院校人才培养质量》，《中国职业技术教育》2019 年第 17 期。

培养方式调整、教学组织管理、课程安排和教材编写等教学管理模式的问题。[1] 随着高等教育普及化，亟须开展基于质量的规模扩张。从办学质量角度看，高职混合所有制办学的专业设置要根据区域产业布局、市场需求和经济发展趋势，充分利用校企合作的优势，将专业核心课程和实训课程与行业相结合，并以此为基础构建围绕教学内容、质量评价等质量举措。

2. 治理结构

在办学初期，高职院校内部亟须要建立一套具有"混合所有制"特征的治理结构体系，而且这一体系的形成实际上是公民合作办学关系的重建。从国企混改经验来看，国有企业建立了股东大会、董事会、监事会和经理层机构，引入职业经理人，突出权力的制衡。混合所有制院校的内部治理结构与混改企业相似，由学校党委会、股东会、董事会和监事会组成，法人治理结构兼备公办、民办院校特征，表现为相互作用的行政决策权和教学执行权。[2] 在办学起始阶段中，由于高职领域的混合所有制改革还处于探索阶段，许多混合所有制高职院校、混合所有制二级学院以及产业学院等，其组织结构和治理机制还不够完善，最终会影响人才培养质量和校企合作的可持续发展。一般表现在两个方面：一是由于混合所有制院校机构建设不完整，各部门间的权责划分不清或者权责不对等，不能形成有效的权责制衡，导致治理效率低下；二是混合所有制院校内部机构成员非民主选举，人员交叠重复，如由党政领导指派或兼任监事会成员，弱化了企业主体参与办学的地位，导致混合所有制办学内部机构的监督机制难以充分发挥作用。[3] 显然，高职院校无论是在哪一个层面开展混合所有制办学，都必须要建立起相应的内部治理结构，其根本是要明确校企合作的权责关系以及平等互利的治理机制。

---

① 张宏亮：《百万扩招背景下高职生源结构变动与职业教育调适策略》，《中国职业技术教育》2020 年第 7 期。

② 卢竹、雷世平：《混合所有制职业院校与混合所有制公司法人治理结构之比较》，《中国职业技术教育》2017 年第 30 期。

③ 冯朝军：《高职院校混合所有制办学的治理结构探析》，《职教发展研究》2021 年第 1 期。

（三）办学运行阶段

1. 国有资产

引导社会资本参与高职混合所有制院校，其根本目的在于发挥"混合所有制"在公共教育服务领域的优势，指向办好人民满意的教育。但随着混合所有制办学进入实质运行阶段，校企合作双方的资产也呈现出"混合"特征，极易产生国有资产的损耗、侵吞、丢失等诸多办学风险。如何保值增值教育的国有资产是混合所有制院校不可避免的问题，也是高等职业教育深化"混改"的焦点和难点。从混合所有制办学资产组成来看，混合所有制办学资产构成多元化，资产存在形态多样，针对不同资产属性的国有资产管理方式与管理部门有所差异，造成多头监管而权责不清，各部门间交叉管理造成职权的滥用，可能出现私自挪用和侵吞公共资产的现象，缺乏系统性管理。其中，非公资本举办者可能会利用管理上的漏洞通过营利性交易等行为攫取国有资产，造成教育国有资产的流失。为此，地方政府和高职院校有必要共同建立混合所有制办学的"国有资产监督体系"，防止教育国有资产流失。但当前混合所有制办学的预测性和前瞻性还有所不足，办学国有资产的相关法律与管理办法滞后于办学现实需要，使院校内部还未能形成完善有效的监管机制。因此，混合所有制办学越是深入发展，就越需要及时补充完善混合所有制办学的外部政策法规和内部协议规范。

2. 关联交易

混合所有制办学的内核是利益相关主体的多方参与，建立高职院校、合作企业以及地方政府"协同增值、利益共享"的资源协同体。[①]为此，参与混合所有制办学的各利益相关方必须明晰各自权责和利益，形成利益捆绑并共担风险。但是如果缺乏有效的办学监管制度，利益捆绑关系不仅难以保证院校办学行为的公平性和平等性，而且极易引发超出法律限制的关联交易行为。当前，高职混合所有制办学过程中涉及的违规操作，大多是通过关联方进行违规关联交易而获取超额收益，主要包括关联方用学校名义借款，并将债务转嫁给院校承担，造成明债实投、虚构出资、逃避出资义务、规避投资风险、挪用办学资金取得

---

① 杨前华、徐胤莉、汤昕怡：《校企合作培养实用性人才新模式的探索与实践》，《职教通讯》2015 年第 5 期。

超额利息收入等行为；① 院校购买商品和服务交由关联方企业来运营管理；更有关联方企业通过结构性合约捆绑院校，通过违规关联交易向院校收取不合理的租金、管理费和服务费，或者违规到院校报销企业人员薪酬开支等费用，通过合并报表等方式转移办学收益，抽逃资金引发混合所有制办学关联性风险，造成违规办学关联交易。② 综合来看，为了防止高职混合所有制办学产生违规的关联交易行为，就必须建立统一的网络交易信息公开制度，加强第三方机构的法律监管和社会舆论监督，有效保障师生及社会公众对混合所有制办学资产运营的知情权和监督权。

3. 退出机制

混合所有制办学是基于市场逻辑的公民合作办学实践创新，必然是一种"有进有出"的竞争性办学体制。一旦在办学运行过程中出现诸如股权争议、权责混乱、效益不明显或投资方自身财务状况不良等问题，投入资本势必会涉及资本退出和办学终止选项。现有混合所有制办学相关政策对投资者的退出机制做出了规定，如 2022 年教育部发布的《职业学校办学条件达标工程实施方案》，规定办学质量差、社会认可度低、各项指标严重不达标的职业院校提供选择依法合并、终止办学和集团化办学三种优化方式；2020 年山东省教育厅等14 部门发布《关于推进职业院校混合所有制办学的指导意见（试行）》对办学的退出机制做出要求，举办者终止办学或转让办学权益，应依法依规、依据《章程》和协议进行清算，按程序报原批准机关批准、备案。现有政策并未对混合所有制办学投资的资金退出等明确具体做法，缺乏法律规定和政策的有效引导。为此，有必要建立资本退出机制，对投资资本退出难度大、成本高的企业在办学后期能有序退出。此外，混合所有制办学的产权交易关系还不完善，没有专门的产权交易平台和市场，投资办学主体进行产权交易的难度大，致使资本退出成本较高，降低资本退出办学的可能性，影响社会资本参与混合所有制办学的积极性。

① 许志刚：《非营利性民办学校关联交易监管浅析》，《商业会计》2020 年第 19 期。
② 张家勇、朱玉华：《民办教育集团化办学的风险与对策研究》，《华东师范大学学报》（教育科学版）2022 年第 10 期。

二 高职混合所有制办学的风险点形成

混合所有制高职院校在不同办学阶段呈现出差异化特征，使其整个办学过程都面临不尽相同的挑战和风险。根据教育内外部关系规律理论，无论是在哪一个办学阶段，其根本在于外部的"公民关系"和内部的"管理制度"两个方面。一是外部主体的合规性治理，外部主体关系联结的程度决定了高职混合所有制办学的广度；二就是内部管理的制度性建设，内部管理体制完善程度决定了高职混合所有制办学深度，旨在发现和分析高职混合所有制院校办学的阶段性风险点形成原因。

（一）外部的公民关系

高职混合所有制办学的外部供给主要受两个因素的影响，一是办学利益相关者对高职混合所有制办学的观念和认知；二是对混合所有制办学利益关系协调的制度和法规的建设。[①] 从现有的办学实践中不难看出，高职混合所有制办学尚处于探索拓展阶段，其外部供给呈现出滞后化的特征，法律与政策资源的整合与架构并不能满足混合所有制办学的发展需要。纵观高职混合所有制办学的外部环境和利益主体，外部主体有政府、学校、企业乃至个人，外部供给滞后化的问题本质是多元利益格局的"关系"问题，主要涉及政企双方的利益均衡。政府和企业作为办学的外部主体，在高职混合所有制办学中扮演的角色也各不相同。

从政府角度来说，政府在高职混合所有制办学中的基本角色是决策者、合作者和监管者"三位一体"。政府为高职混合所有制办学提供政策准备和规划方案，建立清晰的政策框架有利于帮助利益相关者更好地理解混合所有制办学的理念及目标，尤其对社会资本来说，参与办学的详细设计与政府的参与方式如何是关系企业是否参与混合所有制办学的关键因素。虽然混合所有制办学本质上是"校企合作"，但究其本质仍依赖政府推力。一旦政府没有提供相应的架构，就会陷入"一管就死一放就乱"的怪圈。政策支持是对高职混合所有制办学提供的合法性资源，相较于国家的宏观决策和调控，地方政府出台的地方法律与政策、经费支持等在政府指导下提供的政策资源影响更加直接。目前，虽

---

① 陈婉玲、汤玉枢：《政府与社会资本合作（PPP）模式立法研究》，法律出版社 2017 年版，第 203—204 页。

有一些政策为混合所有制办学指明了方向，但缺乏具体性的做法，政府对办学有限制性的条件不明确导致政校企三方关系不对称。

从企业角度来说，企业寻求稳定的合作关系源于对方给予持续的利益承诺。合作实际上就是一种差异化的共存。由于公私利益的差异性，要求政府与企业之间在混合所有制办学的基础上建立一种平等的关系。企业以营利性为目的，以资本逐利为特性，而政府具有明确的公益性，因此企业在混合所有制办学中的逐利性必须要受到法规的有效抑制，以强调企业的社会效益。对于企业参与混合所有制办学，企业尚存认知上的误区，仅仅将这一合作模式理解为私人利益问题。但企业必须清楚，教育事业以公共利益为导向，政府在混合所有制办学中放弃一部分独占的权利，愿与社会资本合作的前提条件就要求企业要放弃资本利益最大化目标，以公共利益为优先。政府与企业之间构成了契约关系，是一种双向的协议关系，讲求双方平等合作，政府意志作用到学校，而契约意志就是政府的意志。

（二）内部的管理制度

高职混合所有制办学涉及多元化的办学主体，办学类型复杂多样，需要根据其存在的各类形态有针对性地去设计院校内部的组织管理体系。然而，混合所有制办学的高职院校内部建制正呈现趋同化的发展走势。甚至简单套用企业组织治理安放到职业教育的架构中，忽视了权利合理分配与权力制衡，未能基于混合所有制的特点来建立治理体系。以至于院校决策权仍掌握在政府手中，企业融入太少，在院校治理中的角色不够突出。具体表现在：企业代表虽拥有院校董事会席位，但却有名无实、形同虚设。此外，院校内部还存在"内部人控制"的现象，权责不清导致"所有者缺位"，致使院校内部成员掌握大部分实际控制权，在院校的战略决策中追求自身利益，架空了所有者的有效控制，从而以此来侵蚀股东的合法利益。

一方面是现行的政策法规对企业参与办学的政策条款限制性强度较高，尽管鼓励企业参与混合所有制办学高职院校的建设，但支持性的配套文件以及优惠措施还不健全，企业参与办学的路径和方法即狭窄又模糊，亟须明晰的进入机制；另一方面，企业参与办学的积极性不高，主动性较弱，这是因为在院校的决策监管过程中，企业的话语权没有得到充分的体现，企业空担有"董事""监事"的职位，但却没有行使相关权力的制度空间，可以说是常常被"代表"了，造成企业身份与实际权力的不相匹配、有职无权，成为"权力依附"。从深层次来看，高职混合所有制办学内部管理体制的不健全、不平衡有很大一部分是由于外部的关系没有理顺所导致的。

混合所有制办学的重点应该在混合后的"治理"，而不仅仅是关注"混合"。① 首先，要探讨混合所有制办学的顶层逻辑。在混合所有制办学利益结构中，政府、社会资本方（通常是企业）均起到至关重要的作用，形成了核心的利益主体。如果私人利益与公共利益不对称，则必然产生利益竞争关系，导致公共主体与私人主体之间形成利益博弈。② 从教育本质来看，教育的本质属性是公益性，而这一公益性决定了企业不应以私人利益利润最大化为目标，而是要守住教育公益性的底线。但逐利性是资本的天然特性，社会资本极易通过其他手段来套取利润，这会破坏教育利益协调的内部管理环境，引发混合所有制办学的风险。

其次，要理解混合所有制办学的底层逻辑。高职混合所有制办学的最终目的是培养符合社会发展的技能型人才，其办学体系的底层一环紧扣高职院校的教师和学生。人才培养始终是高职教育的根本性目的，高职院校的建立就是为了促进学生发展和产教融合。混合所有制办学打破了以往高职教育的固有形态，办学体制内部管理体系的建立与制度化，对混合所有制办学实践实操具有导向性作用。然而，现实中办学利益主体常常用顶层逻辑代替或遮蔽了底层逻辑，导致内部关系逻辑通道不畅通，特别是"底层"利益相关者，包括师生权益缺乏应有的保障，从而进一步引发内部整体架构的危机，导致了趋同化的发展趋势。

三 高职混合所有制"第三条道路"设计

（一）理论溯源

"第三条道路"最早源于政治学领域，是指一条走在自由放任资本

---

① 潘海生、韩喜梅、何一清：《竞争与规制：职业院校混合所有制办学的治理逻辑》，《教育发展研究》2019 年第 9 期。

② 陈婉玲、汤玉枢：《政府与社会资本合作（PPP）模式立法研究》，法律出版社 2017年版，第 134—135 页。

主义与传统社会主义中间的一条路线，既不主张纯粹的自由市场，也不主张纯粹的高福利社会，是一种超越"左"与"右"的选择，奉行的是一种类似中庸之道。英国社会学家安东尼·吉登斯（Anthony Giddens）设计第三条道路的政治大纲，以求作为国家和政府改革的基本指导性原则，其理论涵盖了政治、经济、社会福利、社会和外交五个方面。"第三条道路"面向经济变革，高度重视并积极应对现代化。①在民办教育改革和发展过程中，分类管理引起了各方的高度重视，也成为新时代民办教育发展的重要抉择。关于民办教育"第三条道路"的理论，主要源于潘懋元先生基于对我国以往民办高校发展道路选择的经验总结，提出了民办教育发展第三条道路的必要性。具体而言，20世纪我国借鉴西方私立高等教育的分类方法，将民办高校划分为营利性与非营利性两类，但在实践中却难以推进。潘懋元先生等认为，西方的经验并不适合我国高等教育发展模式，因此在这样的"二分法"下提出要允许民办教育在营利和非营利之间有"第三条道路"的选择。

　　所谓民办教育的"第三条道路"，是指区别于捐资举办民办高校（"第一条道路"）和营利性民办高校（"第二条道路"），是投资举办但不求取得回报的民办高校和要求取得合理回报但非营利性的民办高校的道路。② 民办教育的"第三条道路"并没有一味地强调教育的公益性，抑或是投资办学的营利性，而是试图在二者之间找到相对的平衡点，从而为教育公益事业与逐利的资本投资都寻找到可以走得通的道路。该理论强调的是，民办教育不是单纯的二元发展，应该存在着一个介于两者之间的"第三条道路"。但是，从《民办教育促进法》修订后，学界对民办教育"第三条道路"的讨论在法理上显然是行不通的，亟须通过营利与非营利两分的办法推进分类管理。然而，在高职混合所有制办学实践中，这一民办教育的"第三条道路"无疑可以从"理想类型"的角度加以改造，从而建设一条促进公民合作办学的"中间路线"。当然，在混合所有制办学中提出"第三条道路"的构想亦是基于其发展

---

　　① ［英］安东尼·吉登斯：《第三条道路：社会民主主义的复兴》，郑戈译，北京大学出版社2000年版，第91页。

　　② 潘懋元、邬大光、别敦荣：《我国民办高等教育发展的第三条道路》，《高等教育研究》2012年第4期。

的阶段性特征决定的，也自然会随着混合所有制办学发展而消失。

（二）政策依据

支持社会力量参与探索发展混合所有制职业院校的相关政策，从2014 年颁布的《国务院关于加快发展现代职业教育的决定》中就已初见端倪。这一政策也被认为是首个明确提出鼓励探索发展股份制、混合所有制办学的政策文件。根据资本的所有制属性以及学校运营资金的来源渠道，我国高职教育体系已经形成了公民并举的既有体制。根据《中华人民共和国教育法》规定，"学校及其他教育机构的举办者按照国家的有关规定，中华人民共和国确定其所举办的学校或其他教育机构的管理体制。"这意味着公办学校和民办学校应当按照规章实施不同的管理体制。而高职混合所有制院校作为一种介于"公民"之外的所有制办学形式，理应在办学体制上加以创新和改造。但在目前的管理体制和政策体系下，混合所有制办学缺乏专门对应的体制。但有关规定又提出鼓励混合所有制学校发展，却没有相应的支持措施，这让高职混合所有制办学的每一步实践都是一种试探，很难真正深入有效地持续推进。

从一般意义上来说，高职混合所有制办学就是校企合作的深化。校企合作是职业教育混合所有制改革的根本，也是其区别于其他职业教育类型的特点。但在现实办学中，学校与企业深度融合的动力不足，企业的利益缺乏保障，难以构建能够合理兼顾各方利益的合作机制。① 最根本的症结是，当前校企合作大多以学校为中心、政府作引导，学校合作意愿突出，但企业参与办学的内驱力和积极性尚且不足，参与程度和方式都十分有限。因为企业的利益追求与学校和政府有本质上的区别，且很难规制企业的价值追求，相关政策安排也没能充分兼顾各方利益，导致校企关系错位。因此，在校企合作中企业的参与度不高，企业话语权遭到限制，但企业的社会责任毕竟属于企业自愿承担的行为，因此不少高职混合所有制办学对企业参与还缺乏吸引力，出现"校热企冷"现象。当前，应亟须在公民二元体制下，探索高职教育分类治理"支路制度"，即在公办和民办高职院校的基础上通过不同属性资本的融合，实现两类资源优势有效组合，保障企业参与办学的权利。

---

① 俞启定：《深化职业教育产教融合校企合作若干问题的思考》，《高等职业教育探索》2022 年第 1 期。

（三）制度创新

从办学实践来看，无论是哪一种类型的混合所有制办学，都是在大的公民二元的分类路径下开展的。如果从这一角度而言，混合所有制办学在法理上是完全行不通的，因为公民二分是非常清晰的。一是学校层面的"第三条道路"，如山东海事职业学院，尽管当地政府、学界、社会乃至学校自身都将其视为混合所有制院校，但是在教育部备案仍归类为全日制普通高等民办学校。换言之，民办性质才是山东海事职业学院的合法身份，这意味着对此类学校的管理必须要遵循新修订的《民办教育促进法》。但事实上，此类院校的办学行为又不完全等同于民办高职院校。为此，面对学校层面的混合所有制院校，有必要探索建立基于民办性质大方向下的"第三条道路"，即对公有资本参与办学构建精细化的规制路径，如包括给予生均拨款等具有内涵式发展要求的政策支持。同时，还要在公民合作平等性原则的基础上，建立对地方政府投入和参与决策的约束机制。一旦政府投入不断增值，必然会影响资本合作的利益分配，这可能影响社会资本办学的积极性。

二是二级学院或产业学院层面的"第三条道路"，目前此类混合所有制办学均不属于独立法人资格，完全取决于学校的办学性质。因此，此类办学实践的"第三条道路"分为两种情况：第一，公办高职院校开展二级学院或产业学院混合所有制办学，应该建立面向二级学院和产业学院的赋能路径，就是要给这些学院更大的办学自主权，使其成为职业教育的人才培养"特区"。如：混合所有制二级或产业学院的管理者和教师应在"按劳分配"的基础上建立生产要素分配制度，突出人才、知识、技术和管理等多种要素参与办学的激励机制建设；第二，民办高职院校开展二级学院或产业学院混合所有制办学，通常类似于"大混套小混"的山东海事职业学院，此类办学情况与学校层面的"第三条道路"相近。但也有可能是独立于民办学校层面的混合所有制二级或产业学院，此类办学路径需要对接地方政府、企业、母体学校以及二级或产业学院自身等多方主体，加强地方政府对其学科专业建设的路径支持，如建立产教一体的教育产业园区，促进与合作企业联动。

第四节　教育主权视角下中外合作大学办学类型及治理创新

一　中外合作大学的类型衍生与创新探索

（一）中外合作大学的"跨境"与"跨国"

中外合作大学是指国外（境外）高等教育机构与中国（大陆/内地）高等教育机构在中国境内（内地）合作举办，具有独立法人资格，且以中国公民为主要招生对象的高等教育机构。由于我国特殊的历史经纬和发展现实，"国外"和"境外"在中外合作大学办学语境中具有鲜明的差异性。随着跨境高等教育的不断发展和中外合作大学自身办学模式的复杂演进，这一传统认知对现实的合作办学活动中的解释效度遭遇了挑战。中外合作大学的"合作"主体越来越多元，体现在跨境高等教育的"境"不再仅仅是指除我国以外的其他国家和地区，而是还包含了香港特别行政区、澳门特别行政区以及台湾省在内的中国以外的所有高等教育资源来源地。这一现实预示着在我国高等教育语境下的中外合作大学，"跨境"合作与"跨国"合作概念是完全不同的，应亟待在理论和实践层面对其内涵边界予以阐明。

首先，必须明确当下实行的"一国两制"政策是中国政府提出的和平统一基本国策。尽管香港特别行政区和澳门特别行政区实行与中国内地主体社会主义制度不同的资本主义制度，但香港和澳门两个特别行政区在国家主权上同属于一个中国，是我国基本行政区划的重要组成部分，其根本上就是要接受中央政府的直接管辖并遵从宪法和香港和澳门基本法。从这一角度看，香港和澳门跨境合作大学不同于一般意义上的中外合作大学，是在同一主权国家范围内不同社会制度地区之间开展高等教育合作办学，因此在本质上并不牵涉中外合作大学办学过程中的教育主权问题。而跨国合作大学则是不同主权国家之间高等教育资源合作的结果，需要考虑到不同国家之间办学规制的协调。显然，这一合作办学形式牵涉不同国家教育合作过程中的教育主权问题，因此需要和跨境合作大学加以区分。

近年来，我国高等教育领域的"跨境"与"跨国"的中外合作办学均呈现蓬勃发展的趋势，特别是以香港特别行政区高校与内地高校的"跨境型"中外合作办学越来越多，且这一办学类型在举办主体上具有沟通相对顺畅、转化易于实现等特性，[①] 最为关键的是不存在教育主权问题。因此，"跨境型"中外合作大学相关的教育资源及合作空间还有待于深入挖掘。然而，由于当前有关中外合作大学中"跨境"与"跨国"概念的认识尚不清晰，相关政策及法规也并未能进行有效分类，"跨境型"合作大学与"跨国型"合作大学暂未形成明确的分类发展体系及治理机制，但这也是当前限制中外合作大学分类发展的重要因素。因此，在教育主权视角下对中外合作大学的"跨境"与"跨国"进行分类发展界定，具有重要的理论和现实意义。为此，有必要围绕"跨境型"中外合作大学办学特征和分类治理展开深入研究。

（二）粤港澳跨境大学特征及其内生动力

近年来，以香港特别行政区高校与内地高校的"跨境型"中外合作办学现象愈加凸显，这并非一种偶然的跨区域高等教育合作与交流，而是在粤港澳大湾区战略部署下的高等教育领域的深度合作。2019年，国家发布的《粤港澳大湾区发展规划纲要》中提出，要支持香港、澳门融入国家发展大局，增进香港、澳门同胞福祉，充分发挥香港、澳门和广东的区域优势和创新要素集聚优势。在这一背景下，香港中文大学（深圳）、香港科技大学（广州）、香港城市大学（东莞）等多所"跨境型"中外合作大学相继在广东等地建成。显然，粤港澳跨境合作大学成为当前中外合作大学的重要办学模式。从广义上来讲，粤港澳跨境合作大学是指我国广东等内地高等教育机构同香港、澳门高等教育机构合作创办，位于广东省的独立法人的中外合作大学；从狭义上来讲，是指位于粤港澳大湾区规划范围内，由广东省高等教育机构同香港、澳门高等教育机构合作创办的独立法人的中外合作大学。二者的区别在于是否能直接享受粤港澳大湾区发展规划的政策红利。

作为中外合作大学的粤港澳跨境大学，非但不涉及高等教育领域的主权问题，而且还拥有利于合作办学的区位优势：一是广东省经济社会发展水平较高，为合作大学开展办学提供了重要的财政支持，同时也有

---

① 林金辉、翁海霞：《我国内地与香港地区高等教育合作办学的特殊性及可持续发展》，《中国高教研究》2010年第3期。

助于吸引经济相对发达地区家庭和学生能够承担较为高昂的学费；二是广东省是我国著名的侨乡，拥有以血缘和地缘为纽带以吸引境外办学资本的特殊条件；三是广东省在地理位置上接近港澳地区，其政治、社会、经济、文化领域与港澳地区交往密切，且拥有相近的文化背景，具有合作办学所需的非制度性因素；四是广东省特别是深圳经济特区作为我国改革开放的前沿阵地，在合作办学实践中需要敢为人先的突破创新和主动探索。综上，以上办学区位优势为粤港澳跨境大学的快速发展提供了坚实的物质和文化基础，同时这也是粤港澳跨境大学建立以及可持续发展的重要保障。

当前，自《粤港澳大湾区发展规划纲要》发布以来，三地"支持粤港澳高校合作办学"[①]，为粤港澳跨境大学的发展提供了战略指引。譬如：《粤港澳大湾区发展规划纲要》赋予广州"培育提升科技教育文化中心功能"的任务后，广州市出台《广州南沙深化面向世界的粤港澳全面合作总体方案》，提出要稳步推进粤港澳教育合作，支持引进境外一流教育资源到南沙开展高水平合作办学，全力推进香港科技大学（广州）的建设。在这一政策背景下，像香港科技大学（广州）等粤港澳跨境大学也成为了促进粤港澳大湾区三地一体化发展的重要手段。随着高等教育一体化建设的持续深入，"港校北上"已成为一种趋势，澳门特别行政区高校也在积极准备赴内地开展合作办学。[②] 总的来看，"港澳牌"已成为粤港澳跨境大学最大的特点，而如何打好"港澳牌"也成为了发展跨境合作大学最为重要的议题。

（三）中外合作大学类型衍生及发展趋势

从现实来看，中外合作大学已经超越了传统认知上的办学类型，以粤港澳跨境大学为突破口的办学实践正成为中外合作大学的新类型。这一办学类型表面上看是教育主权下的区域高等教育合作，但其背后蕴含着中外合作大学办学体制、管理体制和投资体制的系统性重构，是中外合作大学办学类型的衍生与创新。从办学体制来看，是要在"一国两制"的政治框架下挖掘粤港澳三地高等教育合作潜能和优势，探索建

---

① 《粤港澳大湾区发展规划纲要》，《人民日报》2019年2月19日第1版。
② 周国平：《内地与港澳合作办学高校的办学自主权：运行困境与法治保障》，《湖南农业大学学报》（社会科学版）2022年第3期。

立新型研究型大学，提升大湾区高等教育竞争力；从管理体制来看，粤港澳跨境大学具有区域协同治理的天然优势，但面对不同两种社会制度以及派生的高等教育管理体制，亟须探索教育主权下跨境高等教育协同治理机制，特别是要发挥内地高校合作方在协同治理中的作用；从投资体制来看，粤港澳跨境大学是多元主体参与合作办学的新型办学类型，旨在提升投资主体的多样性和办学质量，其根本是要引导港澳等境外社会资本参与中外合作大学建设，包括像境外私人基金会等优质投资主体参与办学无疑是这一办学类型的创新之举。

随着区域协调发展战略的深入，粤港澳跨境大学合作办学的发展趋势可能不仅是"一对一"的境内外办学主体，如港澳高校广东高校合办跨境大学，而且可能会是区域性办学主体联合创办大学，如深圳大学、香港中文大学、香港科技大学、深圳腾讯公司等高校、企业的相关人员都曾提出过类似的倡议。不难想象，粤港澳大湾区作为我国经济、科技和教育发展最为活跃的地区之一，其合作办学模式存在多元化组合，比如可以引导香港、澳门社会资本参与广东省中外合作大学建设。从长远发展来看，作为定位于世界级城市群的粤港澳大湾区将会发挥辐射引领作用，以珠江—西江经济带为腹地，带动中南和西南地区发展，引领泛珠和我国大西南内陆发展。从这一角度而言，粤港澳跨境大学的办学效益也将进一步外溢，带动泛珠和西南内陆高等教育发展，为与内地高校合作办学创立条件。由于区域多元主体联合创办大学需要考虑的区域政策协调、体制机制兼容问题更为复杂，从实践层面来看这一合作模式目前较难落地。

二　社会资本参与中外合作大学的可行性

（一）跨境高等教育的公私合作办学模式

跨境高等教育公私合作，涵盖了"公私"与"跨境"两个层面的合作办学关系，其合作办学模式更为特殊与复杂。根据我国跨境高等教育公私合作办学的实践情况，可以将其按公私合作办学的深度和境外主体是否直接出资两个角度进行分类。

第一，社会资本参与管理。从目前中外合作大学办学情况来看，主要是以"社会捐赠型"为主，即办学主体对高等教育办学活动进行以资产、资金为主要手段的直接捐赠的模式。① 换言之，此类办学属于捐资办学，故社会资本不参与院校治理。此类办学模式由于操作较为简便、政策激励及声望回报等因素的作用，这种合作模式相对来说更为常见。如：西交利物浦大学、上海纽约大学、温州肯恩大学、香港中外大学（深圳）、香港科技大学（广州）等。但是此类办学模式的社会资本供给通常较为乏力，在我国还难以形成捐资办学的文化。相较之，另一类办学模式——社会资本参与管理更为有效，即将社会主体纳入到合作办学的过程中，使社会办学资本的力量得以在合作办学的创建、运行和退出等各个阶段得以充分发挥，形成"合作共建型"办学模式，如：宁波诺丁汉大学、广东以色列理工学院。显然，此类办学模式更为理想化，所以其操作过于复杂、政策法规难以协调等问题也较为突出，但是其为社会资本参与中外合作大学办学提供了可能性。

第二，境外主体直接出资。从现有的中外合作大学投资主体来看，主要是由所在地的政府、国内合作高校以及第三方企业进行共同投资建设，涉及用地、校舍和前期运行经费等硬性投资。而国外合作高校主要提供的是教师资源、课程资源、教学标准、人才培养方案以及教学管理等"软性"投资，极少存在境外办学主体直接参与硬性的投资建设。为此，引导境外办学主体参与硬性投资将成为中外合作大学建设新的增长点，高质量引进境外社会资本，能够有效缓解当前合作办学的融资问题，不仅是以学生学费作为经费的主要来源，而且要拓展投融资渠道，让办学经费充分支撑高质量办学，发挥中外合作大学高质量办学的公共性引导作用。但是，这也意味着合作办学需要克服不同机制协调的"张力"，因此我国合作办学主体（包括地方政府）理应扮演好境外社会资本的"引入人"角色，而此类合作办学显然对境（国）内办学主体的治理体系及治理能力提出更高的要求。

（二）社会资本与中外合作大学的"联姻"

一方面，在政策法规层面来看，社会资本与中外合作大学"联姻"拥有政策合法性和制度可操作性。在法律层面，《中华人民共和国高等教育法》第六十条规定："国家鼓励企业事业组织、社会团体及其他社

---

① 袁梲、高旸：《高等教育慈善信托捐赠的国际实践与中国探索——兼论中国高校基金会的责任与挑战》，《清华大学教育研究》2022 年第 6 期。

会组织和个人向高等教育投入"。这说明国家鼓励和支持社会资本对高等教育的投入，这极大地激发了民办高等教育的蓬勃发展。从中外合作大学的角度而言，《中外合作办学条例实施办法》（简称《实施办法》）第八条规定："经评估，确系引进外国优质教育资源的，中外合作办学者一方可以与其他社会组织或个人签订协议，引入办学资金"。此外，《实施办法》还规定了合作协议内容中的投入数额、方式及资金缴纳期限、权利、义务以及组织和管理制度建设等事项，为社会资本参与中外合作办学提供了合规框架。

另一方面，现实中的社会资本参与中外合作大学办学成效甚微。因为尽管当前我国存在社会资本深度参与中外合作大学的制度空间，但社会资本深度参与中外合作大学发展的规模普遍较小、深度普遍不足。以"社会捐赠型"为主的中外合作大学，与我国社会捐赠办学整体风气的不足有一定的关系，但相关优惠政策，如税收优惠、财政扶持等缺位也是必不可少的影响因素。就这一角度而言，社会资本与中外合作大学间的"联姻"之所以难以实现，仍需更多的政策支持。此外，针对境外社会资本参与中外合作大学，还必需考虑不同法律法规和政策制度的协调问题，因此可以探索由中方（境内）合作主体引导境外主体利用境外社会资本参与办学的实践路径。以中方合作主体为"中介"，特别是中方合作高校要克服目前普遍存在的"隐身"问题，以发挥"中介人"的引导性角色，促进社会资本参与中外合作大学办学。

（三）广东以色列理工学院办学的特殊性

广东以色列理工学院（Guangdong Technion-Israel Institute of Technology，简称"广以"或"GTIIT"）是由香港李嘉诚基金会推动、由汕头大学（Shantou University）联合全球知名的高等学府以色列理工学院（Technion-Israel Institute of Technology），并在广东省及汕头市地方政府的支持下兴办的具有独立法人资格的中外合作大学。由于涉及境外私人基金会参与合作的跨境合作大学，其内外部治理过程具有独特的启示意义。从中外合作大学看，广东以色列理工学院（简称"广以"）不同于"社会捐赠型"，属于"合作共建型"办学模式，具有办学特殊性。

"广以"办学的特殊性集中表现在该校境外合作主体的直接出资和中方合作院校的积极推动两个方面。一方面，传统中外合作大学的境外合作主体主要负责提供学校的教学、科研和管理等"软"资源，并对学位等办学环节的无形资产进行使用权的出让，而基础设施投资、办学经费筹措等环节在大多数情况下均由中方办学主体负责。不同于一般意义的境外主体投入，"广以"接收了来自其境外合作主体李嘉诚基金会的资金。2013年，正值"广以"筹建初期阶段，李嘉诚基金会决定捐出1.3亿美元支持学校的建设。2017年12月，在"广以"的揭牌仪式上，时任校长李剑阁宣布李嘉诚先生将再次捐赠1000万元用于学校发展。目前，由境外合作主体直接出资的合作大学在我国仅此一例，在众多办学实例中十分独特。

另一方面，"广以"的中方合作高校——汕头大学在"广以"的建设与管理方面发挥了重要作用，这与其他中外合作大学办学过程中的中方高校"隐身化"不同。汕头大学与"广以"校区仅有一街之隔，在"广以"建校初期，汕头大学在李嘉诚基金会的支持下改造了校园行政楼，作为"广以"的办学启动地和过渡时期的教学办公楼。此外，"广以"基础设施建设招标环节由汕头大学主持，在汕头市政府网站的公开信息中也表明了"广以"的建设单位为汕头大学。这说明汕头大学作为中方合作高校，深入参与了"广以"的建设工作。同时，汕头大学也派出了部分管理者进入"广以"校董事会，深入参与学校决策和管理。总之，不难判断出李嘉诚基金会除了自身直接参与"广以"的合作办学以外，还充分发挥了汕头大学这一间接平台的作用，汕头大学在"广以"的合作办学中扮演了境外办学力量"引路人"的角色，创新和拓展了公私合作办学的空间，促进跨境合作大学建设。

三 私人基金会参与合作办学的案例分析

（一）外部治理

广东以色列理工学院的外部治理主要包括法律规定、政府监管及社会监督三个部分。一是法律规定。《中外合作办学条例实施办法》为私人基金会等社会组织参与中外合作办学提供了法律依据，同时，对合作办学的协议内容与私人基金会参与合作办学的管理范围进行了规定，为私人基金会在合作办学过程中的权利、义务提供了法律支撑。《中外合作办学条例》对私人基金会参与中外合作大学的兴办提供了资产捐助层面的规范要求，这同时也便利了监管部门对合作大学活动的监督。在地方层面，广东省针对合作办学出台了《高等教育中外合作办学收费管理办法》，与其他法律法规共同组成了境外私人基金会在广东开展合作办学的规范体系，是地方政府规范合作办学的重要体现。然而，包括高位阶的法律法规和低位阶的政策规章在内，都只是对合作大学的外延式要求。针对人才培养、师资建设等办学核心环节的内涵式发展亟待补充和完善。

二是政府监管。在准入阶段，我国教育部关于实施本科以上高等学历教育的中外合作办学机构（含内地与港澳台地区合作办学机构）设立、分立、合并、变更和终止审批的规定对合作大学的申请人、办学质量、学校领导制度、招生对象等内容进行了明确要求。在运行阶段，学校接受广东省教育厅的主管，且全校的年度部门预算、决算等情况经学校财务委员会、董事会批准后向政府主管部门备案年审。这使得"广以"能在政府主管部门的充分监督下开展办学活动。值得注意的是，《中外合作办学条例实施办法》第二十一条规定："国家机关工作人员不得担任中外合作办学机构的理事会、董事会或者联合管理委员会的成员。"但在"广以"仍保留政府部门原工作人员担任董事职位的情况。虽然这与现行法规并不冲突，但仍会为政府部门人员参与中外合作大学的内部管理提供了可能空间。

三是社会监督。"广义"通过学校自身与政府部门两大平台进行办学信息的公开，以达到社会监督的目的。一是学校官方网站对其领导架构、招标采购、教学质量报告等信息进行公示，同时就合作办学主体活动情况进行报道更新。二是在政府平台进行信息公开，分为中央及省市两个层级。在中央政府层级，教育部建立了中外合作办学监督工作信息平台，对"广以"在内的中外合作大学进行注册等基本信息的公示；在省市政府层级，"广以"的办学经费等信息在广东省教育厅的官方网站进行公示。同时，学校开展硕士、博士研究生等招生工作的信息也在汕头市人民政府、中共汕头市委组织部等单位的官方网站公开发布。综合来看，"广以"采用的各项信息公开平台具有一定的权威性，保证了公开信息的真实性和可靠性，有助于社会各界对合作大学的有效监督，有利于学校教育公共利益的有效发挥和呈现。

（二）内部治理

广东以色列理工学院的内部治理可以从大学的不同发展阶段分为兴办阶段的合作与运行阶段的决策两个方面。一是兴办阶段的合作。首先，香港李嘉诚基金会无疑是兴办广以最重要的参与主体。在"广以"筹办初期，李嘉诚基金会大力推动以色列理工学院形成在华开展合作办学的意向。"广以"首任校长李剑阁甚至表示："以色列理工学院是因为李嘉诚先生的捐助及他在全球商界的影响力，才愿意到中国来"，[①]其后私人基金会又与其他合作办学主体共商学校筹建工作。[②] 显然，李嘉诚基金会在"广以"筹建过程中发挥了重要作用，但是"广以"的合作办学协议并未包含李嘉诚基金会这一办学主体。尽管《中外合作办学条例实施办法》为私人基金会组织参与合作大学的办学协议提供了法律支持，但由于境外非政府组织登记备案等因素的要求，李嘉诚基金会并未选择参与合作协议的签署，但是其持续捐助的汕头大学则发挥了在合作办学协议上的建设主体的引导作用。

根据《中外合作办学条例》的规定，申请设立中外合作大学的，必须为具有法人资格的中方高等教育机构，明确中方高校在合作大学建设过程中的牵头地位。兴办"广以"的中方合作高校的汕头大学所发挥的作用予以印证。无论是在"广以"建设阶段的基础设施建设支持，还是运行阶段的委派本校高级领导担任"广以"董事会主席及董事代表，都体现出汕头大学对"广以"提供了大力支持，甚至"广以"的最初注册地点直接显示为汕头大学，这些都表明了两所大学的紧密合作关系。需要注意的是，这种紧密的合作办学关系是建立在两校均为李嘉诚基金会捐助办学的高校的基础之上的，而汕头大学同时也是李嘉诚基金会最早在我国大陆地区开办大学的成功案例，因此拥有推动"广以"建立和发展的天然优势，其在"广以"兴办过程中发挥的"引入人"角色作用，就大大促进了这一中外合作大学建设进程。从某种意义而言，这种直接由中方高校牵头兴办境外合作大学的方式，其在建设效率方面要远高于那些缺乏制度兼容优势的境外社会主体的直接参与。

---

① 袁振国：《中国教育政策评论》，教育科学出版社2010年版，第2页。
② 张明纯、李扬：《从海法到汕头 广东以色列理工学院筹建记》，《潮商》2015年第6期。

二是运行阶段的决策。广东以色列理工学院实行校董事会领导下的校长负责制。学校的重要事项经董事会决议后由校长及各行政组织负责实行。可以判断校董事会是学校的最高权力机构。"广以"现任董事会有八名董事（包括主席），由汕头大学与以色列理工学院分别任命。从历届董事会成员的分布情况来看，董事成员来源保持固定，且李嘉诚基金会未委派人员在广以的董事会任职。尽管"广以"董事会未包含李嘉诚基金会的代表，但"广以"官网中有关董事会常规会议信息，学校的历次董事会议均有李嘉诚基金会的代表人员出席。这表明李嘉诚基金会有可能是以非正式的形式参与到合作大学的常规决策活动中，并发挥了辅助决策的作用。这种非正式的辅助决策机制与直接参与的决策机制不同，不需要考虑境外合作主体参与的规制因素，发挥决策过程的民主优势，促进科学决策办学。

四　教育主权与跨境合作大学发展新路向

在教育主权视角下，我国跨境合作大学表现出巨大的办学优势与发展空间。在我国新时代高等教育发展要求的宏观背景下，推动社会资本参与合作大学办学，促进跨境合作大学发展，发挥合作大学的正向社会效益，具有重要的理论与实践意义。为此，本书从教育主权分类、社会资本合作和办学机制协调角度展开。

（一）重构教育主权下的分类思维

中外合作大学建设最为关键的问题就是教育主权。但在我国教育场域中，不能简单地将香港、澳门地区高校与内地高校之间的合作办学行为归类为中外合作大学，这就需要准确把握"跨境"和"跨国"的本质性区别，建立一种基于教育主权的中外合作大学分类思维。首先，亟须认清基于教育主权的跨境合作大学建设的时代内涵。当前，全球化进程在持续推进的同时，也正遭遇着逆全球化思潮的挑战，如英国脱欧、美国贸易保护主义等都反映出资本主义国家为维护自身利益的不当竞争，特别是疫情更加剧了逆全球化进程，严重破坏了全球化秩序和环境。在此背景下，包括中外合作办学在内的高等教育国际化亦遭受重创，如拒签赴美留学生等一系列不当操作正威胁着学生的正当权益。为此，我国提出"构建国内国际双循环相互促进的新发展格局"，强调"以国内大循环为主体"。简言之，就是要以"内循环"方式充分挖掘国内高等教育资源，推动国内高校在地国际化发展，大力吸引港澳高校来内地发展，要与笼统的"中外合作办学"概念进行区分，凭借教育主权属性上的独特优势，积极促建粤港澳大湾区跨境合作大学。

其次，积极发挥教育主权下的粤港澳跨境合作大学的正向功能。在教育主权分类思想下，粤港澳跨境合作大学可以随着粤港澳大湾区这一区域协调发展战略的不断深化，对周边区域高等教育发展产生辐射和带动影响，因为粤港澳区域一体化发展可以作为促进和加强地区社会融合的重要动力工具。[①] 就此而言，随着我国"泛粤港澳""泛珠三角"等区域协调发展规划的深入开展，跨境合作大学通过高等教育合作间接影响社会整体正向效益的影响范围还在进一步地被放大。显然，跨境合作大学是在我国教育主权一体的前提下开展的合作办学活动，是众多合作办学形式中最能效契合我国高等教育发展战略的办学选择，具有直接的正向社会效益。因此，要认识到跨境合作大学是促进区域经济社会发展的重要载体，以多方社会资源的力量促进合作大学的发展远非是发展跨境合作大学的最终目的，而是要借助跨境合作大学的力量推动区域高等教育资源整合提质增效。

（二）创新合作办学资本介入模式

当前，包括跨境合作大学在内共有 10 所中外合作大学，除了最早的宁波诺丁汉大学和最新的广东以色列理工学院是"合作共建型"模式以外，其他均为"社会捐赠型"合作大学，显然第二类合作大学办学具有较强的同质性。当然，本书并不是认为同质化办学就必然会带来竞争，也并非为消解同质化而有意促进多元化发展。而是必须明晰"社会捐赠型"合作大学容易形成路径依赖，比如这些高校通常都会拥有地方政府的巨大财政投入，这种"兜底式"的做法很可能会使大学自身陷入僵化状态，并且也会给地方政府带来过重的财政压力。基于此，应鼓励举办"合作共建型"中外合作大学，充分利用粤港澳大湾区多元化社会资源，引导和支持社会资本参与跨境合作大学建设和发展。为此，本书以广东以色列理工学院为案例，正是从境外私人基金会

---

① 李鹏虎：《粤港澳大湾区高等教育一体化发展：基础、难点及突破》，《世界教育信息》2022 年第 9 期。

介入中外合作大学的角度探索办学模式创新。

一是境外社会资本介入，在粤港澳大湾区发展背景下，不仅是在教育主权的分类思想下鼓励和支持香港和澳门地区高校与内地高校共建跨境合作大学，而且还需要引导香港和澳门地区社会资本参与跨境合作大学办学，如香港李嘉诚私人基金会就是广东以色列理工学院的重要办学主体之一。无论这一案例有何种特殊的历史背景，但是为社会资本介入中外合作大学办学打开了新的思路。基于此，在粤港澳大湾区建设背景下，应鼓励三地社会资本深度参与跨境合作大学建设，即建立直接的投资关系，形成社会资本与中外合作大学的"联姻"。当然，这一"联姻"过程还必须要发挥内地地方政府在合作办学中的主导作用，就是要为跨境中外合作大学赋予充分的办学自主权，在学校治理、学术管理以及收费制度等方面实行更加自主灵活的政策，吸引社会资本介入，筹备建立粤港澳跨境大学"特区"。

二是附属社会资本介入，随着海南自由贸易港启动建设，2023 年教育部和海南省政府联合制定了《境外高等教育机构在海南自由贸易港办学暂行规定》（简称《规定》），鼓励境外教育机构在自贸港设立具有独立法人资格的教育机构（包括高水平大学和职业院校），允许境内外其他组织和个人通过提供土地、校舍和资金等资源参与办学。如：海南省与德国比勒费尔德应用科学大学签署合作办学协议，设立了我国境内首个无中方高校参与、由外国高校独立办学的高等教育机构（简称海南比科大）。最为重要的是，海南比科大的建立不仅创建了一座新式大学，而且还带来了附属性社会资本，即德国工业智能制造精英企业集群管理有限公司、洋浦国际投资咨询公司等在海南布局。显然，境外高校附属社会资本对跨境合作大学建设具有重要借鉴意义，可以促进高等教育产教融合发展。

（三）探索兼容性的合作办学制度

中外合作大学是境内外两种大学体制的结合体，因此也必然存在办学制度方面的协调问题。目前，由于我国尚未形成针对差异性办学制度的协调方案，中外合作大学的办学制度仍存在着协调困难的情况，造成了合作大学的办学规制"紧张"。针对这一问题，本研究通过对广东以色列理工学院办学的案例分析，对包括办学属性、多元治理、质量保障的兼容性的合作办学制度进行了探索。一是在办学属性方面，中外合作大学包含了境内外公私办学资源的特性，还未能形成明确的办学属性定位。就目前我国高等教育办学属性分类来看，传统的办学属性分类标准已难以适应当前这类跨境合作大学的办学需要，因此需根据合作大学公私合作的特征对其进行特殊化的分类。同时，在新的办学属性界定的基础上，进一步细化教育主权分类视角下合作大学内部不同办学类型划分，形成既能协调公私合作办学关系，又能处理不同主权属性分类下办学主体地位的办学属性分类体系。

二是在多元治理方面，中外合作大学涉及境内外不同办学主体的治理参与，尽管有实行多元治理结构的法律依据，但在多元治理的实践层面仍存在很多非正式管理参与的现象。一方面，合作大学的多元治理为大学的科学决策和可持续发展提供了良好的基础；另一方面，办学主体的非正式管理参与又对大学规范化发展造成了隐患。将合作大学多元治理的"非正式"部分进行规范化、合法化，是完善合作办学制度的必行之举。如为广东以色列理工学院办学过程中的私人基金会间接参与决策和政府前任职员任职董事提供合法化的制度途径，将为"广以"乃至粤港澳地区三地合作大学的多元治理实践提供经验依据。

三是在质量保障方面，从广东以色列理工学院办学经验来看，境外私人基金会参与合作办学是一项具有创新性的实践探索，因此在很多层面都缺乏明确的政策规定。由于包括境外私人基金会等社会资本参与合作办学，无不牵涉到校园建设、师资聘用以及管理体系等影响办学质量的关键性要素。因此，为了防止境内外社会资本在参与办学中出现异化行为，以及降低境内外办学主体的不可通约性限制，必须加快推进粤港澳高等教育政策一体化进程，尽快建立境内外高校以及社会资本合作办学的规范性机制，如建立跨境合作大学联盟、建立粤港澳大湾区产教融合平台等，促进三地教育信息互通、资源互补和成果共享，但其根本目的就是要在一体化规制下建立跨境合作大学质量保障体系。随着粤港澳跨境合作大学办学经验的不断成熟，可以在教育主权分类思想的指导下扩大粤港澳和内陆高等教育合作的接触面，从而起到辐射和带动跨区域高等教育协调发展的作用。

结　语

第一节　结论与讨论

一　研究结论

（一）分类发展：认识社会资本参与公共高等教育供给的规律性

从时间维度来看，社会资本参与公共高等教育供给具有历史必然性，这与经济全球化以及带来的政治思潮紧密相关，譬如20世纪七八十年代极为流行的放松管制、提高竞争力以及自由平等的流动等。如今，面对不可逆转的全球化潮流大势，一种"全球共益物品"的理念正在发生深彻转变。因此，鼓励和支持社会资本参与公共高等教育供给（PPP），即公民合作办学不仅是大势所趋，也是一国高等教育治理现代化的标志性体现。然而，鼓励和支持公民合作办学并不代表要取消管制，而是要建立符合现实发展特征的治理路径与方法。从全球多国经验和中国本土实践来看，就是要建立基于分类发展的治理思路和策略，这已成为社会资本参与公共高等教育供给的国际共识和基本规律。然而，公民合作办学分类发展的治理思路和方法正面临着不同国家高等教育体系变革带来的新挑战。

从空间维度来看，世界主要国家围绕公私合作办学实践，构建了具有差异化的分类发展路径。如：日本和俄罗斯按照公私属性分类；美国和巴西、秘鲁和智利等拉美三国按照是否营利分类；英国、德国、荷兰和比利时等欧洲国家是按照认证资质分类等。显然，上述国家高等教育分类体系及治理路径的选择与其各国高等教育的传统和法律密切相关，但无论是哪一种实践，都建立了各国适切的分类发展路径和策略。从我国实践来看，随着我国经济发展转轨和社会主要矛盾转变，追寻公平而有质量成为新时代教育的新使命，特别是《民办教育促进法》修订颁布，开辟了民办教育营利与非营利两分治理新路径，形成了新时代中国公共高等教育供给的新体系。为此，讨论我国高等教育捐投融资的分类发展问题，必须是建立在公办、民办非营利和民办营利三条法定路径基础上的深化和优化研究。

（二）分类治理：突破社会资本参与公共高等教育供给的模糊性

大学公私界限日益模糊已经成为一种全球现象。从全球高等教育发展史来看，这一现象与20世纪七八十年代私立（民办）高等教育的勃兴密切相关，可以说私立（民办）高等教育是社会资本参与公共高等教育供给最初始、最基本的表现形式。然而，随着高等教育领域公私模糊问题越来越复杂多样，如果还只是将"模糊性"联结私立（民办）高等教育，难免造成对公民合作办学多样化实践的认知局限。为此，我们会意识到这样的问题，即便公民合作办学分类发展在学理和法理上的解释十分清晰，但是对于多样化办学实践会缺乏解释效力，进而导致现实分类管理的工具失效。为此，本书选取了我国高等教育公民合作办学实践的三类"混合"形态，即以转设中的独立学院、混合所有制高职院校和中外合作大学为例，从实践层面审视公民合作办学分类发展现实，突破办学实践的模糊性。

以上三类高校分类发展现实及治理机制各有差异。一是转设中的独立学院不仅面临向公办或"纯"民办高校的转设，一旦转设为民办还面临非营利和营利的办学选择。但是随着教育资本上市，营利性高校选择面临制度缺失的困境；二是混合所有制高职院校分为学校、二级学院和产业学院不同层面的"混合"，但无论是哪一种层面和类型的"混合"，都面临学校公办和民办属性的制度局限；三是中外合作大学作为特殊的办学类型，尽管属于高等教育的"小众"群体，但是由于境内外社会资本与公有资本"混合"的广泛性，使得教育主权视角下的院校治理面临风险和挑战。从高校分类治理机制来看，三类高校基于分类发展的视角已初步建构了外部和内部、顶层和基层的四维治理机制体系，但同时三类高校的治理现实也体现出了"机制缺陷"和"机制创新"，从根本上反映了社会资本参与办学的双重性。

（三）再分类型：推进社会资本参与公共高等教育供给的规范性

推进新时代引导社会资本参与公共高等教育供给分类治理，核心对象是社会资本，目的是提供公共高等教育服务，这就需要对社会资本有一个清晰而准确的态度和判断，即关键在于"引导"和"规范"，而不是"消除"和"打压"。这就要求契合公民合作办学分类治理的现实困境，把握当前社会资本参与办学的特性和行为逻辑，特别是教育金融化和集团化发展影响下，亟须在分类发展基础上探索精细化的治理机制——再分类型，这既是分类治理机制的理想类型设计，也是通过"机制组合"形成分类发展的政策保障体系。从根本上来说，就是要给"模糊地带"院校提供更加有效的分类治理工具。尽管这些院校在整个高等教育系统中并非主流群体，但是这些公民合作办学实践中的新现象新问题新趋势必须得到高度重视，这有助于丰富和完善新时代我国高等教育分类发展方法论及治理体系现代化建设。

从宏观层面而言，首先要围绕社会资本的特性和民办高等教育行为规律，构建民办高等教育资本"红绿灯"机制，这是分类管理背景下民办高等教育治理机制的新思路和新方向，旨在应对社会资本参与办学的双重性：既要支持社会资本参与办学（"绿灯"机制），又要规范社会资本参与办学（"红灯"机制）。从微观层面而言，本书以转设中的独立学院、混合所有制高职院校以及中外合作大学三类高校为例，就具体分类治理问题提出精细化的"再分类"设计，即独立学院转设为营利性高校应分为学历和非学历二分路径，而我国营利性高校应从学历教育转向非学历教育；高职混合所有制办学应根据其阶段性发展特征从学校、二级学院和产业学院层面构建"第三条道路"治理机制；中外合作大学应区分"跨境"和"跨国"之别，通过引入优质境外资本建构基于教育主权分类下的粤港澳跨境合作大学。

二　研究讨论

本书的主题是新时代社会资本参与公共高等教育供给的分类发展及治理机制。为了突出"分类发展"思想，本书把研究重点放在了"社会资本"和"分类治理"上，但从根本上来看，本书最应该回应和讨论的是：什么是新时代的公共高等教育？

首先，需要深刻理解新时代的科学内涵。习近平总书记在党的十九大报告中提出："经过长期努力，中国特色社会主义进入了新时代，这是我国发展新的历史方位。"进入新时代作为重大的政治研判，具有深厚丰富的科学内涵：一是教育强国的新时代。改革开放40多年来，我国教育发展已实现由弱到强的重大转变，教育公平、质量和服务供给等综合实力具有世界影响和突出成效；二是共同富裕的新时代。共同富裕是中国式现代化的重要特征，通过健全国家教育公共服务制度体系，提供更加均衡和公平的教育，促进教育改变贫富分化；三是人民中心的新时代。坚持以人民为中心发展教育，把人民利益摆在最重要的位置，建立公平而有质量的教育体系，不断满足广大人民群众对多元化优质教育的需求。总之，新时代的历史方位为公共高等教育理念和制度的形成奠定了认识论和实践论基础。

其次，需要重新认识公共高等教育边界。公共高等教育不同于举办者意义上的公办（公立）高等教育，是一种基于公共性的高等教育理念。其中，最为明显的就是民办（私立）非营利高等教育的确立，以及跨境高等教育的全球流动。为此，必须正确认识民办（私立）高等教育的外部性，即便是营利性高校也要肯定其教育的公益性。而跨境高等教育的全球流动更是带来了全球"共益物品"的理念。从整体来看，全球高等教育景观的变化，特别是分类管理下营利性高校合法身份的确立，进一步突破了人们的传统认知，亟须重建"公共"的高等教育理念。然而，面对这一相对"泛化"的概念，必须要明确公共高等教育的边界，因为它不同于公共教育具有很强的义务教育特征，因此新时代的公共高等教育就是要引导更多优质社会资本举办非营利性教育，回归教育的本质属性，增强社会福祉。

最后，重建高等教育的经济与政治关系。长期以来，各国高等教育都面临着政府和市场两股力量，二者谁更有效、公正和可靠成为经久不衰的争论话题。[①] 因此，构建公共高等教育是一项教育政治经济学的重要议题，其根本就是要厘清政府、市场和大学三者之间的关系。党的二十大报告提出"中国式现代化"概念，就是要基于中国特色的基本国

---

① [美] 约翰·E. 丘伯、泰力·M. 默：《政治、市场和学校》，蒋衡译，教育科学出版社 2003 年版，第 31 页。

情，认识在人口规模巨大、全体人民共同富裕等特征要求下的公共高等教育特殊性，即构建中国特色社会主义新型办学体制。为此，各级各地政府要因地制宜地引导社会资本参与公共高等教育供给，高质量充实高等教育供给能力。同时，还要抑制社会资本对教育公益性的负作用。显然，政府部门在新型办学体制中统筹资源配置和组织方式中发挥着主导作用，应积极引导市场部门（社会资本）在高等教育资源优化配置中发挥支持性作用，提升教育供给效率、效益和公正性。

第二节　不足与展望

一　研究不足

（一）案例深度的局限性

本书聚焦公民合作办学分类发展实践，以当前转设中的独立学院、混合所有制高职院校以及中外合作大学三类高校形态为案例。但本书只是关注了社会资本参与三类高校分类发展及治理机制问题，未能像其他相关研究一样开展专题性探索，因此上述公民合作办学案例研究深度存在一定的局限性。同时，作为案例研究有必要结合田野调查开展理论的"实证化"探索，但是由于以上三类办学形态多样复杂，比如各地独立学院转设采取"一校一策"的办法，可见选择具有代表性的案例亦存在一定的困难，这也局限了案例研究的深度。总之，尽管本书采取了较为丰富的学校案例，但是在案例研究深度上有待进一步拓展和深挖。

（二）研究问题的复杂性

本书关注的公共高等教育主题是一个永恒的话题，但研究中所关涉的具体问题和案例具有很强的变动，因此研究问题涉及很多复杂因素。如：转设的独立学院数量每天都在发生新变化，很难预知转设后的学校究竟会做出怎样的路径选择，特别是在资本裹挟下是否会出现大量的营利性高校难以知晓，最为重要的是很多社会力量举办者不愿意透露自己真实的想法和意愿；又如：山东、江西等地大力支持职业教育领域开展混合所有制办学，而四川等地则对这一办学体制讳莫如深、认可度不高。总之，本书相关院校案例由于牵涉过多的利益相关者，各地办学政策和实践又存在差异性，这使得研究问题过于复杂而影响分析和讨论。

二 研究展望

（一）理论研究的政策转化

从整体上来看，本书是一项侧重理论的研究，特别是基于"理想类型"和类型学理论提出了"再分类"的机制设计和政策保障。但从一定意义而言，该研究还处于认知和思想层面，处于顶层设计阶段。只有尽快将理论转化为政策现实，使政策具有合法性，才能使得这一机制设计被赋予实践价值。为此，本书将在现有分析基础上，结合各地办学政策和实践经验，将政策理论研究转化为具有"地方性"特征的政策智库研究，从而为地方政府制定政策、社会力量参与办学以及高校办学体制改革提供具有可操作性的政策建议和实施方案。总之，在未来研究中，就是要加大政策理论研究力度，推动理论研究的成果转化，积极发挥咨政建言作用。

（二）动态特征与长效机制

本书所关注的办学案例和问题具有很强的动态性特征，因此有必要对相关问题设立可持续研究的计划，进而把握其分类发展及治理机制的变化趋势和基本特征。同时，围绕社会资本参与公共高等教育分类发展问题，应建立长期、稳定和明确的长效治理机制，而并非因为地方政府治理偏好以及院校治理的复杂性和差异性，致使分类治理成为一次性、临时的甚至运动式的举措和制度。为此，面对日益凸显和"泛化"的公民合作办学实践，应建立突出特色、精准施策的长效治理机制，就是要实现多元主体参与的善治之举，创新办学体制改革工作模式。显然，这一研究具有很强的生命力，有必要长期关注和深入探究。

参考文献

一 中文专著（译著）

《马克思恩格斯文集》，人民出版社 2009 年版。

《马克思恩格斯选集》（第 1 卷），中央编译局译，人民出版社 2012 年版。

《马克思恩格斯选集》（第 25 卷），中央编译局译，人民出版社 2001 年版。

薄云：《拉美私立高等教育发展研究：以巴西、墨西哥、阿根廷和智利为个案》，厦门大学出版社 2017 年版。

陈婉玲、汤玉枢：《政府与社会资本合作（PPP）模式立法研究》，法律出版社 2017 年版。

褚清源、王红顺：《给民办学校的 N 条建议》，江西教育出版社 2020 年版。

董圣足等：《民办学校分类管理推进策略研究》，华东师范大学出版社 2020 年版。

董圣足：《民办学校分类管理配套制度及过渡措施研究》，立信会计出版社 2022 年版。

冯梦成：《引导型社会组织发展模式研究》，人民出版社 2017 年版。

甘国华：《高等教育成本分担研究：基于准公共产品理论分析框架》，上海财经大学出版社 2007 年版。

顾明远：《教育大辞典》（第 7 卷），上海教育出版社 1990 年版。

洪源渤：《共同治理——论大学法人治理结构》，科学出版社 2010 年版。

胡丽：《城市基础设施 PPP 模式融资风险控制研究》，重庆大学出版社 2013 年版。

雷家彬：《高等学校分类方法导论》，中国社会科学出版社 2016 年版。

联合国教科文组织：《反思教育：向"全球共同利益"的理念转变?》，教育科学出版社 2017 年版。

联合国教科文组织国际教育发展委员：《学会生存——教育世界的今天和明天》，教育科学出版社 1996 年版。

林金辉：《中外合作办学发展报告 2010—2015》，厦门大学出版社 2016 年版。

林金辉：《中外合作办学规模、质量、效益研究》，厦门大学出版社 2016 年版。

林南：《社会资本》，上海人民出版社 2005 年版。

刘敏 编：《社会资本与多元化贫困治理：来自逢街的研究》，社会科学文献出版社 2013 年版。

刘尚希、赵福军、蒋天文、陈少强：《政府和社会资本合作（PPP）立法基础理论研究》，中国财政经济出版社 2019 年版。

刘诗白：《社会主义所有制研究》，上海人民出版社 1985 年版。

刘向杰：《公私合作（PPP）项目的政府运作机制研究》，黄河水利出版社 2019 年版。

莫利·李，迪恩·E. 纽鲍尔：《亚太地区高等教育公立与私立的重新定义》，［美］特伦斯·W. 拜高尔克、迪恩·E. 纽鲍尔：《亚太地区高等教育：质量与公共利益》，杨光富、任友群译，华东师范大学出版社 2012 年版。

潘建华：《职业教育校企合作有效性研究》，科学出版社 2021 年版。

潘懋元：《潘懋元文集卷三：问题研究（上）》，广东高等教育出版社 2010 年版。

潘奇：《混合所有制办学的理论探讨与实现策略》，华东师范大学出版社 2021 年版。

全国人大教科文卫委员会教育室、香港大学中国教育研究中心：《民办教育研究与立法探索》，广东高等教育出版社 2001 年版。

王剑波：《跨国高等教育与中外合作办学》，山东教育出版社 2005

年版。

王伟:《美国营利性教育机构制度环境分析》,陕西人民教育出版社
　　2005 年版。

王增忠:《公私合作制(PPP)的理论与实践》,同济大学出版社 2015
　　年版。

文东茅:《走向公共教育:教育民营化的超越》,北京大学出版社 2008
　　年版。

熊惠平:《高职领域 PPP 模式机制运行:以产业学院为载体》,浙江大
　　学出版社 2021 年版。

许振宇等主编:《突发事件风险管理方法与实践》,西北大学出版社
　　2020 年版。

严文清:《中国大学治理结构研究》,人民出版社 2011 年版。

杨宝昆主编:《PPP + BIM 项目全生命周期管理与咨询最佳实践》,天津
　　大学出版社 2020 年版。

杨程:《营利抑或非营利:民办高校分类管理的政策与实践》,北京理工
　　大学出版社 2019 年版。

俞可平:《全球化:全球治理》,社会科学文献出版社 2003 年版。

袁振国:《中国教育政策评论》,教育科学出版社 2010 年版。

张宏博:《中国私立大学有效经营的制度研究》,人民出版社 2009 年版。

张墨涵:《高职院校混合所有制改革的实施路径分析》,广东高等教育
　　出版社 2020 年版。

张铁明:《教育产权论》,广东高等教育出版社 2003 年版。

张兴:《高等教育办学主体多元化研究》,上海教育出版社 2003 年版。

周国平:《社会资本与民办高校资源整合研究》,广东高等教育出版社
　　2012 年版。

周海涛:《民办学校分类管理政策研究》,经济科学出版社 2016 年版。

[德] 马克斯·韦伯:《社会科学方法论》,李秋零、田薇译,中国人民
　　大学出版社 1999 年版。

[德] 乌尔里希·泰希勒:《高等教育与变化的劳动力市场》,包艳华、
　　郭力译,科学出版社 2019 年版。

[法] 布迪厄:《文化资本与社会炼金术》,包亚明译,上海人民出版社

1997 年版。

［美］丹尼尔·列维：《拉丁美洲国家与高等教育：私立对于公立主导
　　地位的挑战》，周保利、何振海译，北京师范大学出版社 2016 年版。

［美］弗里茨·林格：《韦伯学术思想评传》，马乐乐译，北京大学出版
　　社 2011 年版。

［美］杰弗里·菲佛、杰勒尔德·R. 萨兰基克：《组织的外部控制：对
　　组织资源依赖的分析》，闫蕊译，东方出版社 2006 年版。

［美］卡特里娜·E. 巴尔克莱、杰弗里·R. 赫尼格、亨利·M. 莱：
　　《公立与私立之间——城市学校改革的政治、治理和一种新的投资组
　　合模式》，翟静丽、龚欣译，北京大学出版社 2013 年版。

［美］理查德·A. 金等：《教育财政——效率、公平与绩效》，中国人
　　民大学出版社 2010 年版。

［美］理查德·鲁克：《高等教育公司——营利性大学的崛起》，于培文
　　译，北京大学出版社 2006 年版。

［美］罗伯特·帕特南：《独自打保龄：美国社区的衰落与复兴》，刘波
　　等译，北京大学出版社 2011 年版。

［美］萨拉蒙：《全球公民社会：非营利部门视界》，贾西津、魏玉译，
　　社会科学文献出版社 2007 年版。

［美］萨瓦斯：《民营化与 PPP 模式：推动政府和社会资本合作》，周志
　　忍译，中国人民大学出版社 2015 年版。

［美］西奥多·W. 舒尔茨：《论人力资本投资》，吴珠华等译，北京经
　　济学院出版社 1990 年版。

［美］约翰·E. 丘伯，泰力·M. 默：《政治、市场和学校》，蒋衡译，
　　教育科学出版社 2003 年版。

［美］约瑟夫·E. 斯蒂格利茨：《公共部门经济学》，郭庆旺、杨志勇、
　　刘晓路、张德勇译，中国人民大学出版社 2013 年第三版。

［美］詹姆斯·S. 科尔曼：《社会理论的基础》，邓方译，社会科学文
　　献出版社 2008 年版。

［英］安东尼·吉登斯：《第三条道路：社会民主主义的复兴》，郑戈
　　译，北京大学出版社 2000 年版。

［英］简·莱恩：《新公共管理理论》，赵成根译，中国青年出版社

2004 年版。

二 中文期刊

安德鲁斯·博纳斯科尼：《关注学术的私立高等教育：智利的新例外主义》，《浙江树人大学学报》（人文社会科学版）2013 年第 2 期。

鲍健强：《日本私立大学的研究》，《高等教育研究》2000 年第 2 期。

别敦荣：《必须进一步扩大高校办学自主权——我国高等教育发展 70 年的经验》，《教育发展研究》2019 年第 Z1 期。

别敦荣：《论民办教育发展的第三条道路》，《华中师范大学学报》（人文社会科学版）2012 年第 5 期。

常静、孙杰：《"双一流"建设背景下地方高校的多元化社会筹资》，《中国高等教育》2018 年第 8 期。

陈春梅：《高职院校混合所有制内部治理存在的问题及其对策建议》，《中国职业技术教育》2019 年第 25 期。

陈春梅、阙明坤：《美国阿波罗教育集团内部治理体系及其启示》，《黑龙江高教研究》2022 年第 10 期。

陈春梅、阙明坤：《美国营利性高校"三合一"监管的路径、问题及启示》，《中国高教研究》2018 年第 9 期。

陈丽婷：《高职院校混合所有制办学现实困境与发展路径研究》，《中国高教研究》2017 年第 1 期。

陈涛：《大学公私界限日益模糊：全球现象与动态特征》，《复旦教育论坛》2015 年第 4 期。

陈涛、邓圆：《外部依赖与内部整合：英国学科评估改革的工作逻辑及发展轨迹——兼论中英两国学科评估的异同》，《外国教育研究》2020 年第 9 期。

陈涛、邬大光：《高等教育公私并举与分类管理走势分析——基于中、法、德三国经验的视角》，《教育研究》2017 年第 7 期。

陈涛、袁梦：《美国希拉姆学院新文科教育的组织再造设计》，《高等教育评论》2023 年第 1 期。

陈武元：《中国民办高校如何走出办学水平不高的困境——经费来源结构的视角》，《教育研究》2011 年第 7 期。

程俊杰、章敏、黄速建：《改革开放四十年国有企业产权改革的演进与创新》，《经济体制改革》2018 年第 5 期。

崔来廷、崔凯：《美国一流私立非营利性大学社会捐赠机制及其特点》，《现代教育管理》2015 年第 4 期。

丹尼尔·贝内特、亚当·卢凯西、理查德·维德等：《美国政府对营利性高校的管理历史分析》，《世界教育信息》2013 年第 23 期。

丹特·J. 萨尔托、丹尼尔·C. 列维：《拉丁美洲的营利性高等教育：例外还是前兆》，《国际高等教育》2021 年第 9 期。

丁小浩、李锋亮、孙毓泽：《我国高等教育投资体制改革 30 年——成就与经验、挑战与完善》，《中国高教研究》2008 年第 6 期。

董圣足：《教育领域探索"混合所有制"：内涵、样态及策略》，《教育发展研究》2016 年第 3 期。

董圣足：《论教育资产上市的不可持续性——基于香港联交所上市教育企业的情况分析》，《华东师范大学学报》（教育科学版）2020 年第 10 期。

董圣足：《有序有度发展营利性民办学校》，《教育发展研究》2020 年第 5 期。

段淑芬、杨红娟、阙明坤：《民办高校营利或非营利性质选择困境及其对策——基于行为决策理论》，《高教探索》2021 年第 1 期。

范斌、郭蕊：《高校治理能力现代化：内容与推进路径》，《黑龙江高教研究》2017 年第 8 期。

范先佐：《教育的低效率与教育产权分析》，《华中师范大学学报》（人文社会科学版）2002 年第 3 期。

方建锋：《推进民办学校分类管理中面临的瓶颈问题分析》，《复旦教育论坛》2018 年第 2 期。

费坚、李斯明、魏训鹏：《基于复杂性范式的非营利性民办高校风险治理》，《教育发展研究》2018 年第 23 期。

冈萨洛·巴切特·雷伊、王语琪：《秘鲁高等教育大众化的经验与启示》，《复旦教育论坛》2020 年第 4 期。

高树仁、宋丹：《高等教育外部治理：历史源流、基本范畴与问题意识》，《高等教育研究》2021 年第 1 期。

高树昱、吴华：《我国教育领域的公私合作伙伴关系审视》，《教育发展研究》2010 年第 8 期。

格莱恩特·琼斯、杜育红、路娜：《高等教育中的公立与私立问题——以英国为例的研究》，《北京师范大学学报》（人文社会科学版）2006年第 3 期。

耿子恒：《关于国有企业混合所有制改革实践的思考》，《中国发展观察》2019 年第 5 期。

郭盛煌：《职业教育混合所有制办学的典型业态、实践之惑与治理路向》，《教育与职业》2018 年第 7 期。

郭文卿：《PPP 模式概要解析》，《经济论坛》2014 年第 10 期。

韩凤芹、岳文静、尤伯军、李婕：《积极稳妥推进职业教育 PPP 的思路与建议》，《财政科学》2016 年第 2 期。

何雪莲：《公私莫辨：转型国家高等教育市场化研究》，《比较教育研究》2012 年第 1 期。

何雪莲：《依附与发展：俄罗斯私立高等教育特点评述》，《比较教育研究》2007 年第 3 期。

胡赤弟：《高等教育中的利益相关者分析》，《教育研究》2005 年第3 期。

胡赤弟、田玉梅：《高等教育利益相关者理论研究的几个问题》，《中国高教研究》2010 年第 6 期。

胡大白：《国外政府对私立高校治理政策的经验探讨及借鉴》，《中国成人教育》2018 年第 18 期。

胡国勇：《从追求"公共性"到强调"自我责任"——日本私立大学学校法人制度的形成与改革》，《教育发展研究》2009 年第 8 期。

胡建华：《日本私立大学的发展特点及其启示》，《教育研究》2001 年第 8 期。

胡建华：《我国民办高等教育发展特殊性的若干分析》，《教育研究》2007 年第 1 期。

胡敏：《大学善治视野下学生利益诉求表达机制建构》，《高教探索》2015 年第 10 期。

胡卫、张歆、方建锋：《营利非营利分类管理下民办学校税收问题与建议》，《复旦教育论坛》2020 年第 4 期。

胡耀宗、刘志敏：《从多渠道筹集到现代教育财政制度——中国教育财政制度改革 40 年》，《清华大学教育研究》2019 年第 2 期。

皇甫林晓、梁茜：《新中国成立 70 年来高等教育办学体制改革的历史回顾与未来展望》，《大学教育科学》2020 年第 1 期。

黄洪兰：《基金会举办非营利性民办高校的现实基础、产权保障与推进策略》，《黑龙江高教研究》2021 年第 5 期。

黄群慧：《国有企业分类改革论》，《经济研究》2022 年第 4 期。

黄文伟：《政策决策的体制阻滞与体制创新的政策撬动——兼论国家、省级示范性高职院校培育政策》，《职教论坛》2013 年第 9 期。

纪宝成：《世纪之交中国高等教育管理体制改革的历史回顾》，《中国高教研究》2013 年第 8 期。

贾康、陈通、唐丹彤：《运用 PPP 提供"权益—伦理型公共产品"：理论、实践与改进》，《西部论坛》2022 年第 4 期。

蒋家琼、张亮亮：《英国高等教育多元主体评价制度的缘起、架构与特征——兼论对新时代我国高等教育评价制度改革的启示》，《陕西师范大学学报》（自然科学版）2022 年第 1 期。

蒋凯、王涛利：《高等教育治理体系与治理能力现代化的关键问题和推进路径》，《厦门大学学报》（哲学社会科学版）2021 年第 1 期。

蒋言：《论民办学校融资的法律规制——基于分类管理制度目的的考量》，《教育发展研究》2022 年第 7 期。

雷世平、乐乐、郭素森、李海燕：《职业教育混合所有制办学政策的现状、问题与对策》，《职业技术教育》2021 年第 19 期。

李道先、罗昆、阙海宝：《转设背景下独立学院产权制度的困境与对策》，《中国高教研究》2012 年第 10 期。

李福华：《利益相关者理论与大学管理体制创新》，《教育研究》2007 年第 7 期。

李福华：《利益相关者视野中大学的责任》，《高等教育研究》2007 年第 1 期。

李宏波：《浅论民办高校公益性与营利性特征》，《教育现代化》2019 年第 56 期。

李家新、李玲玲：《独立学院"转设"民办高校：形势、现状与前景》，《现代教育管理》2016 年第 4 期。

李梅、赵璐：《多元共治下中外合作办学机构的质量保障体系——以西交利物浦大学为例》，《大学教育科学》2019 年第 2 期。

林金辉、刘梦今：《论中外合作办学的质量建设》，《教育研究》2013 年第 10 期。

林金辉、翁海霞：《我国内地与香港地区高等教育合作办学的特殊性及可持续发展》，《中国高教研究》2010 年第 3 期。

刘宝存：《改革开放以来我国高等教育管理体制的回顾与前瞻》，《复旦教育论坛》2009 年第 1 期。

刘洪、王一涛、潘奇：《独立学院转设为混合所有制高校的必要性、可行性和关键举措》，《教育与职业》2020 年第 22 期。

刘骥、张晋：《国际学生评估项目（PISA）衍生品：全球教育治理的功利化挑战》，《华东师范大学学报》（教育科学版）2023 年第 2 期。

刘凯：《全球化时代国家主权让渡的必然与必要性》，《国际关系学院学报》2010 年第 5 期。

刘梦今：《中外合作大学公私属性之辨》，《中国高教研究》2014 年第 11 期。

刘淑华、朱思晓：《苏联解体后俄罗斯高等教育结构体系变革》，《外国教育研究》2021 年第 3 期。

刘薇：《PPP 模式理论阐释及其现实例证》，《改革》2015 年第 1 期。

刘晓：《加强社会力量办学 激发职业教育活力》，《中国职业技术教育》2014 年第 21 期。

刘学东、汪霞：《荷兰高等教育认证发展研究》，《教育研究》2016 年第 9 期。

刘彦武：《改革开放以来我国文化治理的变迁》，《中华文化论坛》2016 年第 7 期。

卢彩晨：《资产并购重组与中国民办高等教育发展》，《黑龙江高教研究》2006 年第 9 期。

陆根书、康卉、闫妮：《中外合作办学：现状、问题与发展对策》，《高等工程教育研究》2013 年第 4 期。

吕杰昕、郑彩华:《多元视角中的高等教育产品属性》,《高教探索》2010 年第 6 期。

罗杰·L. 盖格、唐纳德·E. 海勒、杨素红:《私有化与美国高等教育财政的新趋势》,《北京大学教育评论》2011 年第 1 期。

罗先锋、黄芳:《普及化阶段的高等职业教育——美国的经验和中国的展望》,《中国高教研究》2016 年第 8 期。

罗先锋、潘懋元:《高校混合所有制办学形式》,《高等教育研究》2018 年第 5 期。

马健生、刘云华:《教育中的资本扩张:危害与治理》,《清华大学教育研究》2021 年第 4 期。

潘海生、韩喜梅、何一清:《竞争与规制:职业院校混合所有制办学的治理逻辑》,《教育发展研究》2019 年第 9 期。

潘懋元、别敦荣、石猛:《论民办高校的公益性与营利性》,《教育研究》2013 年第 3 期。

潘懋元、邬大光、别敦荣:《我国民办高等教育发展的第三条道路》,《高等教育研究》2012 年第 4 期。

潘懋元、邬大光:《世纪之交中国高等教育办学模式的变化与走向》,《教育研究》2001 年第 3 期。

潘奇、董圣足:《VIE 架构在教育领域的应用、问题及其对策》,《教育发展研究》2018 年第 5 期。

潘奇:《混合所有制职业院校改革的进展、路径及值得关注的问题——基于 4 所案例院校的分析》,《教育与经济》2018 年第 2 期。

齐英程:《"分类管理"背景下营利性民办学校的治理结构设计》,《中国教育学刊》2019 年第 7 期。

羌毅:《职业院校二级学院混合所有制办学模式下的产权配置与费用分成机制研究》,《中国职业技术教育》2020 年第 19 期。

阙海宝、陈志琼:《独立学院转设产权及利益关系分析——基于公共政策的执行博弈理论模式》,《现代教育管理》2020 年第 3 期。

阙海宝、罗昆:《独立学院转设的困境及其出路》,《教育发展研究》2015 年第 5 期。

阙明坤:《独立学院混合所有制办学模式研究》,《高等教育研究》2017

年第 3 期。

阙明坤、耿菊萍、雷承波：《国有民办型独立学院转设的困境与对策》，《高校教育管理》2021 年第 1 期。

阙明坤、潘秋静：《大学如何以分类发展形塑办学特色——基于日本私立大学改革实践的思考》，《教育发展研究》2022 年第 21 期。

阙明坤：《投资办学视域下我国独立学院营利现象研究》，《高教研究》2014 年第 3 期。

阙明坤、王慧英、原珂：《我国独立学院转设发展效果的实证研究》，《教育与经济》2019 年第 4 期。

阙明坤：《我国独立学院转设区域分布现象、归因及对策》，《教育发展研究》2015 年第 7 期。

阙明坤、郑育琛：《我国独立学院转设法律纠纷探微——基于三个典型案例文本的分析》，《教育发展研究》2021 年第 5 期。

饶常林、黄祖海：《论公共事务跨域治理中的行政协调——基于深惠和北基垃圾治理的案例比较》，《华中师范大学学报》（人文社会科学版）2018 年第 3 期。

申政清、王一涛、董圣足：《非营利性民办高校的经费如何筹措——基于美国非营利性私立高校的比较》，《现代教育管理》2018 年第 1 期。

沈国琪：《民办高等教育分类管理模式的新思考——基于公益指数视角的探讨》，《现代大学教育》2015 年第 5 期。

施天涛、杜晶：《我国公司法上关联交易的皈依及其法律规制——一个利益冲突交易法则的中国版本》，《中国法学》2007 年第 6 期。

石猛、阙明坤：《资本并购：民办高校营利性异化及其应对》，《复旦教育论坛》2023 年第 1 期。

史秋衡、康敏：《探索我国高等学校分类体系设计》，《中国高等教育》2017 年第 2 期。

宋琦琳：《香港中文大学书院制度的思考》，《文化学刊》2016 年第 1 期。

苏继成、刘现伟：《党的十八大以来国企混合所有制改革：成效、难点及对策》，《经济体制改革》2022 年第 6 期。

眭依凡、王改改：《大学治理体系与治理能力现代化：高质量高等教育体系建设的必然选择》,《中国高教研究》2021 年第 10 期。

孙珂:《中外合作大学三维质量保证体系的国际导向探析》,《比较教育研究》2013 年第 8 期。

滕曼曼:《荷兰高等教育质量保障中大学自治与政府问责之间的张力关系及其实现路径》,《外国教育研究》2017 年第 9 期。

田凤:《日本国立大学法人化改革及其启示》,《教育研究》2018 年第 8 期。

涂端午:《教育政策文本分析及其应用》,《复旦教育论坛》2009 年第 5 期。

王成荣、龙洋:《深化"三教"改革 提高职业院校人才培养质量》,《中国职业技术教育》2019 年第 17 期。

王富伟、阎凤桥:《独立学院组织种群的制度起源》,《华东师范大学学报》(教育科学版) 2018 年第 6 期。

王建:《规范民办义务教育发展的政府责任与政策导向》,《教育研究》2022 年第 11 期。

王建:《民办学校分类管理——从"四分法"到"二分法"》,《北京大学教育评论》2012 年第 4 期。

王敬良、张成宽:《职业院校混合所有制办学体制的实践与研究——以山东海事职业学院为例》,《中国职业技术教育》2019 年第 34 期。

王留栓:《智利的私立高等教育》,《国际高等教育研究》2004 年第 3 期。

王诺斯、张德祥:《制度创新视域下民办高校分类管理的现实困境分析》,《中国高教研究》2017 年第 2 期。

王善迈:《民办教育分类管理探讨》,《教育研究》2011 年第 12 期。

王一涛:《对开展营利性民办高校试点的思考》,《教育发展研究》2011 年第 24 期。

王一涛、侯琮、毛立伟:《新型高水平民办高校建设:国际经验与中国路径》,《高等工程教育研究》2022 年第 6 期。

魏建国:《"非营利"内涵的立法界定及其对民办教育发展的意义——从〈慈善法〉出台到〈民办教育促进法〉修改》,《华中师范大学学报》(人文社会科学版) 2017 年第 1 期。

文东茅：《论民办教育公益性与可营利性的非矛盾性》，《北京大学教育评论》2004 年第 1 期。

乌尔里希·泰希勒、戴娅娅、刘鸿：《公立高等教育与私立高等教育界线模糊：以德国为例》，《现代大学教育》2009 年第 1 期。

邬大光：《我国民办教育的特殊性与基本特征》，《教育研究》2007 年第 1 期。

吴玫：《美国营利性高等教育的新危机》，《高等教育研究》2018 年第 4 期。

徐绪卿：《关于部分独立学院转设为地方公有民办普通高校的思考——以浙江省内生型独立学院转设为例》，《教育发展研究》2020 年第 5 期。

徐绪卿：《关于民办高校分类管理的思考》，《教育发展研究》2011 年第 12 期。

许慧清：《大学外部治理视野中的社会监督》，《中国高教研究》2013 年第 1 期。

宣勇：《我国高等教育治理：体系构建、逻辑审视与未来展望》，《国家教育行政学院学报》2015 年第 9 期。

薛二勇、李健：《公共教育服务的政策、内涵与任务》，《中国教育学刊》2022 年第 7 期。

阎凤桥：《民办教育政策推进为何缓慢？——基于组织行为决策视角的考察》，《华东师范大学学报》（教育科学版）2017 年第 6 期。

杨程：《阿波罗教育集团退市：历史、问题及展望》，《清华大学教育研究》2019 年第 3 期。

杨德广：《60 年中国高等教育投资体制的变革》，《上海师范大学学报》（哲学社会科学版）2010 年第 1 期。

杨新春、张万红、张立鹏：《独立学院转设的动因、困境及对策再探析——以江苏为例》，《中国高教研究》2021 年第 4 期。

姚荣：《告别自治：合规时代的美国大学治理》，《华东师范大学学报》（教育科学版）2021 年第 2 期。

姚荣：《公法抑或私法：高等教育认证的法律规制——基于德国与美国的比较法考察》，《江苏高教》2021 年第 7 期。

姚翔、刘亚荣：《混合所有制高等院校发展的宏观治理结构探索》，《中国高教研究》2016 年第 7 期。

喻恺：《模糊的英国大学性质：公立还是私立》，《教育发展研究》2008 年第 Z3 期。

袁桅、高旸：《高等教育慈善信托捐赠的国际实践与中国探索——兼论中国高校基金会的责任与挑战》，《清华大学教育研究》2022 年第 6 期。

曾小军：《政府干预民办高等教育的经济学分析》，《教育发展研究》2012 年第 19 期。

张家勇、朱玉华：《民办教育集团化办学的风险与对策研究》，《华东师范大学学报》（教育科学版）2022 年第 10 期。

张力玮、徐玲玲：《引进优质教育资源 促进中俄教育交流——访深圳北理莫斯科大学校长赵平》，《世界教育信息》2018 年第 15 期。

张瑞瑞：《浅析改革开放以来中外高校合作办学模式的重大改革》，《世界教育信息》2016 年第 1 期。

张瑞瑞、袁征：《中外合作大学是不是第三种高校类型？——兼与刘梦今商榷》，《现代大学教育》2016 年第 4 期。

张万朋、李梦琦：《踟蹰中前行——探索有中国特色的教育投资体制之路》，《教育发展研究》2020 年第 11 期。

张晓明：《高等教育寻租及其规制——兼论我国大学治理改革》，《中国成人教育》2015 年第 3 期。

张应强、张浩正：《从类市场化治理到准市场化治理：我国高等教育治理变革的方向》，《高等教育研究》2018 年第 6 期。

郑联盛：《防止我国资本无序扩张的监管对策》，《人民论坛》2022 年第 6 期。

周朝成：《促进民办教育的可持续发展——谈〈民办教育促进法〉修订中的分类管理问题》，《复旦教育论坛》2016 年第 3 期。

周川：《从管理体制改革到治理现代化：中国高等教育的时代命题》，《高等教育研究》2022 年第 7 期。

周海涛、郑淑超、景安磊：《民办高校上市的历程、影响及对策》，《中国高教研究》2021 年第 7 期。

周敏慧、陶然：《中国国有企业改革：经验、困境与出路》，《经济理论与经济管理》2018 年第 1 期。

周作宇：《大学治理的文化基础：价值坐标与行动选择》，《清华大学教育研究》2021 年第 6 期。

朱国华、吕鑫宇：《从创立到转设：独立学院的发展历程、现状与前景展望》，《现代教育科学》2022 年第 3 期。

朱倩倩：《高职院校混合所有制办学公私性质冲突与矛盾化解》，《中国高教研究》2021 年第 11 期。

宗希云、孙福田：《中外合作办学的模式研究》，《黑龙江高教研究》2009 年第 10 期。

三 中文网络

国家法律法规数据库：《基金会管理条例》（2004 – 03 – 08）［2023 – 03 – 16］，https：//flk. npc. gov. cn/detail2. html。

江苏省人民政府：《江苏省"十三五"教育发展规划》（2016 – 8 – 10）［2023 – 01 – 16］，http：//zwgk. taizhou. gov. cn/art/2018/3/8/art _ 57188_ 1638008. html。

宁波诺丁汉大学：《大学领导》［2023 – 05 – 07］，https：//www. nottingham. edu. cn/cn/about/university-leadership/university-leadership. aspx。

宁波诺丁汉大学：《理学院十周年》［2023 – 05 – 07］，https：//www. nottingham. edu. cn/cn/science-engineering/fose-10-years. aspx。

香港中文大学（深圳）：《逸夫书院介绍》［2023 – 03 – 16］，https：//shaw. cuhk. edu. cn/node/278。

香港中文大学（深圳）：《学勤书院成立典礼》（2016 – 10 – 14）［2023 – 03 – 16］，https：//www. cuhk. edu. cn/zh – hans/article/1407。

香港中文大学（深圳）：《香港中文大学（深圳）获锦玺唐捐赠 将创立第六所书院——厚含书院》（2022 – 09 – 02）［2023 – 03 – 17］，https：//www. cuhk. edu. cn/zh – hans/article/8552。

香港中文大学（深圳）：《道扬书院》［2023 – 03 – 17］，https：//www. cuhk. edu. cn/zh-hans/page/8471。

王兆义：《私立大学是德国高等教育体系中的"活跃分子"》（2022 –

06－18）［2023－03－26］，https：//mp. weixin. qq. com/s/Q13G8Ky T2WqQyKwX1rUG9g。

中华人民共和国教育部：《教育部等五部门关于深化高等教育领域－简政放权放管结合优化服务改革的若干意见》（2017－04－06）［2023－03－18］，http：//www. moe. gov. cn/srcsite/A02/s7049/201704/t201704 05＿ 301912. html。

中华人民共和国教育部：《新闻发布会：介绍2022年全国教育事业发展基本情况》（2023－3－26）［2023－3－23］，http：//www. moe. gov. cn/fbh/live/2023/55167/。

中华人民共和国教育部：《教育部等五部门关于印发〈民办学校分类登记实施细则〉的通知》（2017－01－05）［2023－03－25］，http：// www. moe. gov. cn/srcsite/A03/s3014/201701/t20170118＿ 295142. html。

中华人民共和国教育部：《教育部关于"十一五"期间普通高等学校设置工作的意见》（2006－09－26）［2023－03－21］，http：// www. moe. gov. cn/s78/A02/s7049/201006/t20100610＿ 180459. html。

中华人民共和国教育部：《全国各级各类民办教育基本情况》（2007－10－08）［2023－3－16］，http：//www. moe. gov. cn/jyb＿ sjzl/moe＿ 560/moe＿ 1659/moe＿ 1660/201002/t20100226＿ 27138. html。

中华人民共和国教育部：《高考改革推动社会发展》（2019－09－27）［2023－3－16］，http：//www. moe. gov. cn/jyb＿ xwfb/xw＿ zt/moe＿ 357/jyzt＿ 2019n/2019＿ zt24/tbbd/201909/t20190927＿ 401305. html。

中华人民共和国教育部：《独立学院设置与管理办法》（2008－02－22）［2023－03－18］，http：//www. moe. gov. cn/srcsite/A03/s181/ 200802/t20080222＿ 170538. html。

中华人民共和国教育部：《2018年全国教育事业发展统计公报》（2019－07－24）［2023－03－20］，http：//www. moe. gov. cn/jyb＿ sjzl/sjzl＿ fztjgb/201907/t20190724＿ 392041. html。

中华人民共和国教育部：《教育部关于印发〈关于规范并加强普通高校以新的机制和模式试办独立学院管理的若干意见〉的通知》（2003－04－23）［2023－3－16］. http：//www. moe. gov. cn/s78/A03/s7050/ 201206/t20120628＿ 138410. html。

中国教育新闻网：《美国高等教育将迎来哪些改变？》（2021 - 03 - 04）
〔2023 - 04 - 03〕，https：//baijiahao. baidu. com/s？ id = 16932610
86333277473&wfr = spider&for = pc。

中华人民共和国中央人民政府：《运筹帷幄定基调，步调一致向前
进——2021年中央经济工作会议侧记》（2021 - 12 - 11）〔2023 - 03 -
25〕，http：//www. gov. cn/xinwen/2021 - 12/11/content_ 5660154. htm。

中华人民共和国中央人民政府：《国家发展改革委关于开展政府和社会
资本合作的指导意见》（2016 - 05 - 22）〔2023 - 03 - 26〕，http：//
www. gov. cn/zhengce/2016 - 05/22/content_ 5075602. htm。

中华人民共和国中央人民政府：《发展改革委关于开展政府和社会资本
合作的指导意见》 （2014 - 12 - 02） 〔2023 - 03 - 07〕，http：//
www. gov. cn/zhengce/2016 - 05/22/content_ 5075602. htm。

中华人民共和国中央人民政府：《中共中央印发〈中国共产党普通高等学
校基层组织工作条例〉》（2021 - 04 - 22）〔2023 - 03 - 17〕，http：//
www. moe. gov. cn/jyb _ xwfb/s6052/moe _ 838/202104/t20210422 _
527716. html。

中华人民共和国中央人民政府：《财政部关于推广运用政府和社会资本合
作模式有关问题的通知》（2014 - 09 - 23）〔2023 - 03 - 07〕，http：//
www. gov. cn/zhengce/2016 - 05/25/content_ 5076557. htm。

中国人民政治协商会议全国委员会：《中国共产党第二十次全国代表大会
报告》（2022 - 10 - 16）〔2023 - 03 - 05〕，http：//www. cppcc. gov. cn/
zxww/ershida/bgjd/index. shtml。

四 中文其他

邓厚勇：《高校党委领导下的校长负责制研究》，硕士学位论文，武汉
大学，2004 年。

金芳：《高等教育投资体制的研究——从利益视角的探索》，博士学位
论文，复旦大学，2005 年。

金淑琴：《以宁波诺丁汉大学为例探索中外合作高校的融资渠道》，硕
士学位论文，复旦大学，2008 年。

柳时强，黄舒旻：《大学之大，见证湾区之大》，《南方日报》2022 年 8

月 16 日（AA1）。

罗先锋：《我国非营利性民办高校发展研究》，博士学位论文，厦门大
学，2018 年。

庞国斌：《我国公共高等教育资源配置的公平性研究》，博士学位论文，
辽宁师范大学，2008 年。

亓俊国：《利益博弈：对我国职业教育政策执行的研究》，博士学位论
文，天津大学，2010 年。

邬大光：《从民办教育看教育的公益性与营利性》，《光明日报》2016 年。

邢婷：《职教"山东模式"激活"一池春水"》，《中国青年报》2021 年。

许适琳：《俄罗斯社会转型期非国立高等教育改革发展问题的研究》，
硕士学位论文，东北师范大学，2007 年。

《粤港澳大湾区发展规划纲要》，《人民日报》2019 年 2 月 19 日（001）。

五　外文专著

Bourdieu, Pierre. The Forms ofCapital. In G. R. Richardson（ed.）Hand-
book of Theory and Resesrch for the Sociology of Education, New York：
Greenwood Press, 1986.

Charles E. McClelland. State, Society and University in Germany 1700 –
1914, New York：Cambridge University Press, 1980.

Daniel C. Levy. The Private-public Question in Higher Education：distinc-
tion or extinction? Higher Education Research Group, NewHaven：Yale
University Press, 1979.

Dean, M. Governmentality. Power and rule in Modern Society, New Delhi,
Sage, 1999.

FRIEDMAN MILTON. Capitalism and Freedom, Chicago：University of Chi-
cago Press, 2002.

Geiger, R. L. Priuate Sectors in Higher Education AnnArber：University of
Michigan Press, 1986：34.

James J. Duderstadt. A University for the 21st Century, Ann Arbor：Universi-
ty of Michigan Press, 2000.

JanMasschelein, Maarten Simons, The future university：Ideas and possibilities. New York: Taylor and Francis, 2011.

John StoneD. Bruce. Sharing the Costs of High Education: Student Financial Assistance in the UnitedKingdom, the Federal Republic of Germany, France, Sweden, and the United States, New York: the College Board, 1986.

Kinser K. From Main Street to Wall Street: For-Profit Higher Education [M]. New York: John Wiley & Sons Ins, 2006.

Margaret Cain McCarthy. History of American Higher Education, New York: Peter Lang, 2011.

MaryFulbrook. A Concise History of Germany, Shanghai: Shanghai Foreign Language Education Press, 2006.

Mol, A. The body multiple: ontology in medical practice, Durham, London: Duham University Press, 2002.

R. Edward Freeman. Strategic Management: A StakeholderApproch, New York: Cambridge University press, 2010.

Rabinow, P. Anthropos Today: Reflections on Modern Equipment, Princeton: Princeton University Press, 2003.

Rose, N. Power of freedom, Cambridge: Cambridge University Press, 1999.

六 外文期刊

Altbach, P. G. Higher education and the WTO: Globalization Run Amok [J]. *International Higher Education*, 2001, 23 (Spring), 2 – 5.

Bohm, A. , D. Davis, D. Meares and D. Pearce. The Global Student Mobility 2025 Report: Forecasts of the Global Demand for International Education, IDP, Canberra, Australia [J]. 2002.

CarolMatlack. Private Universities Face Review in Russia [J]. The Chronicle of Higher Education, 1996, (7): 35.

Clark, Kerr. The American mixture of higher education in perspective: four dimensions [J]. Studies in Higher Education, 1990, 1.

De Wit, K. Regulatory Frameworks in Higher Education Governance: policies, rights and responsibilities. Belgium: Flemish community [J].

Brussels: Eurydice National Unit of the Flemish Community, 2006.

Gericke, Christina. The Global Education Industry in a Microcosm: Public-Private Networks in German Public Schooling [J] . Journal of Education Policy, 2022, 37 (5): 838 – 856.

Jason E. Lane, Kevin Kinser. Reconsidering Privatization in Cross-Boder Engagements: The Sometimes Public Nature of Private Activity [J] . Higher Education Policy, 2011, (24): 255 – 273.

Jason E. Lane, Kevin Kinser. Five Models of International Branch Campus Facility Ownership [J] . International Higher Education, 2013, (70) : 9 – 11.

Jorge Luis IbarraMendivil. The new providers of higher education [J] . Higher Education Policy, 2002, (15): 353 – 364.

Kevin Kinser, Jason E. Lane. Foreign Outposts of College and Universities [J] . Internationl Higher Education, 2012, (66): 2 – 3.

Maarten Simons, JanMasschelein. The Public and Its University: beyond learning for civic employability? [J] . European Educational Research Journal, 2009, 8 (2): 204 – 216.

Maarten Simons, JanMasschelein. The Learning Society and Governmentality: An introduction [J] . Educational Philosophy and Theory, 2006, 38 (4): 419 – 430.

Margison, Simon. Dynamics of National and Global Competition in Higher Education [J] . Higher Education, 2006, (52): 1 – 39.

Mathilde Hjerrild Carlsen. Familiar strangers-managing engagements in public-private partnerships in education [J] . Nordic Journal of Studies in Educational Policy, 2021, (0): 1 – 14.

Rohini Sahni, Sumita Kale. GATS and Higher Education: Some Reflections [J] . Economic and Political Weekly, 2004, 39 (21): 2174 – 2180.

Rohit Varman, Biswatosh Saha, Per Skålén. Market subjectivity and neoliberal governmentality in higher education [J] . Journal of Marketing Mangement, 2011, 27 (10): 1165.

Samuelson, P. The pure theory of public expenditure [J], Review of Economics and Statistics, 1954, 36 (4): 387 – 389.

Sarah Michele Ford. Reconceptualizing the Public/ Private Distinction in the Age of Information and Technology, Information, Communication and Society [J] . 2011, (6): 550.

Stephen Wilkins, Melodena S. Balakrishnan. How Well Are International Branch Campuses Serving Students? [J] . International Higher Education, 2012, (66): 3 – 5.

七　外文网络

BENNETT D L, LUCCHESI A R, VEDDER R K. For-profit higher education growth, innovation and regulation (2017 – 10 – 24) [2023 – 3 – 24], http: //files. eric. ed. gov/fulltext/ED536282. pdf.

Coll. Considering a Public Private Partnership? Realities and Opportunities in Today's Higher Education Business Practices (2018 – 04 – 15) [2023 – 03 – 01], https: //www. researchgate. net/publication/299466902 _ Considering_ a_ Public_ Private_ Partnership_ Realities.

Daniel L. Bennett et al. For-Profit Higher Education: Growth, Innovation and Regulation [EB/OL], http: //files. eric. ed. gov/fulltext/ED536282. pdf.

Institute for College Access-Success (2022 – 06 – 09) [2023 – 04 – 21], https: //www. insidehighered. com/news/2022/06/09/many-profits-would-fail-under-gainful-employment-rule-change.

Inside Higher Ed. What Would a Second Term for Trump Mean? (2020 – 10 – 11) [2023 – 04 – 21], https: //www. insidehighered. com/news/2020/ 10/12/what-second-trump-term-would-bring-higher-education.

Institut Pendidikan Tinggi Swasta (IPTS) . Ministry of Education Malaysia [EB/OL], https: //www. moe. gov. my/en/? view = article&id = 6857: bbp-pembiayaan-lain&catid = 434.

SNeema. A Case Against Public Private Partnerships in Higher Education in India (2017 – 01 – 02) [2023 – 03 – 01], http: //www. ccs. in/internship_ papers/2012/264_ public-private-partnerships-in-higher-education-in-india_ sudhan shu-neema. pdf.

The Daily Princeton（2022 - 10 - 01）［2023 - 03 - 20］, https：//www. dailyprincetonian. com/article/2022/12/princeton-greedy-wealthy-endowment-investments.

后　记

从世界范围来看，引导和规范社会力量兴办教育是一国教育高水平发展的重要策略表现。2016 年 12 月，国务院发布《关于鼓励社会力量兴办教育 促进民办教育健康发展的若干意见》，明确提出探索多元主体合作办学，具体包括推广政府与社会资本合作（PPP）模式，鼓励社会资本参与教育基础设施建设和运营管理、提供专业化服务。积极鼓励公办学校与民办学校相互购买管理服务、教学资源、科研成果。探索举办混合所有制职业院校，允许以资本、知识、技术、管理等要素参与办学并享有相应权利。鼓励营利性民办学校建立股权激励机制。不久，联合国教科文组织（UNESCO）于 2017 年出版了题为《作为教育政策路径的"政府与社会资本合作"——多重内涵、风险与挑战》的研究报告（*Public-Private Partnership as an Education Policy Approach：Multiple Meanings，Risks and Challenges*），该报告提出 PPPs 正日益被视为一种提供全民教育的新型政策路径，并认为许多政府和国际组织正通过与私营部门的合作而提高教育系统的灵活性和有效性，同时 PPPs 也会催生出一种复杂的混合组织形式，进而不可避免地面临公共责任和商业取向间的根本矛盾。纵观国际国内发展，在教育领域推广政府与社会资本合作（ePPPs）模式，有利于转变政府职能，调动社会力量兴办教育的积极性，充分利用市场机制扩大教育资源，提升教育公共服务供给质量和效率。

本书是在 2018 年国家社科基金青年项目"新时代引导社会资本参与公共高等教育供给的分类发展及治理机制研究"基础上修改完成的，受到西南财经大学"光华英才工程百人计划"项目以及公共管理学院的专著出版资助。回望那段特殊时期，我不得不将一部分"调查研究"转为"理论探究"，结合我国独立学院转设、高职混合所有制办学以及中外合作大学等办学现实问题进行"宏观"和"微观"的交错性研究。然而，这一"无奈之举"促使我对当前 ePPPs 的基本理论问题有了更加深刻的认知和反思。同时，这一时期也正是我国推进民办教育分类管理的关键阶段，学界和业界对 ePPPs 充满了诸多迷思，但社会各界对办好人民满意的教育的认知愈加清晰，这意味着在高等教育普及化阶段，人民群众需要一种高质、多元且规范的"公共高等教育"服务供给，这无疑是本书研究的重要"场景"。

本书在研究和写作过程中，得益于厦门大学文科资深教授潘懋元先生、导师邬大光教授的鞭策和指导，是两位老师带我进入这一研究领域。遗憾地是，潘先生于 2022 年仙逝，我无法将此书奉上请求指导。同时，本书还受教于上海教育科学研究院董圣足研究员、无锡太湖学院阙明坤研究员、山东女子学院石猛教授以及闽南师范大学罗先锋教授等师友的支持和帮助。当然，在本书研究过程中，离不开研究生杨诗画、邓雅灵、温海菁、周扬等成员的贡献。感谢西南财大公共管理学院郑良秀书记和廖宏斌院长的鼓励和关心；感谢父母和妻儿对我学术的坚定支持和充分理解。此外，我还要感谢中国社会科学出版社的支持，尤其是负责本书编辑的许琳老师，正是她的热情督促和悉心工作，使本书能与读者见面。

最后，我要特别感谢为本书写序的两位发展研究院的领导，两位领导是我在西南财大工作的引路人。一位是中国市场化理论的先驱、著名经济学家李晓西教授，古稀之年的晓西老师，精神矍铄、思维敏捷，得知我新书出版便欣然答应为本书写序。晓西老师的笔头功夫很是了得，就在几年前他还修订和出版了多部中英文专著，真是后辈学习的楷模。让我记忆犹新地是，晓西老师常给我们的一句教诲——青年学者一定要养成多写多记的好习惯。另一位是著名人才学家和智库研究专家王辉耀教授，正是辉耀老师的举荐我才有机会来到西南财大工作，也正是他的引导和勉励，我开始关注人才发展这一重要研究领域。我从辉耀老师那里学到了很多，不仅是智库研究，还有一种国际视野、研究的格局观以及做事的心态。

　　由于本书研究正处疫情特殊时期，未能按计划完整地开展研究工作，这是此项研究的最大缺憾。再加之水平能力有限，书中难免出现纰漏，唯盼读者谅解。同时诚挚欢迎社会各界批评指正，促进本人对这一主题的持续性思考和研究改进。

陈　涛

2024 年 3 月 14 日深夜

于成都温江寓所